帝国的智囊团

大明名相

志 超／著

中国华侨出版社

总序

居庙堂之高则忧其民；处江湖之远则忧其君。是进亦忧，退亦忧。
然则何时而乐耶？其必曰"先天下之忧而忧，后天下之乐而乐"乎？
噫！微斯人，吾谁与归？

这是宋代范仲淹在他的代表作《岳阳楼记》中留下的千古名句。
一段话道尽了自己身为庙堂之臣的心路历程。事实上，这也是历史上
这群被称作宰相的人所处的尴尬位置，和他们当中的杰出者的崇高志
向的真实写照。

宰相可以说是古往今来最令人为难的职务。虽然历朝历代称呼不
同，秦、汉、唐都习惯叫丞相，宋代叫参知政事，明代叫内阁首辅，
清代叫军机大臣，但其职权范围却变化很小。我们可以用"总理政务，
调和阴阳"这八个字来概括其职权范围。

何谓"总理政务，调和阴阳"？"总理政务"指的是宰相的日常工
作。皇帝身为一国之君，在国事上可以抓大放小，但宰相身为百官之
首，在国事上却必须事无巨细。全国大大小小的事务由各部门统一汇

总到宰相那里，宰相再选择其中最重要的部分呈递给皇帝御览，这是中国自古以来最基本的行政流程。

"调和阴阳"指的则是宰相在国家机器当中所扮演的角色。事实上，宰相向来都是皇帝与百官之间的枢纽。在皇帝眼中，宰相是百官之首，是百官的代言人；而在百官眼中，宰相却是皇帝的助理，是皇帝的代言人。因此，身为宰相，就必须懂得如何调和阴阳，平衡皇帝与百官之间的关系。

这两点既是宰相的职责，同样也成了宰相难做的原因。总理政务让宰相庶务缠身，一刻不得清闲；调和阴阳又使得宰相劳心劳力，时时在皇帝与百官之间斡旋。由此可见，国之宰辅一方面位高权重，于运筹帷幄之间决定整个国家的兴衰荣辱；另一方面却又不得不忧谗畏讥，小心翼翼，否则这一刻还"居庙堂之高"，下一刻便会被流放，"处江湖之远"。

正是由于宰相这个职位的特殊性，使得宰相这个群体拥有了别样的精彩，这也正是本套丛书成书的原因。身为个人奋斗所能达到的最顶点，身为国家政策的制定和执行者，我们可以在历代的宰相们身上看到个人奋斗与王朝兴衰之间那千丝万缕的联系。

由此，本套丛书选取了秦、西汉、唐、北宋、明、清这 6 个最有延续性也最具代表性的朝代，每个朝代选取数位名相。透过他们的个人经历，我们可以清晰地看到一个王朝的发展脉络，看到这个王朝究竟因何而兴、为何而衰。

以史为鉴，可以知兴替；以人为鉴，可以明得失。古之名相，无不是人中之杰，今之人可以此为鉴。

目录
Contents

目录
Contents

第二篇　杨廷和——帝国医师

目录
Contents

目录
Contents

第一篇
方孝孺——一腔正气

此刻，方孝孺正在用手肘支撑着一点点向前缓慢爬行。

　　他刚刚被朱棣下令执行腰斩，手起刀落，鲜血四溅，连旁边的青石上都已经染上了红色。但是他仍然坚持不事篡位的朱棣，在方孝孺心中，这是属于他这个读书人的最后一点硬气，是用生命捍卫的最后一丝尊严。这位忠义正直之士就这样被毁灭了，但他没有被打倒。他用手指蘸血艰难爬行，不断地写着"篡"字，诉说着对朱棣的蔑视和不屈的抗争。

　　当写到第十三个"篡"字时，这位被评价为"读书种子"、"台州式的硬气"的大儒，生命的最后一丝光芒也消耗殆尽，停止了抗争。留给世界的是尚未写就的半个"篡"字和不朽的浩然正气。

第一章
读书种子

　　方孝孺，一个在中国文人士大夫阶层中写就了浓墨重彩的人物，他被后世的无数文人敬仰并被视之为精神领袖。他作为士大夫的一身正气也得以永续流传。

　　不仅是在现在，在当时，起兵攻打京城（明代的首都，南京）之前，明成祖朱棣的高参姚广孝曾经和朱棣有一次深入的谈话。进入南京城后，如何处置里边的重臣呢？当时姚广孝说道："城下之日，彼（方孝孺）必不降，幸勿杀之。杀孝孺，天下读书种子绝矣。"

　　为纪念"左联"五烈士，鲁迅在散文《为了忘却的纪念》中，将柔石与方孝孺相提并论为"台州式的硬气"："他的家乡，是台州的宁海，这只要一看他那台州式的硬气就知道，而且颇有点迂，有时会令我忽而想到方孝孺，觉得好像也有些这模样的。"

　　无论是"读书种子"的称呼，还是"台州式的硬气"的赞誉，加诸在方孝孺身上的这些评价，似乎都在诉说着这位文人士大夫高洁的形象，但所有这一切，都不得不从他的成长经历说起。

台州式的硬气

浙江台州，一个中国东部沿海，一个中国版图上并不算很特别的地级市，但这个地方却因为方孝孺而被提及、被熟知。连同方孝孺一起被熟知的，还有"台州式的硬气"。

那么，什么是"台州式的硬气"？这台州式的硬气又怎样浸润了方孝孺的品格？一方水土养一方人，想要了解"台州式的硬气"，还是先来分析一下当地的地理环境和人文环境。

从地理上看，台州居山面海，雁荡山、天台山、苍山、大雷山分别分布在台州的南部和西北部，将台州与外界阻隔，台州的东部则是大海，台州就被山和水包围其中。明代王士性曾经在《广志绎》中这样描述："浙中惟台一郡连山，围在海外，另一乾坤。"因为山川海水的包围，台州基本处于封闭状态，但是却形成了自有的一片天地。

孙绰在《游天台山赋》中写道："（天台山）夫其峻极之状、嘉祥之美，穷山海之瑰富，尽人情之壮丽矣。所以不列于五岳、阙载于常典者，岂不以所立冥奥，其路幽迥。或倒景于重溟，或匿峰于千千岭；始经魑魅之涂，卒践无人之境；举世罕能登陟，王者莫由堙祀，故事绝于常篇，名标于奇纪。"意思是说，天台山险峻奇特，景色很美，仿佛将世间山脉的美好瑰丽都已经汇集于此。尽管并不是五岳中的山脉，但是这并不能掩盖它的美好。从中可见天台山不仅险峻，并且还资源丰富，景色秀美，幽然独立。

陶弘景这样形容天台山——天台山高一万八千丈，周回八百里，山有八重，四面如一。"山有八重"蜿蜒绵长，"一万八千丈"的高度仿佛将山里形成了一个小世界，"周回八百里"的曲折幽暗，又似乎进入桃花源般与世隔绝，别有洞天一般。

地理位置的封闭性，阻隔了台州与外界的沟通，交通不便，商业不通，这里的百姓们只能依赖自然。依靠耕地打鱼生存的百姓也保持了淳朴自然、刚烈正直的性格，注重气节、忠义。

历史上，台州远离京城，是边远之地，蛮荒之地，偏僻荒凉，很多官员被贬谪到这里。无论是初唐四杰的骆宾王，还是寄情山水、自号"放翁"的陆游，都曾经与台州结下了不解之缘。陆游当年参加进士考试，因为名次居于秦桧的孙子之前，被秦桧在未公布的榜单上删除，最终落榜回乡。之后陆游游历了天台山，在天台山上他雨中闲游，拜访僧人，畅游于怪石飞瀑、秀竹山花之间，满眼的青翠萦绕，悦耳的水花四溅抚平了他的心灵，也陶冶了他的心智。他曾经在诗中写道："竹舆冲雨上天台，绿树阴中小阁开。"在他眼中，天台山就像一幅缓缓展开的画卷，美不胜收。

台州还是儒、释、道"三教合一"的典型代表，在这里，宋明理学为代表的儒家文化交汇在此，还兼容了以天台宗为代表的佛教文化和以南宗为代表的道教文化，实现了儒、释、道的三教高度统一，不同宗教文化的融合，使得天台山形成了复合型名山文化，使这个并不著名的城市在文化上散发出灿烂光芒。

封闭的地理环境，灿烂的文化，质朴的百姓，让台州尽管身处东部沿海，却少有江南文化中的绵软，而是自成一派，人们的性格刚烈、硬朗；尽管被自然阻隔，人们却并不野蛮，而是不屈不挠，形成了"台州式的硬气"。

雄奇挺拔、飘逸俊秀的山水风光，孕育出的是刚烈忠义的百姓。在台州的历史中，方孝孺不是第一个，也不是最后一个。一个又一个的台州人前仆后继，他们勇往直前，冒死劝谏，不向权贵势力低头，形成了文人的脊梁。

柔石和方孝孺，尽管生活在不同的时代，但两个台州人，在面对生死的考验时，都选择了从容面对，他们骨子中流露出来的"硬气"和"迂"值得我们去认真品味。

"硬气"在汉语中多是指刚强、有骨气。《红楼梦》第八十回写道："无奈儿子偏不硬气，已是被他挟制惯了。"老舍的《月牙儿》中也有这样的使用："我有时很硬气，有时候很软。"这里的硬气就是指为人处世时的强硬。

方孝孺和柔石身上显然不侧重于这种对人对事时的强硬，而是更强调一种内在的潜藏在骨子中的气节。

"仰天大笑出门去，我辈岂是蓬蒿人"是气节，"富贵不能淫，威武不能屈，贫贱不能移"是气节，"人生自古谁无死，留取丹心照汗青"也是气节，方孝孺和柔石的宁死不屈更是气节。

什么是气节？气节就是坚持内心，面对压力不屈服。方孝孺一定要死吗？显然不是。那么为什么方孝孺在能够活下来时却选择坚持一死？即使遭受极刑，为什么还能够从容地面对死亡？因为铮铮铁骨，因为不屈的气节。

这硬气，这气节，让方孝孺在面对朱棣的假意屈服、高官厚禄面前不卑不亢，坚持原则，坚持内心，保持自我的情操。

再来说"迂"。但凡和"迂"沾上边的词，总会给人一种笨拙的感觉，总会显得陈旧、不合时宜。因为"迂"中蕴含的是不顾一切的坚持，这往往会令人感觉到迂腐、执拗。鲁迅是真的以一种嫌弃和嘲笑的口吻看待柔石吗？显然不是，因为在后面，鲁迅曾经评价柔石："无论从旧道德，从新道德，只要损己利人的，他就挑选上，自己背起来。"可见，鲁迅是用一种看似贬低的口吻来褒扬柔石，褒扬他的气节和高洁情操。一个将民族的气节背在自己身上的人，该是多么地令人肃然起敬。

当然，也要承认在某种程度上，这"迂"背后有着很多的不切实际和封建色彩，从政权斗争的角度来看，方孝孺批判的是一个封建政权，捍卫的是另一个封建政权，它们之间并没有什么本质区别。但这并不能因此就否定方孝孺英雄式的骨气、"台州式的硬气"，因为情操的保留、文人传统的延续全仰仗这骨气和硬气。

人，固有一死，或轻于鸿毛，或重于泰山，显然，方孝孺的死是重于泰山的，因为他捍卫的是气节，是不苟且于世的正义。

早慧神童

公元 1357 年，方孝孺出生了。

他出生在浙江宁海的一个文人世家。方孝孺的祖上四代都是读书人，高祖父方重桂出身进士，"乡贡进士，有学行，学者尊之曰介轩先生"。曾祖父和祖父也都先后担任教谕职务，到了父亲方克勤这一代，更是了不起，方克勤是浙东出名的大儒，并且官至知府。可以想见，在这样的一个书香门第，方孝孺的人生从一开始就是被寄予厚望的。少年时的方孝孺也一定是受到了文学的浸润和熏陶的。

根据史书的记载，方孝孺 3 岁，父亲按照儒家经典为他启蒙。5 岁时，尽管在常人看来，5 岁的少年还只是个什么都不懂的孩子，但是方孝孺已经能够背诵诗歌了。

当其他小孩子字还认不全时，6 岁的方孝孺已经可以作诗——栋宇参差逼翠微，路通犹恐世人知。等闲识得东风面，卧看白云初起时。当然，诗歌的青涩是有的，但是不能否认的是，从少年开始方孝孺就已经展现出了天资聪颖的早慧神童一面，而这，也为他成为一代大儒打下了坚实的基础。

7 岁时，父亲送孝孺来到了家族书院——陵南谷草堂和卢氏文昌阁接受教育。

书院最早出现在唐代，逐渐发展成为民办的学馆，多是由一些豪门大族或者学者世家自行筹款建立。著名的书院像湖南的岳麓书院、河南商丘的应天书院多是如此。

在方家书院教书的都是一些乡间名儒，他们隐居乡间，但学识渊博，经验丰富，却又甘于清贫，以教书为乐。因此在学生的培养上会格外地用心和重视，特别是对于方孝孺这种有天赋的学生，教书先生们格外看重，往往是用尽心血来培养。人们常说，千里马常有，伯乐不常在。能够被老师看中是学生的荣幸，其实很多时候老师收获一个悟性良好的学生，也是为师一世的慰藉。

方孝孺兄弟三人，他排行第二，与哥哥方孝闻同为林夫人所生。7岁那年，方孝孺的母亲林夫人去世了，幼年丧母的经历对于任何人来说，都是非常大的打击。况且是对于方孝孺这种心智成熟得比较早的人来说，悲伤更是难以自持。

母亲死后，父亲方克勤又迎娶了继母王氏。王氏悉心照顾方孝闻、方孝孺兄弟，王氏的到来无论对于方家还是方孝孺，都是莫大的慰藉，让方孝孺悲伤的童年多了一个温暖的怀抱。

因为有着从前学习的良好基础，方孝孺在书院的学习进步飞快。即使远远超过他人，但是方孝孺仍然刻苦认真，9岁的方孝孺已经能够背诵《诗》、《书》、《礼》、《易》、《春秋》五经。对于学习的强烈兴趣和过人天赋，方孝孺已经进入了一种"家事国事天下事事事关心"的状态中，他沉浸在自己的学问中，快乐并无忧，他享受着这个过程。知识丰富了让这个10岁少年的头脑，也锻炼了他的心智，"淡泊明志，宁静致远"让方孝孺具有了阔达的胸襟和洒脱的性格。

从来赞誉总是伴随着质疑，有人赞扬也就会有人质疑。有人会问：

"一个10多岁的少年，这样只懂得读书，会不会头脑迂腐不懂得变通呢?"这样的疑问似乎已经被方孝孺自动过滤掉，仿佛在方孝孺这里统统没有发生过，他沉醉在自己的学习中，哪有时间去听那些周围的杂声，更不要说去解释。

那么方孝孺学习的内容是什么呢? 首先是诗文。方孝孺曾经说道:"余生十余年则好为诗，以俪偶为工，富艳为能。又五六年益肆不羁，一操觚顷千余言可立就，取而诵之，张绮绣而协埙篪粲然可喜也。人往往以此多余，虽余亦自负以为材。今反视之，则惕息而大惭，抑塞而不宁。"可见这位进步飞快的少年也曾经因为自身才华颇有些小小的自得。

聪明的方孝孺在古人身上学到的不仅是诗文的知识，还有古人身上的贤德。尽管方孝孺的诗文都写得很棒，但是这位少年想要做的并不是去成为文人墨客，吟诗作对，或者成为达官显贵，求取功名利禄。

那当时方孝孺的志向是什么呢? 在《逊志斋集》中他曾经表明过自己的心志:"追忆少时狂僭，甫有知识，辄欲以伊尹、周公自望，以辅明王、树勋业自期，视管萧以下蔑如也。"上面提到的伊尹、周公都是著名的政治家，他们拥有令人称赞的德行、过人的才华，辅佐君王治理天下，成就一代霸业，颇得后来人的敬仰。

可以看出当时的方孝孺已然不同凡响，他志存高远，想做的是成为辅佐君王的圣贤，品德高尚，才智卓越。

"圣贤"一词在《吾思/圣神贤》中有着较为详细的描述:"深思熟思，必有奇思。信师行师，自可名师。圣学博学，方成绝学。知善致善，是为上善。性勿恶，形勿舍。省勿止，神勿折。"在品德在学问上都有着盖世之才的人才能成为圣贤，而这，正是方孝孺的理想。

作为一代大儒，为什么仅仅还在少年时就已经有了成为圣贤的理想？这要从文人接受的思想说起。在中国古代，传统文人接受的最多的思想就是儒家思想，儒家思想的核心是"仁"，规范的主要内容是道德。这样的背景下，"修身齐家治国平天下"自然而然就成了很多人不断追求的目标，他们渴望的是做一个"内圣外王"之人，在内为圣，在外为王。既能有对内心的坚守和修养，更能有对外部活动的掌控与把握。"穷则独善其身，达则兼济天下"就是这样的道理，很多文人追求的是"善其身"与"济天下"的结合，个人修为与经邦济世合二为一。

就在方孝孺努力学习的时候，他的父亲方克勤已经去京师参加吏部考试了。这次考试的组织者不是别人，正是大明王朝的最高权力掌握者——朱元璋。

1368年，朱元璋经过了多年的征战围剿之后，终于统一中国，建立朱姓王朝。上任之初，为了广泛地吸收人才来治理国家，他在1371年组织了这次声势浩大的考试。而方克勤就是考生之一。作为浙东有名的大儒，方克勤不负众望，一举夺得了吏部考试的第二名，之后被授予了山东济宁的知府官职。

这一年，方孝孺12岁，在经历了父亲职位高升的喜悦之后，他也再次经历了丧母的悲伤。一心照应方家全家老小的继母王氏去世了，方孝孺不胜悲凉地写道："予生七龄而丧母，又五年而继母复卒，又七年先公庵捐馆舍。盖二十而丁三艰，质素薄，苦多病，重之以悲哀，割心摧腹……"

因为年幼，方孝孺就跟随父亲方克勤前往济宁任职了。

空印大案

　　同所有的年轻人一样，青年时的方克勤也曾经渴望着激扬文字，指点江山，挥斥方遒。在乡试中，他小试牛刀，写过一篇非常出名的政论，陈述天下大势和政治得失，获得一片赞誉。

　　喜欢思考政治的发展，性格上又沉稳安静，也曾经经历过不被赏识的痛苦，深切地体会过贫困的生活，这样的方克勤在执掌济宁府后兢兢业业、革除时弊，造福于百姓。

　　"水能载舟，亦能覆舟"，方克勤深知历史发展规律，想到这一方百姓，深感责任深重，自我勉励：一定要更努力才行。

　　同每个新建立的王朝一样，明朝也不例外，因为元末的连年战争，大片荒地闲置，亟待发展农业生产。为了鼓励农业发展，明初朱元璋下令宣布了一项发展农业生产的新举措：凡是新开垦的土地三年内一律不需要缴纳赋税。从休养生息的政策来说，这本是一项惠民利国的好政策，可是在执行过程中出现了问题，地方上的一些官员贪赃枉法，利欲熏心，为了讨好上级官员，往往还没有到达三年的期限，一些地方官吏就开始让开垦土地的百姓纳粮。

　　"君子一言，驷马难追"这是百姓心中皇帝言行的准则，然而地方官吏的暗箱操作着实伤害了百姓种田的积极性，百姓不仅会觉得地方官吏的横征暴敛，而且会觉得皇帝言而无信，不按承诺办事。赋税的增加导致一些百姓放弃了开垦耕种荒地，一时间已经被开垦的土地重新又回到了被搁置的状态，本已经焕发的希望重新归于荒芜。

方克勤到任后，迅速调查百姓废弃土地的原因。在了解了下层官员的所作所为、百姓的所思所想之后，他明白当务之急是让百姓重新种田，建立百姓对皇帝、对官府的信任。他告诉百姓三年不纳粮食的规定一直有效，不会中途改变。此外，他逐步改变赋税制度中不合理的方面，比如按土地的贫瘠肥沃程度来征收赋税，按男丁的数量来征收赋税。他还不断地向百姓宣扬，当今的皇帝是如何地公正无私、深明大义、爱护百姓。这样的宣扬意图在于帮助大家了解皇帝，重建对当前朝廷的信心。

这一年的冬天，天气异常寒冷。此时正值军队驻守北方，当需要军用物资运送到北方时，官府要求采用陆路的方式。这时候一些百姓就站出来说，牛马还得是来年的劳动力，北方天气严寒，遇上暴风雪，牛马是难逃一死的，采用海路运输就完全可以避免。方克勤听说后，感觉百姓们说得很有道理，按照百姓的办法做了。果不其然，这一年济宁府运送途中没有发生冻死牲畜的事情，相邻的一些郡采用陆路运输，因为难以抵挡严寒，人畜死伤无数。

夏天到了，每年的五、六月份就是一些官府要求百姓修护城墙的季节，可是这恰巧也是谷物收割的时节。为了保证修筑城墙任务的完成，地方官吏不顾百姓的死活，抓人来修筑城墙。每当这时，撕心裂肺的哭声常常回响在整个村落。

见识到场面的方克勤据实禀报了中书省，同他一起上报给中书省的官员害怕报复，大多不敢实名，唯独方克勤坚持实名。最后时任宰相的胡惟庸知道了这件事，下令不再农忙季节修护城墙，百姓们得以安心收获。

方克勤不仅爱护百姓，还严于律己、清正廉洁。每当别人遇到困难时，他都会倾尽全力相助。为了表示对他的感谢，一些人都会给他送来很多东西，他从不接受。当时方克勤个人生活非常简朴，不追求奢华享受。方克勤一个同乡任邻郡的县令，收到了手下送来的大雁，同乡就赶紧差人送给了方克勤一只，当即遭到了方克勤的拒绝，并且当时宣布与同乡绝交。

现在看来，方克勤可能有些不近人情甚至绝情，但是仔细想来，方克勤的做法是智慧的，身居高位的人面对的诱惑要比常人多太多，如果不能严于律己，不从一点一滴做起，往往就会最后犯下大错。很多时候，错误是一点点积累起来的，一开始就从源头消灭掉诱惑，是"方克勤式"的智慧。

方克勤在知府任上，不得不说是尽职尽责，功绩显著。"民病不救，焉用我为"就是方克勤任职济宁府最生动的体现。不同于其他官员的为做官而做官，方克勤是真正地爱百姓，为百姓着想，将解决百姓面对的困难视为己任。可以想见，对于这样的一位知府大人，当时的百姓们该是怎样地拍手称赞，他们已经从心底里尊敬信任这位知府大人。

当方克勤执政济宁府时，方孝孺也游历了济宁，并且在这里开启了他的"正气"萌芽。

初到济宁的方孝孺就游历了齐鲁的旧址，孔孟的庙宇、遗迹，缅怀古人，鼓励自己。他曾经期望着和孔子的众弟子一起接受先贤的教育。如今，先哲远去，没有这样的机会和前人一起探讨和学习，对于儒生来说，这不得不说是一种遗憾。但是方孝孺并没有全然沉浸在这种悲伤的情绪中难以自拔，他用朴素的辩证法说服了自己："周公、孔子与吾同也，可取而师也。颜子、孟子与吾同也，可取而友也。"也就是从古人身上汲取他们的品德和智慧，为我所用。

尽管前辈先贤都有着惊为天人的才华与智慧，也并不是高不可攀的。"口之所食者，周公孔子颜孟所食之粟也；身之所服者，周公孔子颜孟所服之帛也；寒而火，暑而风，庐而居，车马而行，晨兴而夕寝，莫不与周公孔子颜孟同；目能视，耳能听，手足持且行，亦莫有异者。何独于道而疑之乎？"在方孝孺看来，无论是衣食住行的哪个方面，都可以与先贤并肩，当然，精神也一定可以和古人靠近。

拜访了先贤遗迹之后的方孝孺更坚定了自己前进的方向，他以此作为自己行动的指引，渴望有朝一日也成为一代圣贤。

因为治理济宁府有功，方克勤赢得了上下一片赞誉，朱元璋召见了这位广受百姓好评的官员，并且许诺只要努力，一定会大大地任用他。如此看来，前途似乎一切美好。

洪武八年，也就是公元1375年，又到了一年一度的考察季节，济宁府曹县的知县程贡的任期即将结束，在对他进行评价时，方克勤了解程贡在百姓心中并不合格。于是，根据他在曹县的表现，方克勤给予了"不称职"的评价，这个评价就相当于考试中的59分，也就是还不及格。

尽管后来又经过了吏部的官员考试，但是作为直接上司的方克勤的评价无疑是最重量级的，那么最后的结果也就可想而知了：程贡没有通过。古代在官员评价时并不是匿名，很快，程贡知道了方克勤的评价，非常愤恨方克勤，他认为方克勤是在故意刁难自己。

程贡就向皇帝朱元璋奏了方克勤一本，奏折中指出方克勤有徇私舞弊的行为。不久，大明王朝就派出了一位杨姓御史前来查办此案。而这位杨姓御史又恰巧是程贡的朋友，所以方克勤的罪行就从无中生有变成板上钉钉。

就这样杨御史就和程贡一起制造了栽赃陷害方克勤的罪行。方克勤明白，杨御史就是要置自己于大牢。索性，当自己被御史带走时，他没有做任何解释就跟随杨御史回了京城，随后被投入了大牢。

方孝孺看到父亲身陷囹圄，之后和哥哥方孝闻请求父亲之前的好友们帮忙上书皇帝讲清事实真相。这时候竟然没有一个好友站出来给父亲讲话。

之后方克勤被贬谪到江浦。也就是说方克勤不仅是被贬谪，还是犯法的案犯。在江浦的方克勤为了让方孝孺不荒废学业，叮嘱他前往京师向宋濂学习。尽管担心父亲，方孝孺还是踏上了京师拜师之路。

如果说事情就到此为止，或许方克勤终有一天会被重新启用，方孝孺的人生也会重新改写，然而，历史没有如果，人生也没有如果。

就在方克勤即将结束谪役生涯，回到台州老家时，他又遭遇了人生中的另一件大事——空印案。

这次，是灭顶之灾，同样是生离死别。

空印，起于明初。朱元璋建立明朝之初规定，各地布政使司、府、州、县都要到户部呈报本地的财政收支账目。上报过程严格按照县、府、省一级一级逐层汇报给户部，一旦户部审核发现错误，就需要打回原地，重新修改汇报。通常在运送过程中，都会有一定的损耗，这样一来，就会出现数目的误差。然而当时的政府是不允许误差存在的，否则就会被认为是弄虚作假。

一旦出现错误，需要回当地地方改正。这对于距离京城较近的地方还可以，如果对于比较偏远的地方，加上路上的行程，前后一改，可能耗费的时间就有一年之久。上一年的数字可能还未修改完，下一年度的汇报又要开始了。

就这样，为了防止出现上述情况，一些地方官员就会提前在财政报表上盖好印章，如果出现错误，直接修改数字就好了。多年来，一直都是按照这种方式在实行。然而到了1376年这一年，突然审查账目的朱元璋知道了这件事后大怒，下令禁止使用空印，对于之前在空印表册上曾经写过名字的正职官员一律处死，副职则是处以杖责一百、发往边疆的刑罚。

曾经也任过济宁知府的方克勤就成了被处死的众多官员中的一人，空印案前后被处死13个布政使司、141个府、192个州、1013个县的1300多名官员。这年的方克勤还未等到事实的真相查清，就于公元1376年十月二十四日在京城南京去世，享年51岁。

临刑之时，方克勤正义凛然，视死如归。接到父亲的死讯时，方孝孺痛彻心扉。

这年的十一月，方孝孺和兄长方孝闻扶着父亲的灵柩归家，伤心欲绝，哀动行路。

方克勤不会想到，在若干年后的一天，他的儿子继承了他的全部正义，以一腔正气直面强权，直面生死。

方孝孺与宋濂

如果说之前的 19 年中给予方孝孺最大影响的是父亲方克勤，那么之后的多年对他影响最大的就是宋濂。

宋濂，明初的文学家，明初朱元璋称帝时，他被任命为江南儒学提举，负责的主要是为太子讲经。累官至翰林学士承旨、知制诰。他学识渊博，以讲道为务，"尽弃解诂文辞之习"、"而学为大人之事"，他将经论天下、继承天下的学问作为自己的志向，把古代的先贤周公、孔子作为自己的老师。在文学上有显著的成就，朱元璋评价他为"开国文臣之首"，刘基赞扬他为"当今文章第一"。

洪武十年，宋濂向朱元璋请求告老还乡。考虑到宋濂已经 68 岁，将近 10 年的时间，无论是写文章，编写历史书籍《大明日历》、《皇明宝训》，还是给太子讲经，宋濂每一项都兢兢业业。朱元璋不仅答应了宋濂的要求，还赐给他锦绮布料，嘱咐宋濂百岁的时候，就可以裁做百岁的衣服。

第一次去谒见宋濂时，方孝孺就将自己的文章拿给宋濂来看。看完之后，宋濂对方孝孺大加赞赏，当下就欣然收方孝孺为自己的徒弟。方孝孺回忆这段时曾经说："仆自十五六，从先君学经，读古人文字，颇思究其端绪。然窃病今人与古不类，自宋中世以下，文未尝敢观。

时有所得，私述而阴藏之，耻以示人。"就这样，宋濂和方孝孺结成了师徒。

因为父亲方克勤的去世，方孝孺归家处理父亲的丧事，等到处理完毕时，宋濂已经回到了老家浙江浦江。不久，方孝孺也来到了这里。

像所有的优秀老师一样，收获了一个好学生就如同能工巧匠碰到了一块宝石，稍加打磨这块石头就会成为美玉。对于方孝孺的到来，宋濂的心情可以用"喜出望外"来形容。他将自己的全部知识毫无保留地传授给方孝孺，循循善诱，无论是文学还是理学，包罗万象，无所不谈。

方孝孺也并没有辜负父亲以及师父宋濂的期望，用心学习，经常苦读诗书，加上惊人的天赋、过人的悟性，4年之后，方孝孺已经德才兼备。在诗文方面，唐代之后，除欧阳修、苏轼之外，方孝孺的才华无出其右。

宋濂毫无保留地展现出自己对方孝孺的欣赏和赞扬："晚遇小子，自贺有得。"在文章《送方生还天台诗序》里，宋濂的这种感情更表现得淋漓尽致："古者重德教，非惟子弟之求师，而为师者得一英才训饬之，未尝不喜动颜色。……晚得天台方生希直，其为人也，凝重而迁于物，颖脱有以烛诸理，间发为文，如水涌而山出。喧啾百鸟中，见此孤凤凰，云胡不喜?"可见，不光徒弟想要结识师父，师父也想要寻找到有天赋的徒弟，一旦得到，内心自然是喜不自胜的。而方孝孺自然就是这样的徒弟，卓越不凡，在喧闹的丛林里，于万千的鸟中，发现一只凤凰，怎么会不快乐呢?

学习了4年之后，方孝孺要归家去看望年迈的祖母。方孝孺将要离开时，宋濂自然是舍不得。回乡之后，方孝孺和兄长方孝闻做起了父亲文集的编纂工作，想要借以告慰远去的父亲。

我们这里分析一下，除了宋濂对方孝孺的欣赏，方孝孺对宋濂的尊敬，还有没有什么其他因素促成了二人之间的师徒关系。

其一，二人都坚持道，提倡以"道"辅政。元末时宋濂就已经被多次举荐，却藏于树林中不入仕途。难道是宋濂真的没有政治理想吗？显然不是，宋濂在他的诗《始衰》中写道："四时相推斥，行年五十过。触心苦无惊。良节足游衍，逝龄翻成嗟。蹙眉拭花露，按愁聆禽歌。气索怯绪风，颜凋仰流霞。倚林思寝裯，躐坡企行车。志士惜坠景，达人伤逝波。宁不动灵襟，潸然下涕多？人生大化中，飘萧风中花。百年终变灭，感慨欲如何。"50岁的宋濂也在感慨时间匆匆，自己却蹉跎无为。

宋濂并不是不想出世，而是还没有遇到真正的机会。"禄可干耶？仕当为道谋，不为身谋，干之私也。"出世与否并不是因为自己，而是因为"道"，对于没有"道"的元，宋濂是无意出世的。明朝建立，宋濂感觉到他期待的"道"来了，当明朝建立之初朱元璋征召宋濂、刘基等四人为官时，宋濂欣然同意。

对于师父宋濂的上述行为，方孝孺有自己的看法，他写道："别已复会，人见其然，以为公乐闻其道，岂知公者哉？及乎真人御极，僭乱平而四海定，公应聘而起，居朝廷者十有九年，累官至翰林学士承旨，年六十有八致其政而归。"

方孝孺同样将"道"视为自己毕生的追求："经之无用于世者二千余年矣，某窃尝痛焉。苟知之而不得用于世者，天也；身尊显而不以行者，不仁也；谓时君不能行者，不忠也；谓斯民不可以道化者，至愚也；谓诸经为不足法者，不知为学者也。某既幸知之矣。"

其二，二人对气节与道德的追求也是相同的。方孝孺最早的教育来自于自己的父亲方克勤。方克勤很注重对方孝孺刚正浩然之气的培养。之后方孝孺谈到师父宋濂带给自己的影响，就是要成为包含万物、有天地之气的人。无论是天地万物，都按规律有秩序地运行，都是因为"气"的推动。即使是为人，也是因为有"正气"而存在。得到至纯之气的人才能成为圣人贤者。孟子说的"我善于修养自己的浩然正气"，就是这个意思。这里方孝孺认同的天地之气，其实就是圣贤之道。而在当时的时代，有着圣贤之道的不是别人，正是自己的师父宋濂。

如此看来，宋濂和方孝孺之间不仅是师徒关系，更是知己，是忘年交。他们因为对于政治、文学、人格修养等方面的看法不谋而合，而在大明的历史上书写了瑰丽的色彩。

师生二人在历史上的命运也惊人地相似。千古的人才，最终留给这个世界的是同样经久不衰的千古绝唱。

洪武十三年，胡惟庸案爆发。

胡惟庸，明朝的开国功臣之一。早年随同朱元璋起兵反元，成功建立明朝之后，他也从知县起家，最终官至宰相。随着职位的升高，一同增长的还有他的脾气，他日益骄横，飞扬跋扈。

他凭借着权势，染指奏章，对于对自己不利的内容，他坚决不上报。对于异己，他不遗余力地铲除。听说曾经立下汗马功劳的徐达曾经在朱元璋面前表达对自己行为的不满，他下决心打击徐达，最终没有得逞。胡惟庸还大肆收受各级官员进贡的金银财物。不仅如此，他还拉拢被朱元璋革职的官员，在外收集军马，力图谋反。

有人会问，疑心很重的朱元璋难道会看不出胡惟庸的骄纵狂妄来吗？答案是朱元璋早已经了解，但是他选择放纵胡惟庸的胡作非为。有一个类似的故事可以解释——郑庄公母亲武姜溺爱弟弟叔段，所以要求给叔段封邑，而封邑的地点不是别的地方，正是军事要地制。庄公没有同意，之后又被要求给叔段封京地，无奈之下，庄公只好应允。

封邑之后，叔段仗着母亲的支持，不把百姓放在心上，而是大张旗鼓地招募勇士，加紧训练，修城池，扩展自己的势力，并且和母亲合谋，打算篡夺庄公的权力。郑庄公深知母亲和弟弟的行为，却不动声色，任其胡作非为。

终于在庄公二十二年时，叔段率兵攻破郑都，准备和母亲武姜接应。不想庄公已经命令 200 辆战车在等待了。叔段大败于鄢，不久外逃。

朱元璋想要做的正是和庄公一样，他就是要纵容胡惟庸，发展到不可收拾，然后一举歼灭胡。而最后压死胡惟庸这头骆驼的一根稻草看起来毫不起眼，但是又在情理之中。胡惟庸的儿子骑马在集市行走时，不想因为人多，马惊车，最后胡惟庸的儿子坠死在车下。胡惟庸就斩杀了驾车的马夫，这样的嚣张气焰让朱元璋十分气愤，他已经在寻找机会要消灭掉胡惟庸。

不久，又有官员上书胡惟庸力图谋反，最终朱元璋以谋反之名，将胡惟庸和其同党处死。之后，胡惟庸的其他罪名也相继被揭发，如毒死刘基，派官员招纳倭寇增加外患等。最后这场反逆的运动不断扩大，但凡和胡惟庸有一点关系的人都被处死。在一些地方，两个人因为有矛盾，就相互揭发为"逆党"，而一旦挂上"逆党"的罪名，最终就难逃一死。胡惟庸案前后延续了近 10 年之久，最终被杀戮的人数多达 3 万。

胡惟庸案发生之后，宋濂的孙子宋慎也被揭发是胡党，之后宋濂也被牵连其中，被定下死罪。根据《明史》中记载，马皇后当时极力劝说朱元璋，宋濂是忠厚老实的人，怎么会牵扯这样的事情？而且宋濂是太子朱标的老师，普通人家的老师都善始善终，况且是天子之家呢？

马皇后之后又改变饮食习惯，吃饭时不饮酒和荤腥，意为宋濂做法事，想要以此来感动朱元璋。太子朱标也向朱元璋请求赦免老师，甚至以投金水河自杀来表达自己对老师的信任。

最终朱元璋同意赦免宋濂，但全家还是被流放。最终在流放途中，宋濂一病不起，死于夔州。

当宋濂死去的消息传来时，方孝孺悲痛万分。宋濂于方孝孺亦师亦父，当时方孝孺恨不得去见老师最终一面，却终因家中有事不能成行，最后所有的思念抒发在文章《祭太史公》中。

第二章
帝师之才

　　洪武十五年，方孝孺被皇帝朱元璋召见。意气风发的方孝孺在新婚之后赶往京师去面见皇帝，似乎他的才华能够被赏识了。拜见了皇帝之后，方孝孺从皇帝的表情中可以看出，皇帝对自己的表现还是很满意的，但是出人意料的是，他并没有被任用，皇帝给出的评价是"当其老才"。时隔 10 年之后，方孝孺再一次被皇帝召见。这一次，皇帝给他的父亲平反了，这让方孝孺看到了希望，不想，这一次依然没有被皇帝重用。

　　10 年中，政治上的不得志让方孝孺心生苦闷，生活上的艰难拮据也时刻伴随着他。方孝孺通透且乐观，他将自己全部的心血和热情都投入自己的学问和实践中。

朱元璋的想法

经过兄弟二人的努力，洪武十四年，一部纪念父亲方克勤的文集《愚庵公文集》在缑城完成。写完的那一刻，方孝孺长久以来的一桩心愿终于了却。如果父亲在天有灵，也可以含笑九泉了。

方孝孺还写作了《周礼辨疑》四篇。这四篇讲的内容是对待经书的态度，方孝孺认为，我们对待经书既不能过分地相信，时移世易，盲从就会被固化，思维被限制在表面意思中，不能理解经书的内在含义。当然他也觉得过分地怀疑也并不科学，质疑会让人走向反面，经书的一些优秀地方得不到传播。其实总结起来，就是要不盲从、不为了质疑而质疑，取其精华，去其糟粕。这样说来，方孝孺是在宣扬对待历史书籍的朴素辩证法。

四篇中，方孝孺还对"法治"进行了探讨，他认为《周礼》中谈到的一些严刑酷法并不真实。在他看来，周礼还是教导人们向善的居多，像"车裂"等这些秦朝法律中才有的酷刑是秦的统治者为了震慑百姓特意添加的，不能因此认为周礼是宣扬严刑峻法的书籍。同时，方孝孺提出法治的本意并不是为了惩戒，"圣人之治天下，立法也严，而行法也恕"。设置严刑峻法的目的是为了警醒百姓，强化百姓心中的法律意识，但是并不倡导对百姓使用严刑峻法，不仅如此，还强调要宽恕百姓的行为。

一旦滥用重刑，必然会引起百姓的反感，物极必反，有可能会起到相反的作用，让百姓心生怨恨。所以在方孝孺看来，圣人不是为了取悦百姓，而是让百姓受惠但是又察觉不到。

洪武十五年，方孝孺已经26岁了。其实早些年他已经到了结婚的年纪，但是因为父亲的去世、家庭的变故，结婚的事宜也就一拖再拖，直到26岁。

其实，早在跟随宋濂学习期间，因为欣赏方孝孺的学识、抱负和风度，宋濂就有心将自己的外甥女嫁给方孝孺，结为姻亲。但是方家的老当家——方孝孺的祖母却不同意。

方孝孺的祖母出自大户人家，她是宋朝的名丞相叶梦鼎的曾孙女。来自官宦人家的老祖母并不提倡孙子也要娶大户人家的子女。方家老祖母知道，权力不仅意味着荣华富贵，也意味风险，稍有不慎，就有可能面临灭顶之灾。加上儿子方克勤的去世，白发人送黑发人的悲伤已经让这位老人并不苛求家门荣耀，只要一家人过得平平安安就是最大的福气。

明朝之前，官员们做官的确是一件家门荣耀的事情，但是现在已然不是，皇帝朱元璋疑心颇重，且很忌惮官员官至高位，在他看来，他辛辛苦苦打下的朱姓江山是无论如何不能被他人攫取的。所以他不仅建立了《大明律》等严刑峻法约束上至官员下至百姓的行为，同时他还设立了恐怖至极的锦衣卫机构，来监视文武百官的行为。

一生谨记孝道的方孝孺听从了祖母的建议，和家乡的一位女子结为伉俪，在洪武十五年完婚。

这一年对于方孝孺来说，注定是不平凡的一年，他不仅解决了自己的婚姻大事，而且还受到了当朝天子朱元璋的召见。十二月，经过东阁大学士吴沉和揭枢的推荐，方孝孺赶往京师去拜见朱元璋。

初次拜见天子的方孝孺行为举止端庄得宜，回答问题也非常精彩，并且还当庭做了《灵芝甘露论》一文。根据《明史》对这次见面的记载，太祖"喜其举止端整，谓皇太子曰：'此庄士，当老其才。'"由此可知，太祖的确是十分欣赏方孝孺的。但是，出人意料的是，一同接受天子接见的其他官员都被授予官职，唯独方孝孺没有。这里就不得不说说朱元璋给予方孝孺的这句评价——当老其才。

朱元璋评价方孝孺是"当老其才"，意思是说他尽管欣赏方孝孺，但是现在还不是任用方孝孺的时候，方孝孺还需要多多历练，等他老了才能任用。现在不合适，等到方孝孺老了才能任用。换句话说，也就是在自己这一朝方孝孺是不适合的，方孝孺老了，也就是当自己的子孙当政的时候，方孝孺才能被任用。

这是为什么呢？

上文我们提到了方孝孺的主张，强调统治者要爱护百姓，慎用严刑峻法，教育百姓要多从礼教出发，提倡仁政，强调要爱民，要受惠于民。

那么现在的统治者又是什么样的呢？朱元璋是一位主张施行严刑峻法、苛政治国的皇帝，从建立明朝之初，就建立了森严的制度，在政治上坚持强权铁血的手腕。胡惟庸案的发生，其实都是在昭示着朱元璋势必是要掀起一阵腥风血雨来为自己的子孙继位扫清障碍。胡惟庸等一众开国大臣们曾经的确跟随朱元璋南征北战，建立过赫赫功勋，但是现在王朝已经稳固，这些大臣们官至宰相，权力极大，如果不尽快肃清老臣们，那么自己去世之后，温和的朱标就难以对付，到时候恐怕朱姓江山也就要易手他人了。那么方孝孺注定就不是他所需要的人。对此，李贽曾经评价说："使孝孺得用于太祖之时，则孝孺便成一好良臣，惟用于建文，遂成一忠臣以死耳。"

那为什么皇帝要在太子朱标或者说后来的建文帝时代任用方孝孺呢？从名字上我们也可以看出来：洪武、建文，如果说朱元璋是通过强权、铁血手腕建立了明朝，那么现在王朝稳固了，他需要教化百姓遵从礼仪教育，休养生息，发展生产。方孝孺的温和作风和朱标、朱允炆的性格相得益彰。

没有被起用的方孝孺并没有抱怨什么，而是重新又回到了自己平静的生活中。这时的方家生活已经走向了贫困。总体来说，从洪武十五年的首次召见到被授予官职的洪武二十五年，这10年间，方孝孺的生活平静且贫困。

在洪武十九年，方家的生活已经大不如从前，甚至有时候会断炊。有一次方孝孺生病了，卧床不起，恰逢家中断炊。他却并不以为意，笑着说："古人有一月只吃九顿饭，没有储存的粮食，你看，也不是只有咱们这么穷。"多么妙趣横生又让人心酸的回答。

方孝孺是一位淡泊名利、不追求富贵生活的人。某种意义上和他崇敬的古代贤人不谋而合："一箪食，一瓢饮，在陋巷，人不堪其忧，回也不改其乐。贤哉回也！"对于方孝孺来说，这些外在的物质都不是最重要的，只要有适合自己发挥的舞台，那么生死、贵贱、祸福都是没有任何差别的。他豁达的形象不禁让人崇敬，同时也可以明白，之后他登上最高位置却也能舍生取义、视死如归的原因所在。

　　他还说："士之可贵者，在节气，不在才智……国家可使数十年无才智之士，而不可一日无气节之臣。譬彼甘脆之味，虽累时月不食，未足为病，而姜桂之和，不可斯须无之。"作为典型的儒生，方孝孺崇尚节气。如果说之前是因为生活环境的熏陶，那么这段贫病交加的日子，就是对他气节的磨炼。这样的艰难，他首先想到的不是一己之私，而是节气，是一个国家的未来，这本身就难能可贵。后来节气已经俨然成为这位士大夫性格中最重要的一部分，植入他的骨髓，伴随他成长和生活。

　　在方孝孺的心中，生病不是最可怕的，贫困也不是，最可怕的是他没有施展"道"的机会。

　　三十而立的方孝孺渴望着能够有所作为，建功立业。现实是自己还在蹉跎岁月，方孝孺内心的苦闷可想而知。

　　方孝孺逐渐过起了著书立说讲学的生活。如《君学》杂著就是一部讲述君主作为的著作，书中首先对君主的产生进行了解释。君主并不是天然就有，君权当然也不是神或者上帝授予的。君权的产生来自于产品的丰富、生产的需要，首先一群人聚到一起，往往就会有分配的不平均、利益的不均等冲突出现，这时候群体就会推举一个能力比较好的人来处理这些事情。当人越来越多，集体越来越大，这时候就需要一群人进行管理。君主和官员也就产生了，但是他们并不是管理者，他们的产生有赖于大家的推举，因此君主和官员应该不断地提高自身修养，对待百姓要仁爱，减少严刑峻法。用方孝孺的话说就是"故天之立君，所以为民，非使其民奉乎君也。然而势不免粟米布帛以给之者，以为将仰之平其曲直，除所患苦，济所不足而教所不能，不可不致夫尊荣恭顺之礼。此民之情，然非天之意也。天之意以为，位乎民之上者，当养斯民"。

我们现在看来，尽管是受到封建思想教化出来的大儒，但是方孝孺的思想是相当具有前瞻性的，同一时期的欧美国家还没有这样的理论，后来的黄宗羲的民本思想也多是受到方孝孺的影响。只是奈何在封建制度之下，方孝孺的思想只能是昙花一现，还未绽放便已经枯萎。

这一时期，在思想上方孝孺是获得了前所未有的进步，在生活上却是不折不扣的低谷。生活依然没有厚待方家，苦难还在继续。

洪武二十年，方孝孺的邻居家触犯了刑律被捕。在审问时，对方竟然不顾事实真相，将方孝孺的叔叔方克家牵扯其中。当时方家全家被带到京师，准备押送刑部，朱元璋看到这封奏折时，竟然看到方孝孺的名字，十分惊讶，命令下面的官员释放方孝孺和妻儿老小。

尽管被释放了，但是方家老祖母早已经禁不起这样的折腾，不久就辞世，方孝孺痛不欲生。年幼时母亲去世，少年时继母离开，刚成年父亲又遭遇横祸，现在他至亲的祖母又去世，生离死别在一点点吞噬着孝孺的心志，千疮百孔的心已经禁不起这样的折腾。唯一的舒散方式就是将自己的全部心血都放在学问和实践上。

立皇孙

　　洪武二十五年，也就是公元 1392 年，这年的四月太子朱标生病去世了，时年 37 岁。

　　朱标是朱元璋的长子，母亲是大名鼎鼎的马皇后。从大明王朝建立之初朱标即被立为太子，在 20 多年的皇储的生涯中，可以说朱标被朱元璋寄予了厚望。

　　望子成龙或许是每位父亲的心愿，朱元璋也不例外。父亲朱元璋一心想将朱标培养成文武全才的人，所以就给朱标配备了最好的"家教"——朝中重臣兼领，这其中包括开国时的大儒宋濂，伴随朱元璋南征北战、立下赫赫战功的武将徐达、常遇春，同时还在普天之下选拔有名望、有才华的人士来伴读。太子遇到问题不仅可以向重臣们请教，即使是日理万机的父亲也会抽出时间来同儿子交流，商榷古今，评判文章。

　　朱标尽管从小跟随父亲征战，全然不像他的父亲，战争的杀戮与残酷在他的身上却全然看不到。他性格温和，仁慈友爱，对于犯错的人，他也会宽容以待。

　　对于性格完全不似自己一般雷厉风行的朱标，朱元璋在努力地培养朱标，他会让朱标参与朝政，了解政务，告诉朱标如何才能做一个好皇帝。

"父母之爱子，则为之计长远"，毫无疑问，朱元璋是一位不折不扣的好父亲。为了儿子朱标的执政，他一方面弱化文官的权力，另外一方面废除相权，牢牢地将皇权把持在自己手中，就是希望为太子朱标的执政之路扫清障碍。

但对于这些，朱标显然有着不同的理解。当朱元璋因为胡惟庸案要处分宋濂时，念师生情分的朱标就特意向父亲请求释放宋濂。朱元璋却气愤儿子不懂自己的良苦用心，他对朱标吼道："等你当了皇帝再放他吧！"

朱标对父亲成见最大的就是父亲杀戮百姓。朱标曾经试图劝父亲不要再杀了，这样会引起朝廷的动荡。朱元璋没有反驳，而是随手将一根荆棘树条仍在路上，并且要求朱标去捡。因为树条上有刺，朱标并不敢去拿，这时候朱元璋说道："治理国家就和去拿带有荆棘的树条一样，不把刺去掉就永远都没法拿起来。做皇帝也如此，不清除掉朝廷的荆棘，就永远没办法高枕无忧。"朱标并不示弱，还嘴道："古代的尧舜禹治理下并没有这样杀戮，不是一样治理得很好吗？贤能的君主治理下才能有优秀的百姓。"朱元璋当时生气地抄起手边的凳子就扔了过去，朱标匆忙闪开，才躲过一劫。

师从宋濂的朱标却进步很快，在宋濂的教导之下，朱标越发地恭敬聪敏，谈及政治得失和前代兴亡都能有理有据，行为稳重，分寸得宜。朱元璋看在眼里，喜在眉梢。唯一担心的是，朱标身体一向虚弱，不似其他的皇子那般强壮。

洪武二十四年，即公元 1391 年，朝廷内部关于迁都的讨论十分火热。连皇帝朱元璋也动了迁都的念头，于是在八月时，派太子朱标前去陕西考察迁都的问题。哪里知道，三个月考察回来后，朱标就病倒了，从此一病不起，在第二年的四月一命呜呼。

这让朱元璋非常伤心，尽管他有时候觉得朱标有些温和甚至是软弱，不懂权谋，但是他还是喜欢这个儿子的，他也倾注了太多的心血在朱标身上。但是朱标还没有坐上皇位就英年早逝。白发人送黑发人是这个世界上最悲伤的事情之一，朱元璋的悲痛难以言说。

太子去世之后面临的第一个问题，就是立新的王位继承人。

在洪武二十八年，朱元璋的第二个儿子秦王去世。洪武三十一年，朱元璋的第三个儿子晋王也先自己的父亲一步生病死掉了。尽管如此，朱元璋的 26 个儿子中还是有很多皇位备选人。

第四子朱棣就是一个。因为前面的三个哥哥都已经相继离开人世，朱棣就相应地成了这场皇位选拔赛中有力争夺者。况且朱棣从小在战场上长大，有着其他人难以比拼的军事作战能力，胆略过人，不得不说是非常合适的人选。

当然除了朱棣，朱标的儿子朱允炆也是合适的人选之一，而且根据宗法，他继位的依据更充分一些。按照宗法规矩，皇位的继承是嫡长子继承制，嫡长子死，嫡孙继承。嫡孙继承顺序要高于其他子嗣。当长房无人或者死去时，考虑的人选是幼子。嫡系没有合适人选时，可以考虑庶子。如果再没有，可以按照关系的远近来推算继承人。像宋朝和明朝晚期就有一些皇帝往上推算了好几代之后，才找到了合适的继承人选。

除了宗法制度之外，朱元璋打算扶植一位性格仁慈的皇帝，而朱允炆正是这样的性格。这样说来，似乎朱允炆比朱棣还要更合适一些。很快，朱标的嫡次子、年仅 16 岁的朱允炆被封为皇太孙。对于野心很大的朱棣来说，这是他难以接受的。

选定了皇位继承人后，朱元璋担心大臣专权，孙子会无法驾驭，于是开始为朱允炆上位扫清障碍——诛杀有功之臣。蓝玉案就是诛杀重臣策略之一。

蓝玉就是明朝大将常遇春的妻弟，曾经多次在战争中有卓越的表现，受到朱元璋的称赞。他最出名的案例在洪武二十年，在跟随明朝大将冯胜征讨纳哈出时，大雪天气依然雪中前行，最终将驻扎在通州的元兵打了个措手不及，大败元军。

蓝玉傲慢、偏执，平时还好，但是因为过于傲慢，也会在关键时刻坏事。在大败元军之后，纳哈出带领骑兵几百前往蓝玉营地投降，蓝玉也摆下宴席来招待，这本来是一件皆大欢喜的事。可是，就在席中发生了一件事，而这件事差一点就将前面的努力毁于一旦。

宴席中间，纳哈出前来向蓝玉敬酒。哪料到蓝玉当时就脱下自己的汉服要纳哈出穿上，还说："穿上再喝酒。"众目睽睽之下，纳哈出哪里肯穿，蓝玉也不让步，就这样，场面尴尬了好久，最后纳哈出带着士兵愤然离去。如果不是后来冯胜对纳哈出的软硬兼施，事情的结局就不是蓝玉晋升大将军，可能是一场血雨腥风的战争。

蓝玉骨子里很倨傲，在权位低时还好，当官位一步步提高，会表现得越来越明显，这倨傲最终也会将他毁灭。当被晋升为大将军后，蓝玉渐渐地恣意妄为。当时蓝玉抢占了百姓的良田，当有御史前来询问此事时，蓝玉一气之下赶走了御史。

上天欲使其灭亡，必先令其疯狂。在征讨元军胜利之后，蓝玉的傲慢已经升级成为骄狂。他带领军队回关内时，令手下的士兵半夜时分敲击喜峰关关门。就因为看守关门的官吏没有及时开门，蓝玉竟然命令士兵硬闯进来。

卧榻之侧，岂容他人鼾睡。朱元璋怎么能容忍臣子如此胡作非为，他先是给蓝玉发了一张"黄牌"——铁券加以警告。

蓝玉却并没有悔改，当知道自己要担任太傅时，自恃有功，专恣横暴，狂妄说道："我不应该是任职太师吗?"在明朝，皇宫辅臣中，有三公三孤，他们主要负责协助皇帝处理重要的国事国务，职位极高。其中三公包括太师、太傅、太保，正一品官职。如在朱元璋时，李善长就被任命为太师，徐达为太傅，常遇春为太保。

洪武二十六年，蓝玉被告发，说他有不臣之心，企图谋反。任何一个皇帝都不能容忍这样的行为，况且是凶狠残暴的朱元璋。

明朝时，被戴上谋逆之罪的帽子也就相当于踏进了死亡之门，处死的方式也极其残忍：碎剐。因为蓝玉的女儿是蜀献王朱椿的妃子，蓝玉最后剥皮。

朱元璋不仅诛杀了蓝玉，而且跟蓝玉有关的一公、十三侯、二伯也全部被处决，从文武百官到黎民百姓，最终被杀戮者达一万多人。

一方面大开杀戒，另外一方面朱元璋也在帮助朱允炆物色辅佐人选，方孝孺就是其中之一。

太祖驾崩

辅佐建文帝之前，朱元璋曾经两次召见过方孝孺。

公元 1382 年，朱元璋第一次召见了方孝孺，当时尽管朱元璋很欣赏方孝孺，给出的评价却是"此庄士，当老其才"。这就相当于一张口头支票，金额不小，但是可以支取的时间却待定。

第二次召见是在时隔 10 年之后，洪武二十五年，也就是公元 1392年，当谈到方孝孺父亲方克勤的死时，朱元璋已经承认，方克勤是被害而死。这相当于给方孝孺的父亲平反，只是这平反已经迟到了 10 年。

这一次方孝孺仍然没有被重用，"今非用方孝孺时"，但是不同于上次，这次朱元璋授予了方孝孺一个从九品官职"汉中府学教授"。

这里有个问题不得不被思考，为什么方孝孺这次依然没有获得重用？最主要的原因是两人在治国主张上大相径庭。

方孝孺从小受传统儒家思想的浸润，在政治上主张仁政，当政者应该用仁义礼乐治理国家。他极其反对刑罚百姓的情况，认为"不能使之安其生，复其性，而责其无为邪僻，禁其无为暴乱，法制愈详而民心愈离"。

然而主张以严刑峻法立国的朱元璋无论如何不能同意仁义教化。杀戮和残暴才能震慑百姓，这是朱元璋的座右铭。而方孝孺认为严刑峻法只能是"防民之口"，不能从根本上解决问题，因为民之口也有决堤的一天，用道德感化百姓才能形成良好的风尚，教育出良民。

然而，方孝孺强调的是法治理念要以仁义为基础，而不是为了政治而推行法治。法治只能是手段。是工具，而不能成为随意挥舞的大棒，对异己和百姓滥用滥杀。法治体现的不仅是君主自身的意志，还要用来保护普通民众的权益。

可以说方孝孺是将传统的儒家核心思想"仁义"与法治理念相结合，对待百姓要宽以待人，法以规范。无论是道德的感化还是法治的使用，都是为了能够使百姓安居乐业。姑且不说普通百姓，即使是跟随朱元璋南征北战，立下汗马功劳的开国名将都难逃一死，更何况是普通百姓。朱元璋一朝使用的严酷手段数不胜数，特务兴旺历朝历代难以比拟，人人自危成了明朝的一大特色。

因为是平民出身，害怕民间力量的反抗，朱家王朝不能延续，历史重蹈覆辙，所以朱元璋在洪武二年就建立了锦衣卫这一代表明朝特色的特务机构。从建立之初，锦衣卫被赋予的权力就大得惊人，他们有巡察缉捕的权力，下设镇抚司，来侦察民间活动，最最可怕的是这个部门不受任何部门的制约，独立运行。这样一来，锦衣卫就成了皇帝的私人打手。

朱元璋还是个疑心特别重的人，为了保持自己的权威、皇位的继承，防止身边的重臣功高震主，他就借用锦衣卫这一机构一个个进行铲除。被铲除的大臣包括官至中书丞相的胡惟庸、太师李善长、大将蓝玉。

当然，这一大棒对准的可不仅是朝中大臣，还有普通百姓。锦衣卫还按照皇帝的意思私下打探军情民意，但凡有对皇帝不利的言论都会列入他们侦察逮捕的行列。

根据《明史》的记载，锦衣卫使用的刑具有18套之多，夹棍、脑箍、钉指等都包括其中。在执行这些严酷的刑罚时，是有不同的说法的。如果是一般的犯人，行刑官就会"打着问"，也就是说，不要太重。如果犯人不配合，这时候就要"好生打着问"，意思也就是被打重一些，基本犯人都会落个终生残疾。如果对于执意不从的犯人，行刑官就会"好生着实打着问"，犯人基本就只有死路一条了。如此残暴的手段，形成的局面也只能是人心惶惶、人人自危。

方孝孺和朱元璋两人对待君主权力也有着不同的看法。方孝孺认为，君主并不是高高在上的，君权也并不是神圣不可侵犯的，他只是和百官一样对社会进行管理。如果君主不能履行职责，那么同样也会被罢黜。君主所要担负的职责是要教化百姓，"君之职在乎养民"，让百姓安居乐业，生活富足，知晓荣辱廉耻，才是真正的明君。这当然不会被朱元璋所欣赏或者采纳。

对于封建社会的农民起义，方孝孺认为是官逼民反，百姓没有活路了，所以只能谋反。对于百姓的谋反首先要承担责任的就是皇帝，如果皇帝不履行好职责，就难辞其咎，百姓就有权推翻君主的统治。这样激烈的主张和言辞是思想上的进步，但受时代的局限，只能成为无本之木，无源之水。

公元1392年，36岁的方孝孺领"府学教授"的职位，前往汉中任职。

到达之后，方孝孺才知道汉中的真实状况：因为金、元时代的入侵，汉中经济落后，百姓生活艰难。在给朋友的信中，方孝孺写道：

"（汉中）水土暴恶，男女有年三四十不能行步者，大瘿垂膺项间，十人而五。初见大骇，以为怪物。"

教育状况更是落后，草堂是多年之前遗留下的，破败不堪，学生总共才十来个，真正聪明伶俐的却很少。老师也没有，真正读过书的人少之又少。

可是方孝孺并不灰心，他传承了老师宋濂的衣钵，同时又根据自己的经验进行了发展。他并不会让学生死记硬背，而是着重于文义，讲求与学生谈而论道，将仁义王道传授给学生。方孝孺早出晚归，讲学孜孜不倦，几个月之后，名声渐起，学生人数也越来越多，从前门可罗雀的汉中府学逐渐热闹起来，前来旁听的人多达 2000 人。而这是"前无古人，后无来者"的罕见盛况。

在洪武二十七年的春天，蜀献王朱椿听说了方孝孺的贤德，使用各种办法来聘方孝孺做世子的老师。

蜀献王本人性格随和，举止文雅得体，谦虚有风度。在就藩成都之后，努力发展文化教育，注重与名士交往。在担任蜀王世子师期间，方孝孺仍然坚持推行"明王道，致太平"，讲授仁义道德。在这里，方孝孺尽情地畅谈自己的政治主张，著书立说。他和蜀王二人畅谈之后，发现二人志同道合，在政治主张上不谋而合，他也将蜀王当成明君来对待，赞扬蜀王的"仁治"，"贤王殿下治蜀，盛德奥学，追踪千古，嘉言善政，尚友百王"。

洪武三十一年，做了 31 年皇帝的明太祖朱元璋驾崩了，享年 71 岁。

为了给孙子朱允炆道路铺就顺利，他努力地削弱相权，将建国时的名将全部肃清。胡惟庸案发生之后，他将中书省和丞相都直接废除，将中书省和丞相的权力一分为六，由吏、户、礼、兵、刑、工六部尚书直接对皇帝负责，从此相权、君权都集中到皇帝手中，皇权最大化，加强了中央集权。

但是，明太祖朱元璋没有想到的是，如果皇帝本身勤奋治国，那么权力的集中会让皇权更加集中，实行起来可能也更为有效。如果遇到能力较弱或者荒淫无道的皇帝，国事不理，政务不勤，可能招致的就是更大的灾难。

朱元璋在位 31 年中，有近 20 年的时间是身兼皇帝和丞相两职。据说朱元璋要平均每天处理奏章 207 件、414 事，基本是星存而出、日入而休，可即使这样，仍然不能处理好。当然，朱元璋不会知道，这带给他的孙子朱允炆的可能是从一开始就已经注定的结局。

第三章
叔侄争天下

在古代，剑客对决最讲究的不是对方的剑术有多厉害，而是剑客身上凛然的气魄。在与对手狭路相逢时，无论对方多么地强大，剑术多么高超，即使明知自己不敌对方，也要勇敢亮剑！敢于亮剑，就算倒下又如何？失败又如何？

方孝孺与朱棣之间的对抗就是这样的一场战斗，方孝孺是忠义的化身、气节的化身，失败从对抗的开始就已然注定，所以，成功与失败都已经不是重点，重要的是方孝孺用自己的行动捍卫了自己内心的气节与操守。而这气节和操守，终将不朽。

改革的策划者

公元 1398 年，在祖父去世的第七天，22 岁的朱允炆登上了皇位，成了大明王朝的第二位天子。

朱允炆像极了他的父亲朱标，仁慈爱友，宽以待人。从他的年号"建文"也可以看出，大明王朝在经历了太祖时"洪武"的崇武尚法，接下来要进入一个相对宽松的时期。即位诏书中写道"德惟善政，政在养民"，要"永维宽猛之宜，诞布维新之政"并"下明诏，行宽政，赦有罪，蠲逋租巨万计"。除旧布新，休养生息，教化百姓，是接下来建文帝即将要做的事。

建文帝不仅在政治上施行宽松政策，而且在人员的任用上也注重采用文官。当然只能是重新选拔任用官员，因为先帝时期的名臣宿将基本都已经被杀的杀，贬的贬，没有可用的人才了。

这一年的六月，方孝孺接到了诏书，要求他火速进京。

这一次，方孝孺终于迎来他人生的春天。

方孝孺进京后的第一个官职是翰林侍讲，这同他之前的从九品府学教授已经有了质的飞越。第二年，又升任侍讲学士。之后，恰逢朝廷上将侍讲学士和侍读学士合并为文学博士，方孝孺也成为正五品的文学博士。

方孝孺每天陪伴在皇帝身边，当皇帝遇到问题时都给予解答。本来建文帝就没有十分亲近的臣子，长期受儒家思想的影响，加上方孝孺的修养和学识，让他和方孝孺一见如故，并且对方孝孺有着一份额外的尊敬。所以将他在朝廷上遇到的一些事也说出来和方孝孺探讨，久而久之，建文帝对方孝孺的依赖增加。方孝孺也继续了他的老师宋濂之前未竟的事业，只是这一次的学生不再是朱标，变成了他的儿子朱允炆。

不久之后，以方孝孺为代表的浙东士大夫们纷纷得以任用，进入仕途，方孝孺的表哥卢原质也被任命为太常少卿。

建文帝心中藏有治国救民的理想，希望能够改变先帝时的人人自危的局面，想要创造一个繁荣祥和的盛世图景。为了这份理想，在即位之初，他就大胆起用方孝孺着手进行改革。经过二人的商议和谋划，改革的内容包括如下五个方面：

一、注重礼仪教化

建文帝和方孝孺在政治上的主张不谋而合，推崇礼仪教化，以德治国。在他们看来，严刑峻法只能治标不能治本，教化的使用上应该移风易俗，让人民知晓廉耻。法律的施行是为了教化人民，而不是为了惩治人民。宽松的法令改变了洪武年间紧张的政治空气，社会氛围日渐稳定、宽容起来。

除此之外，对于之前的冤假错案，建文帝进行了重新规定："《大明律》，皇祖所亲定，命朕细阅，较前所改定，皇祖已命施行。然罪可矜疑者，尚不可止。夫律设大法，礼顺人情，齐民以刑，不若以礼。其谕天下有司，务崇礼教，赦疑狱，称朕嘉与万方之意。"对于洪武帝时被迫害的官员及家庭，都在慢慢平反，一些有才华的官员又被朝廷重新起用。

二、弱化君主专制皇权，君主与士大夫共治天下

建文帝改变太祖时大权独揽的状况，接受方孝孺的建议，虚心听取群臣的意见，弱化皇帝专制皇权，实行君主与士大夫共治天下。

当时有一个特别明显的例子：一天早晨，皇帝因为身体有恙上朝晚了几分钟。当时朝堂上一些大臣已经提前到了，等皇帝到时，文武百官等了几分钟。对此，就有一位叫作尹昌隆的官员批评皇帝不守时。

对此，建文帝没有震怒，反而是谦虚道歉，并且诏告天下，检讨自我。

很明显，这是改变洪武帝严酷统治的最佳实例，官员们开始明白，紧张了一年又一年的神经终于可以放松一下了。

洪武年间，朱元璋实行的所有政策都是为了两件事：一是削弱相权，二是打击文官。这跟朱元璋的发家有着直接的关系，他是从下层的人民中起来的，几年的南征北战下来，凭借着武官或者说军事才华夺取了天下。艰难程度不必说，他提着脑袋打下的天下，文官几句话就能谋个一官半职，在朱元璋看来这无异于掠夺的强盗。

建文帝不同于他的祖父，他非常明白，想要改革或者通过政策治国，非常需要文官给予意见和对策，所以他下令提高文官的地位：首先将六部尚书从原来的正二品官职升为正一品，设立了居于侍郎之上的左右侍中，来让他们广泛的提意见，增加决策层的力量，这样对于年纪较轻的建文帝而言，可以参考更多的意见做出决策，使决策的稳定性增强。

三、减轻人民负担，惠泽于民

方孝孺的思想中很多是继承了儒家民本思想的。那么在建文帝改革中，着重改革的一个方面就是减轻百姓在洪武一朝沉重的赋税压力。方孝孺在之前的讲学途中深刻地认识到人民生活的艰辛，很多人因为承担不起赋税而选择了离开土地，成为游民。因此在改革时，减轻赋税就成为一项重要的内容。

改革的当年，也就是在公元 1398 年十二月，明确规定次年全国的田租减免一半。1399 年的二月，又规定老年人可以免费获得米肉絮帛。1400 年，建文帝下令按每亩地收一石的标准统一全国的土地税，同时也保持了财政收入的稳定。

在明朝，寺庙侵占农民良田的情况非常多，建文帝为此特意规定每个人占有的土地不得超过 5 亩，多余的要退回，分给百姓。

四、恢复井田制

在方孝孺的心中其实是有个天下大同的梦想的，在他看来，革除社会弊病最有效的方式就是实行井田制。土地兼并和贫富差距是社会的顽疾，想要结束这种制度就得推行井田制。生产关系一定要适应生产力，从西周到明朝，前后经历了几千年的时间，无论是生产力还是百姓的思想，都已经发生了很大变化，作为生产关系的井田制的实施只能导致社会退步，并不能有任何实际的成效。

综合由建文帝主导、方孝孺充当策划的这场改革，可以看出其改革的出发点是良好的。如果说方孝孺前期讲学是将仁义道德的思想传播出去，那么现在他是在借助建文帝改革的时机，也在一步步描绘自己的"理想国"。改革的图景是非常美好的，实行后，社会的风气已经有了极大的变化，皇帝在人们心中不再高高在上，变得可亲可敬。

但是，我们也应该看到，建文帝的这场改革具有文人的理想色彩存在，如井田制的恢复，社会发展的车轮在不断地前进，将一个已经实施了几千年的东西恢复注定只能阻碍历史的进步，具有明显的落后性。

就在建文帝和方孝孺还忙于推行自己的改革时，靖难之役爆发了。这场改革也只能暂时中止了。

燕王的雄心壮志

刚刚建立王朝时，为了保证江山的稳固，朱氏王朝永续长久，朱元璋将自己的儿子们就分封到各个地方，成为藩王，拥有军事统治权，每位藩王的军队少则三千，多则上万。明太祖最初的想法是当外敌来入侵时，能够地方拱卫中央，群起而攻之。他没有想到内部藩王之间若是出现这样的问题该如何解决。不幸的是，这些事情就发生了。

公元1360年，当陈友谅正在大举进攻太平，战事紧张时，随着一声响亮的啼哭，一位并没有什么身份的妃子给朱元璋生下了一个孩子，这就是朱棣。

从出生开始，历史就注定了朱棣要跟战争两字结下不解之缘，他生于战火弥漫的年代，最后也死于征战途中。

同他的哥哥朱标相比，朱棣的生活是艰难且不受重视的。他不能像朱标一样有东宫这样专门的辅导，也不能有宋濂这样的一代名儒、徐达这样的神勇大将做指导，如果说太子接受的是最好的教育，那么朱棣受的教育同哥哥相比，简直千差万别。

11岁时，和其他皇子一样，朱棣被封为燕王。17岁时，迎娶了徐达的长女，天子和当朝的大将结为儿女亲家，属于政治联姻。

身在皇家，对于"差别"二字有着更为特殊的感受，当朱标集万千宠爱于一身时，朱棣只能受着周围人的冷眼旁观。这样的境遇之下，不甘为人后的朱棣明白自己想要活下去，想要有所作为，只能好好表现。

20岁，朱棣就藩北平。个在战火中出生的孩子自幼就对战争充满了兴趣。他喜欢弥漫在战争中的味道，甚至有些时候他还会觉得兴奋。他勇猛果敢，喜欢战略战术，从一开始就显示出卓越的军事才华。

朱棣早已对战争不陌生，当周围的兄弟还在努力学习孔孟之道时，朱棣正和将士们一起前进。尽管没有好的老师进行教导，但是不得不承认生活就是最好的老师。他时常向蓝玉、冯胜等学习作战。在战场上朱棣学习的不仅是战争的规律，作战的才华，过人的心理素质，还有成为一个军事家的意志和信念。

战场上真正说话的是武器，昨天还在一起的兄弟今天就已经成为一具尸体；昨天还具有优势的局面，明天可能就已经成为俘虏。成功和失败有时候就在一线之间，但处于战争中的人们却会成王败寇。战场磨炼的不仅是朱棣的意志，还有他的心智。

功夫不负有心人，一直在磨炼的朱棣等到了他的机会。洪武二十三年，也就是公元1390年，朱棣成了军队的主帅。接下来的战场、战争将朱棣的军事才华和性格展现得淋漓尽致。

当时，朱元璋命令燕王和晋王各自领兵前往北方，目标就是击败元代的丞相咬住和太尉乃儿不花。这里看出，当时的朱元璋对朱棣之前的军事才华并不是完全信任的。之所以分兵两队，就是为了看看兄弟两个哪个更胜一筹。朱棣怎么会不明白朱元璋的良苦用心呢？

接到任务之后，朱棣先是派出一些士兵到前方进行侦查，目的就是要确认乃儿不花的准确位置。找准了敌人的准确位置，朱棣带领着他的部队出发了。部队行进到北方时，正赶上大雪天气，当时四周都在飘着鹅毛大雪，温度骤降，部队前进起来缓慢也困难。

朱棣看在眼里，但是他明白，如果现在休息，就失去了斩杀敌人的最好时机，他果断地命令部队前进。这样的场景朱棣不会忘记，当年的蓝玉就是凭借恶劣的天气掌握了战斗的时机。在军事家看来，恶劣的天气并不是没有优点，最大的好处就是麻痹敌人的神经。当对方休息时，战争的主动权就已经悄然转移到了行动的一方。战争中很重要的一点就是要攻其不备，朱棣抓住的正是这样的时机。

所以当乃儿不花被朱棣的军队围歼时，他正在烤火。见到朱棣的那一刻，他完全蒙了。投降已经成为唯一的方式，但是他没有想到的是朱棣竟然在劝降前还用好酒好菜来款待自己，如此一来，乃儿不花主动提出他会劝降咬住的军队。

朱棣的这个行动几乎是不费吹灰之力就将敌人拿下，轻松但是却包含了无穷的智慧在里面。

想要在朱元璋面前一展身手一直以来都是朱棣的心愿之一，他迫切想要用一场大胜来展示自己。

能屈能伸是英雄的品质，但是人世间最艰难的不是伸，而是屈，也就是适当的隐忍。当一个人迫切想要一个东西时，最痛快的不是结果，而是打败的一个过程、一个瞬间。当面对乃儿不花时，一举歼灭可以说是最快意恩仇的。但是，朱棣将自己的野心全部收起，将到手的荣耀低调处理，没有意气用事、快意恩仇，他选择了忍耐。如果说能够英勇作战叫聪明，那么懂得忍耐则是智慧。

小不忍则乱大谋，因为想要谋求更大的格局，所以他会将自己的野心暂时放到心底。一个30岁的年轻将领，具有这样的忍耐心，不能不叫人为其折服。

战争的洗礼和磨炼已经让朱棣慢慢成熟起来，他渴望成为强者。这次的表现，朱棣受到了朱元璋的夸奖，自身的军事实力也大大加强，并且在北方声名鹊起。

可是，那又怎样呢？朱棣还是一个藩王，并没有其他的可能，他只能继续等待时机。

但是往往就是这样，看似已成定局的事情却因为一个转折就发生了一系列的变化。变化的导火索就是太子朱标的生病去世。

这时候朱棣重新开始有了新的计划。朱棣已经在北方赫赫有名，战功卓越，唯一的竞争对手朱允炆还是个刚刚 16 岁的少年，从来没有经历过战争，没有什么军事才华可言，跟他比胜算很小。

或许是因为只有嫡长子继承皇位才能受到大家的拥护的观念，或许是因为朱元璋对朱标有着太过浓重的爱，最终经过权衡，朱元璋选择的新君正是皇太孙，年仅 16 岁的朱允炆。

这让朱棣很是恼火，自己卓越的军事才华、丰富的作战经验、日益崛起的声名却终究没有抵得上朱允炆，况且朱允炆如此地不显山、不露水，无论如何他也咽不下这口气。可不管朱棣多么难以平复这种心情，朱允炆都登基了。

登基之后的朱允炆越发地感觉到藩王的军队正在日渐壮大，有的藩王军队人数最多的时候有 19000 人。这样当有战事发生，中央想要调动军队首先要经过藩王的同意，这大大地威胁到了中央政权。所以他在改革中就要进行削藩。

一天，他在东角门遇见了当时的太常卿黄子澄。他就问黄子澄：

"各位叔父们拥有重兵，眼看他们一天天壮大，如何才能控制他们呢?"黄子澄一语道破："削夺藩王。"当即，建文帝就将黄子澄纳入自己的阵营中，希望黄子澄成为这场削藩斗争的推手。

他采取的措施是在各藩国中设置翰林学士来教育和辅导未成年的王子，辅导的目的是了解藩王的状况，进而加强皇帝对藩王的控制，不允许藩王们参与政事。这也给了后来燕王朱棣反抗的口实。

当时的诸王中，鲁王、秦王、晋王都已经病故，剩下的藩王只有燕、代、肃、辽、庆、宁、谷等王，最最主要的目标就是燕王朱棣。关于如何削弱藩王，黄子澄给出的方案是先削弱燕王的羽翼：周王。一旦将燕王的羽翼剪断，那么再将燕王除掉就变得很容易。

不久，有人就上书皇帝周王有不臣之心，企图谋反。建文帝派了明太祖时大将李文忠的儿子李景隆借着去边疆之名，中途改道到周王所在的开封，将周王逮捕。逮捕之后，建文帝想要将周王流放到云南，但是不久又召回，禁锢在京师。

公元 1399 年，建文帝正式宣布削藩，亲王们不要干政。之后湘王因为伪造宝钞被揭发，因为胆小害怕，在听说建文帝即将来府上逮捕自己时，就收拾妥当，自焚了结。齐王被囚禁，岷王被贬为庶人，这样之后，削藩就对准了本次行动最大的目标——朱棣。

其实早在建文帝轮番削藩时，燕王朱棣就已经在准备战争了，他明白这是个机遇，一个改变自身的机会。最终在公元 1399 年的七月，燕王朱棣正式起兵北平，靖难之役正式开始。

靖难之役

就在建文帝在对其他藩王大力打击时，燕王朱棣已经明白，这是一次躲也躲不掉的战争。他已经无路可退，前面只有一条路可以选择，那就是反抗。

朱棣反抗的第一步就是练兵，士兵们不能赤手空拳地斗争。战场上的斗争就是你死我活，况且对方还是兵力强大的正规军。为此朱棣开始派人打造兵器，想要掩人耳目，最好的办法就是将这种地上的活动转入地下。朱棣特意修建了一个地下工厂，这样除非发生爆炸，要不外面的人很难知道这里在做什么。

公元 1399 年，朱棣向朝廷请假，说自己得了很重的病。很多人会觉得蹊跷，这个时候朱棣生病还真是时间把握得非常巧妙啊。别无它因，因为再过一个月就是朱元璋的忌日，如果没有其他情况，朱棣就要动身去南京。但朱棣知道，现在这样的关头，自己去京城，就跟送死没有什么区别了。他想到的解决办法是让自己的三个儿子前去。这样一来，就跟朝廷表明自己的忠心，减少朝廷的疑心。

如果当朱棣三个儿子进京之后，就被逮捕扣押，以此来要挟朱棣，或许历史就会出现另一种结局。这次阻止历史没能出现这种结局的就是黄子澄。

建文帝身边的三位重要人物，一位是方孝孺，一位是黄子澄，还有一位是齐泰。黄子澄在洪武十八年中了会试第一名，后来伴读东宫。等到建文帝与他谈论削藩时，建文帝曾经问过黄子澄："如果藩王们有异心了，怎么办？"黄子澄曾经信心满怀地说道："各位藩王只有护兵，他们自身难保，如果真有异心，军队就可以镇压，普天之下，几个藩王是阻挡不了的。"同时他还列举了汉朝时的状况，即使强大，可又怎么阻挡得了历史发展的规律呢？不得不说，这位黄子澄是典型的书呆子，纸上谈兵并不代表能够运筹帷幄。

就在建文帝准备动手拿下朱高炽三兄弟时，黄子澄站出来阻止，认为一旦扣押了三兄弟，就会打草惊蛇，惊动了朱棣，就不利于接下来的行动。

不得不说，真是书生意气啊！朱棣早对建文帝的行动了如指掌，现在就差剑拔弩张了，却还要怕打草惊蛇。最终，建文帝听从了黄子澄的建议，放走了朱高炽三兄弟。

这让在北平等待儿子归来的朱棣也震惊了，原来真的还会这样好好地归来，高兴得不得了。

可是现在他更担心的是自己的军用物资还没有准备妥当，而这需要时间，这时候他想出了一个妙招：装疯卖傻。

"燕王疯了"的消息很快就在北平城传播开来，当然主要得力于朱棣的"卖力演出"。这个消息不久也传到了建文帝的耳中，对此建文帝并不相信，好好的怎么会疯掉呢？

当两个建文帝的人亲眼看到朱棣在骄阳似火的六月依然穿着厚棉衣，口中不断地喊冷要求烤火，这让大家都惊呆了。建文帝听到两个耳目汇报上来的消息着实高兴了一阵，警惕放松了。可是，不久燕王朱棣的一个长史背叛了朱棣，投奔到建文帝阵营前来禀告：燕王并没有疯，不光没疯，他还在大力地准备谋反之事。这让建文帝傻了眼，当即派张昺和谢贵进前往北平"削爵及逮官署"，但是并没有提出对燕王如何处置。

这样的漏洞就给了朱棣可乘之机。他先是跟张昺和谢贵进二人禀告，说有一些官府通缉捉拿的人藏在他的府中，需要二位进入燕王府捉拿。张、谢二人明知朱棣有诈，但是因为建文帝没有下令对朱棣如何处理，所以只能硬着头皮进来。进去之后，不由分说，朱棣的手下就将二人拿下，并且斩杀。很快，大将张玉就攻下了北平的九门，朱棣占领了北平。

接下来朱棣要向外扩张，就要有一个正当的理由，能够让其他人认为他的这场斗争是正义的，从而制造舆论氛围。

朱元璋在位时，对于位高权重的臣子篡权，他曾经规定藩王有举兵清君侧的权利。《皇明祖训》中也有这样的记载："朝无正臣，内有奸逆，必举兵诛讨，以清君侧。"朱棣想要的正是师出有名，他对自己的行动进行了定义：靖难。这样，一场皇室的内部斗争就将全面拉开序幕。

建文帝先是命令耿炳文带领 30 万军队北征，没想到竟然第一次出战就失败而归。这时候黄子澄向建文帝推荐了李景隆，这不得不说是黄子澄送给朱棣的又一个礼物。这李景隆不是别人，正是明太祖朱元璋的外甥李文忠的儿子。可是不同于李文忠，李景隆是不学无术、傲慢轻狂的富家子弟。

交战之初，带兵的大将是耿炳文，不想耿炳文兵败而归。这时候黄子澄站出来，认为胜败乃兵家常事，战场上成败不足以忧虑，并且推荐了李景隆。

当朱棣听说作战的主将换成李景隆时，他开心不已。李景隆他并不陌生，两人从小在一起玩耍。不过尽管父亲是明朝赫赫有名的大将李文忠，但是李景隆似乎并没有继承父亲的盖世武功，而是完全走向了另一个极端：草包的纨绔子弟。

建文帝对李景隆是委以重任的，第一次就授予了他50万兵权，尽管李景隆在带兵之前连战场都没有见过。要知道这时候朱棣的总共兵力加起来才5万，可就是这样一比十的悬殊兵力，李景隆却连"以十当一"的效果都没有发挥出来，最后兵败。其实明军并不是没有攻破北平城的机会，而是有多次机会。当时明朝的急先锋瞿能曾经几次攻破城墙，但是李景隆却因为嫉妒瞿能的军事能力，还在进攻途中就匆忙收兵。这样一来，本来占有优势的时机消失了，南军只能被困于北平城下。

接下来发生的事情就更为可笑，正当南军打得斗志昂扬，击退朱棣的骑兵冲锋时，李景隆却带兵南逃德州。逃跑的原因更是滑稽，竟然是因为李景隆被战场上的血腥吓晕了。可以想见，那些在战场上激战正酣的壮士们当听到主帅离开该是怎样地无奈、绝望和愤怒。50万大军就这样不仅将主动权转移给对方，还丢了性命。就这样，燕王北平保卫战获胜。

当消息传到京城时，建文帝并没有给李景隆治罪，而是又给了李景隆60万的军队。可以看出，首先建文帝缺乏军事作战的技能，对于战场上的事情基本一窍不通，单单以为人数众多就能打败敌人，是荒谬甚至荒唐的。其次，在没有分析出李景隆失败的原因时就再次将比上次人数更多的军队交到他的手里，也能看出在大明一朝可以作战的将领极其缺乏，要不也不会让一个见到血腥吓晕的人指挥几十万大军。

公元1400年，白沟河大战爆发，这是一次双方都积极准备投入主力的大会战。开始时，燕王一度受挫，结果因为李景隆内部政令不一，燕王再次乘机崛起。李景隆依然继续了他的逃跑风格，最终60万大军又再次全军覆没。朱棣在济南城外大败李景隆，随之包围了济南。

这时候一些英勇之士站了出来，殊死抵抗，浴血奋战。

第一个是铁铉。建文二年，也就是公元1400年，朱棣来到济南城外，铁铉固守济南城内。朱棣就命令手下写了一封劝降书用箭射进了城内，铁铉看到信后很快给朱棣写了一封回信，回信的内容正是劝朱棣像周公辅佐成王一样辅佐建文帝。

眼看这种办法并不能劝服铁铉，朱棣又采用了第二种方法，引水灌城。这种方法在作战中并不少见。通常当城市攻打不下时，一些首领就会采用这种方法，以水淹城，百姓无法生活，力图能够劝降城内的官员和百姓。铁铉很懂得兵来将挡，水来土掩，这一次他先是让守城的兵士们抱头痛哭，佯装后悔状，然后劝导城内的有声望者到燕王大营诈降。这一招还真的蒙蔽了朱棣，当长者们发自肺腑地要求投降之后，朱棣也被感动了，兴许是求胜心切，他毫无防备地带领骑兵护卫入城。刚一入城，只听城内的将士们一起喊"千岁到"，随着喊声的还有城门的闸门一下子也落了下来，将朱棣的战马的马头砸烂。朱棣匆忙中反应过来，这是一计，说时迟那时快，赶紧换乘其他的马匹，出城，幸好，虚惊一场。

被激怒了的朱棣决定不再沉默，改换用火炮攻打城内。铁铉又想出一计：在城墙上放上朱元璋的画像。一时间朱棣的士兵们不敢攻打，即使朱棣自己也知道城墙上挂的画像是假的，但仍然如热锅上的蚂蚁，干着急。

无奈之下，朱棣只好退回北平，铁铉还继续追赶，将德州等失地收复。因为在阻击朱棣中表现突出，铁铉被建文帝授予"兵部尚书"的官职，百姓们称赞铁铉为"铁神"。

其实铁铉并不懂军事，他凭借的是智慧，从不和朱棣硬碰硬，最终创造了奇迹。

当年年底时，东昌大战燕军再次失利，遭遇了开战以来最惨重的失败。

建文三年，夹河大战开战。这一次，燕王没有再次失败，越发神勇，最终击败盛庸，获得了阶段性胜利。

无奈之下，建文帝罢免了齐泰、黄子澄的官职，采用方孝孺的对策。

无力回天

方孝孺给出的对策是两个：一是让盛庸、平安带兵作战。二是方孝孺草拟诏令要给燕王治罪，然后罢免其兵马，要求其归藩。

然而，这时候的朱棣早已经不是当时装疯卖傻的那个朱棣了，拥有兵马数万，上下一心，牢牢地掌握着主动权。他向建文帝提出了条件：除非将盛庸、平安革职，才能同意归藩。毫无斗争经验的建文帝竟然同意，这时候方孝孺进谏：如果罢免了盛庸、平安的兵权，一旦朱棣的兵马长驱直入，如何来与之对抗呢？建文帝认为方孝孺的说法有道理，才没有同意朱棣的条件，并且将燕军派来的使臣杀掉。

尽管方孝孺死命地坚持，但是仍然挽不回一场从开始就已经注定了的败局。之所以这样说，是因为如下这些原因：

一、建文帝缺乏政治斗争和军事斗争的经验

这还要从朱元璋说起，白手起家的朱元璋在建立了大明王朝之后，并不期望他的子孙像他一样南征北战，在战火的腥风血雨中夺取江山。因此他先是削弱了相权，皇权高度集中，又将曾经和他戎马一生的大将们挨个整掉，目的是防止位高权重的臣子有不臣之心，影响朱家江山的稳固。

从儿子朱标开始，他就希望子孙都能用贤德才能治理国家，国泰民安，因此他选择了大儒宋濂来辅导。朱标的确是更为宽厚仁慈，当然因为父亲的过于强势，某些时候是显得较为懦弱。不承想，朱标就在 37 岁时早朱元璋一步生病去世。为此，朱元璋留下诏令选择了朱标的儿子、年纪尚轻的朱允炆来继承王位。祖父明太祖朱元璋驾崩，朱允炆登基了，改年号为建文。

建文帝就像他的年号一样，尽管生在帝王之家，但他像极了他的父亲，性格温顺，从小接受儒家教育。从年少时开始，朱允炆心中就有一个儒家的大同治国梦，渴望通过仁政来进行改革、教化百姓，他还将三位儒学的倡导者齐泰、黄子澄、方孝孺作为自己改革团队的中坚力量。

的确，三位都是非常有才华的。他们都有着盖世的才华，当然也怀有所有文人都具有的勇敢、正直和文人理想，但是他们缺乏的都是斗争的经验，而削藩注定了就是一场你死我活的腥风血雨，不切实际的空想赢得不了战争，最后的结果只能是失败。

况且他们的对手是从小在战场上长大，闻到战争的味道就兴奋的朱棣，朱棣的军事才华是跟随徐达、常遇春、李文忠这些名臣宿将学到的。青出于蓝而胜于蓝，他的军事才华还要远胜于名将，而几个文人哪里是他的对手。

二、用人不当

开始时，南军的兵力是远胜于北军的，战胜朱棣并不是没有可能，而将这些优势都丧失殆尽的就是李景隆。如果说李景隆是没有作战经验，被赶鸭子上架，误军误国，那么曾经一而再，再而三给李景隆添加兵力的建文帝也难脱干系。

他给一个毫无作战经验的将领 50 万兵力，在战败归来之后，不仅没有问罪，反而给予更多的兵力，最后 100 多万的兵力就白白地消耗光，这是多么荒谬的逻辑，可见建文帝的用人失误。

三、赠予对手"护身符"

在这场战争中，如果说真有保护朱棣的"护身符"，那么这"护身符"并不是来自于他的好运气，而是来自于建文帝。

从战争开始时，建文帝为了不背上"杀叔父"的千古罪名，就交代手下，每次战争时都不能攻打燕王朱棣，"一门之内，自及兵威，不祥之极，令尔将士与燕王对垒，务体此意，毋使朕有杀叔父之名"。一开始朱棣并没有发现，后来，他发现每次南军进攻北军，他都能在战阵中安然无恙。渐渐地他摸出了这个规律，此后每次战斗他都第一个先上。

在攻打山东济南失利之后，朱棣重新研究发现完全可以绕过山东渡过淮水，直取扬州。眼看朱棣就要沿水路攻打而来，方孝孺建议建文帝割地求和，然而朱棣早已经有了新的目标，他想要的不是土地，而是天下。

之后长江舟师的统领也投降燕军，接下来镇江失守。

眼看形势越发地危急，建文帝向方孝孺问政。方孝孺主张坚守，可见这时候的方孝孺已经做好了以身殉国的打算。前面我们讲到李景隆的无能，下面我们见识到的是他的无耻。公元 1402 年，也就是建文四年，燕军兵临京城，他们在进城时并没有受到什么阻碍，因为李景隆已经开门迎接朱棣了。

无奈之下，建文帝想要自尽，被周围的人拦住，于是他命令手下焚毁了皇宫。

第四章
最悲惨的结局

人世间的死法大概有千百种，但方孝孺选择了最惨烈的一种：被腰斩，诛十族。我们不敢说方孝孺的死是重于泰山的，但却是不朽的。他用自己惨烈的死亡换来的是文人士大夫心中树立起的一座又一座丰碑。

每个人心中都有一个方孝孺，不是说每个人都要像方孝孺一样选择惨烈的死亡方式，但是从他身上折射出来的文人士大夫的气节和忠义却被一代又一代的知识分子敬仰。

变天了

随着建文帝削藩的失利，金陵城里也迎来了它的新主人。这里不妨分析一下，为什么燕王朱棣能够取得靖难之役的成功。

我们之前讲过朱棣在对付乃儿不花时能够取而有度，抑制进攻的野心，不费一兵一卒就轻松战胜。除此之外，朱棣的军事能力仍然不容小觑。

他最擅长的是迅速出手，打敌人个措手不及。在占领北平之后，朱棣先是让儿子朱高炽留守北平，自己却带着兵马去和南军的万千兵马对抗。他们先是袭击通州，当时通州守将房胜只好选择不战而降，不费吹灰之力，朱棣就控制了北平的东大门。

朱棣并没有收手，接下来一路直取，蓟州、怀来、密云尽收囊中，整个北平地区都已经成功占领，大本营已经牢不可破。

当年，当耿炳文被朱棣打败，建文帝将主力将军换上李景隆后，朱棣曾经对于李景隆的作战部署进行过一番非常经典的评价：政令不修，上下离心；兵将不适合北平霜雪气候，粮草不足；不计险易，深入趋利；求胜心切，刚愎自用，但智信不足，仁勇俱无；所部尽是乌合之众，且不团结。可以看出，经受过战争打磨的朱棣，深谙兵法之道。

一个成功的领导者背后必定有一个十分厉害的军师，在朱棣这里也完全成立。朱棣的背后军师就是姚广孝。

姚广孝是一名僧人，法名道衍。他的长相非常奇特，眼眶是三角形，有人曾经评价他是"天性必然嗜好杀戮"。姚广孝听说之后，竟然非常高兴，可见其性格的古怪。

早年的姚广孝过得并不如意，尽管很有文才，却并没有被任用。评价他最合适的两个字就是：奸雄。他喜欢乱世，喜欢在乱世中掀起一场腥风血雨，改变历史的走向。直到洪武十五年，47岁的道衍遇到了燕王朱棣，他跟朱棣相见如故，相谈甚欢，从此两人成为至交。

姚广孝在朱棣的人生中占有着十分重要的地位。他不仅是朱棣行动中的军师，更是朱棣精神上的推手。

他将自己曾经的乱世之梦倾注到了朱棣的身上。在削藩开始时，朱棣曾经犹豫过，他觉得当时的百姓们都在支持朝廷，他担心自己起事并不能成功。姚广孝却告诉他："臣只知道天道而已，何必管什么民意。"这句话并没有直面回答朱棣的话，却是一支强心针。天道是什么，没人知道，朱棣不知道，姚广孝也不知道，正是因为不可说才会更有煽动性，特别是对于朱棣来说，这可以让他减少内心的负罪感和师出无名的不安。

之后，姚广孝还秘密地帮助朱棣训练士兵，建立部队，打造兵器，他的这种积极备战也说明姚广孝内心对于战争的渴望。

一切准备就绪，朱棣准备起兵时，突然天色大变，疾风骤雨到来，朱棣内心也泛起了嘀咕。在古代，起事是有讲究的，异常的天气或者天象都会加速一场腥风血雨的到来。这天，房子上的瓦片突然掉了下来，眼看朱棣更加不安，姚广孝却说："这是祥兆。飞龙在天，一定有风雨跟随。瓦片掉下了，将要改用皇帝那黄色的瓦了。"

姚广孝的确是战争的爱好者，他总是能够在朱棣犹豫的瞬间进行恰如其分的解释或者鼓励。不可否认，朱棣内心对于夺取政权有着强大的野心，但姚广孝适当的鼓励无疑是将战火燃烧得更浓更旺。

在攻打山东被铁铉困得动弹不得的时候，姚广孝劝朱棣回北平暂时休憩，但是他自己并没有停止行动，他在积极地帮助朱棣寻找勇士。接着他又跟朱棣进行了一番交谈，他劝朱棣可以绕过济南，以攻打下京师为重。朱棣听从了他的建议，成功占领京城金陵。

朱棣在占领南京之后，之所以能够很快就做上皇帝，当时还有一些特殊的情况。

在很多人看来，无论是朱允炆还是朱棣，都只是皇族内部的一场政权斗争，无论谁做皇帝都没有太大的区别，所以当时全国很多地方的官员是持观望态度的。

燕王攻下京城金陵之后，建文帝突然之间消失了。这对于已经在封建政权下生活惯了的百姓来说，没有国君，国将不国，比起其他人来说，燕王是更为合适的人选。即使是作战一方的南军兵力来说，连续不断的失败、主将的逃跑、敌军的英勇善战，都让他们厌倦了这种生活，不想再战斗了。

物不在，人已非，金銮殿早已经在一把大火之后变成了灰烬，而曾经意气风发的建文帝也已经不知去向。燕王却并没有善罢甘休，他想要抓住一个活的建文帝，他想采用一种名正言顺地成为天下主人的方式：让位。

燕王最后只好向天下人宣布，曾经在灰烬中找到的那具尸体就是建文帝，尽管连他自己都不相信。

明太祖朱元璋或许太早地看到了燕王的真实一面：凶狠。所以没有立他为太子。尽管在军事才华上，朱棣远胜于他人。不可否认，朱棣像他的父亲，但又远远超过他的父亲。朱棣内心隐忍，深谋远虑，作战中善于决断，战术清晰，目光远大。当朱元璋30岁时，他还在凭借着武器来征服天下。但而立之年的朱棣却懂得用隐忍来谋求一个更加广阔的局面。

现在就是燕王显示他凶狠一面的时候了，他对于大殿进行了一次彻底的"大清洗"。

对于在建文帝一朝勤勉当政、不肯与他合作的人，他进行了报复，其中包括将六朝九卿都列入清洗的行列。后来,燕王发现这些还是不能消除自己难以抑制的怒火,又将这些六朝九卿的家属也都绑来杀掉。颇有点"宁可错杀三千,不可放过一人"的味道。之后他开出赏银鼓励民间相互揭发,但凡涉及建文帝时大臣的,举报者绑缚的如果是奸臣,举报者中首要举报人员可以官位升三级,其他的人员可以升两级。一时间,社会重又陷入了人人自危的恐怖氛围之中。

燕王还采用了非常极端的手法来残害一些建文帝一朝的官员。对大理寺少卿胡闰的残害令人发指。先是敲落其牙齿,然后用绳子勒死,之后再用石灰水将尸体泡过,剥下人皮,用稻草填充进人皮,这样悬挂起来。

对于前面提到的山东名将铁铉,朱棣一直都恨得牙痒痒,不过一直没有报复的机会。等到他攻入京城之后,铁铉自然就逃不过了。见到朱棣的那一刻,铁铉并无惧色,愤怒并不屈服。这让朱棣更为震怒,他先是命令手下人讲铁铉的耳朵和鼻子割下来,送到铁铉的口中,询问铁铉好吃与否。铁铉历声说道:"忠臣孝、子的肉怎么会不好吃?"这更是戳到了朱棣的痛处,名不正言不顺一直都是他忌讳的,接着他在现场看着铁铉被一刀刀将肉割下来最后死掉。最后,朱棣连铁铉的妻女都不放过,或者是杀死或者是发教坊司,被凌辱致死。对于前朝的官员,朱棣是残忍的,甚至是凶狠的。

朱棣的凶狠既是他的个人成长印记,也是那个黑暗时代的缩影。

方孝孺的坚持

　　此刻，从狱中被召唤来给朱棣写即位诏书的方孝孺身着孝服，站在他非常熟悉的大殿里。之所以选择方孝孺，因为他不仅是建文帝时的重臣，为建文帝读书解惑、出谋划策，他还是建文帝时的精神标尺。他饱读诗书，满腹经纶，为人正直，威武不屈，他在当时的知识分子中有着不可动摇的地位，犹如一面旗帜，屹立不倒。

　　看着这熟悉的雕梁画栋、金石玉器，睹物思人，方孝孺不禁悲从中来。睥睨着昨天还在帮着建文帝出谋划策，豪言壮语地发誓要与燕军决一死战的大臣们，今天已经成为朱棣的裙下之臣，方孝孺眼中流露出不屑。想到他曾经想要辅佐成就霸业的建文帝竟然不知死活，方孝孺失声痛哭。

　　他恨朱棣大逆不道，利用清君侧的名义，篡夺皇位。他恨自己只是一介文人，不能和燕军在沙场上决一死战。他恨那些势利小人没有气节，没有尊严。他恨这个时代，这个他想做忠臣而不得的时代，他本想辅佐建文帝继续洪武帝时的繁荣与昌盛，却难以施展。

　　他犹记得建文帝登基时的意气风发和雄心壮志，短短的 4 年间，一切就换了模样。历史往往就是这样地残酷，你想到了开头，却猜不到结尾。

　　现在站在方孝孺面前的正是打破了他一切梦想的大殿新主人明成

祖朱棣。其实朱棣骨子里是瞧不起文人的，这可能与朱棣的成长经历有关，尽管朱棣像极了他的父亲——开国皇帝朱元璋，但是却从来不被父亲所重视。朱元璋把全部的心血都倾注到了长子朱标的身上，朱标的老师是当时赫赫有名的宋濂，同时遇到实际作战的问题还可以随时向徐达、常遇春这些立下汗马功劳的大将请教。同样是生在帝王之家，朱棣就远没有这么好的条件了，他没有接受过太好的教育，从小在血染的战场中长大。他深信武力可以解决一切。在他看来，文人总是期冀凭借三寸不烂之舌想要运筹帷幄，迂腐又不切实际，远没有在战场上带兵打仗来得实在。

但眼前方孝孺的眼泪却让这个已经不知道眼泪为何物的明成祖动了恻隐之心，他从大殿之上走了过来，想要劝慰方孝孺道："先生不要悲伤，我也是想效仿周公辅佐成王啊！"不可否认，朱棣也是想要用这种温情的戏码来说服眼前这个重情重义之人。只是，方孝孺却全然没有心动，他唾弃朱棣，既然已经篡位，就不要再给自己立贞节牌坊了。于是他打断朱棣说："成王在哪儿？""已自焚。""何不立成王之子？""国赖长君。""何不立成王之弟？"……一番唇枪舌剑之后，朱棣的耐心早已经消磨殆尽，加上方孝孺的步步紧逼，无言以对的朱棣只好气急败坏地说："这是我的家事。"说这句话时，恐怕连朱棣自己都没有了底气。接着朱棣命令宦官将笔给了方孝孺，并且一字一句地说："这个诏书非先生写不可！"

方孝孺被逼无奈，只能拿起了笔，但是写出来的却是"燕王篡位"。这让本来最忌讳"篡位"二字，担心因为名不正言不顺难以服众的朱棣怒不可遏，但他仍然压制住怒火，威胁道："我知道你不怕死，但是你真就不怕牵连九族吗?"已经彻底绝望的方孝孺答道:"就算是十族又怎么样呢?"苟且偷生是方孝孺所不齿的,他宁愿用生命去捍卫建文帝的江山社稷。

岂止是方孝孺,黄子澄、齐泰、铁铉等一批忠义之士都在用他们的生命去给这个时代做注脚。

朱棣当时欣赏黄子澄的文学才华,极力劝降,利益诱惑,然而这些对于"忠臣不事二主"的黄子澄来说,是对自己的侮辱。即使朱棣费尽全身力气来引诱或者威逼,都不会有什么结果,最终磔刑而死,并且被株连九族。

根据《明史》的记载:"始削藩议起,帝入泰、子澄言,谓以天下制一隅甚易。及屡败,意中悔,是以进退失据。迨燕兵日逼,复召泰还。未至,京师已不守,泰走外郡谋兴复。时购泰急。泰墨白马走,行稍远,汗出墨脱。或曰:'此齐尚书马也。'遂被执赴京,同子澄、方孝孺不屈死。泰从兄弟敬宗等皆坐死,叔时永、阳彦等谪戍。子甫六岁,免死给配,仕宗时赦还。"齐家的男性被斩杀的斩杀,贬谪的贬谪,发配的发配。

齐家的女眷们也没有逃过这场劫难,受尽屈辱和凌虐,惨不忍睹。在《奉天刑赏录·教坊录》中有记载,写道:"永乐十一年正月十一日,本司邓诚等于右顺门里口奏,有奸恶齐泰的姐并两个外甥媳妇,又有黄子澄妹四个妇人,每一日一夜,二十条汉子守着,年纪小的都怀有身孕,除夕生了小龟子,又有一个三岁的女儿。奉钦(旨):'小的长到大,便是摇钱树儿。'"

无论是方孝孺,还是黄子澄、齐泰、铁铉,最后基本是满门抄斩,无论是家族男女都被残忍地凌虐或斩杀。他们的坚贞不屈让更多人对他们敬佩不已，可是作为封建社会的官僚阶层，为什么他们面对燕王的残暴依然能够坦然面对，没有丝毫的畏惧呢？

我们可以从忠义方面进行分析，作为封建社会的读书人，在他们心中影响最深的莫过于儒家思想。而在儒家思想中，"忠"是为了维护封建统治的秩序，能够保证社会的稳定。而理解"忠"，始终都绕不过两个方面：忠于国君，忠于国家。国君和国家又不是能够完全分开的，在封建社会，国君就是国家的象征，捍卫封建国君也就是捍卫国家。就建文帝来说，他是朱元璋确定的皇位继承人，他是正统的象征。那么，这时候捍卫建文帝就是忠君爱国的象征。同理，朱棣的"篡位"就是大逆不道的，该被唾弃的。

义，是义气、道义，是彼此之间的坦然相托。作为封建官僚的代表，无论是方孝孺还是黄子澄，或者是齐泰，长时间伴随建文帝左右，他们和建文帝之间建立的关系不仅是一种君臣关系，还有彼此之间的情分。这是一种超越君臣关系的更为私密或者个人的关系，会更加地长久、牢固。无论是忠还是义，背后依托的都是个人的高洁操守和赤诚之心。

对于方孝孺的死，千百年来，评论很多，正面评价同负面评价一样多。有人认为他是封建社会"愚"忠的代表，也有人认为他是精神世界的尺度。历史辗转，权力的争夺、舍身殉道都已经留在了历史之中，方孝孺的精神、朱棣的残暴却穿越风雨变幻沉淀下来。

中国自古以来就有忠义的传统，千百年来，多少忠贞之士前仆后继来诠释忠义的内在含义。

忠义是在所处的时代中，面对个人利益与国家利益时放弃了小利，选择了人类的大义。

关于生与义，孟子曾经说过："生，我所欲也；义，亦我所欲也。二者不可得兼，舍生而取义者也。"在孟子看来，人来到世间，生存是重要的，但是，生存的方式和意义同样重要。身为知识分子的代表，方孝孺追求良知与忠义。封建社会中，长子即位是正统的、天经地义的，如果违反了，就是违背正统思想，就是篡位。而朱棣就是他们眼中的篡位者，是被士大夫们眼中的道德观念所不容许和接受的，名不正则言不顺，朱棣的夺位是令人不齿的。对此，朱棣残忍甚至残暴地对待以方孝孺和铁铉为代表的大臣们，酷刑极其血腥。但是方孝孺并没有因此而妥协、退让，即使朱棣主动地示好都没有动摇他必死的信念和决心，而是选择高昂着头颅面对残暴者的无情屠杀。

不单是方孝孺、黄子澄、齐泰和铁铉，自古以来就有很多的忠贞义士在良知和忠义面前，义不容辞地选择了忠义，有一些甚至即使是牺牲自己的生命也在所不惜。在奸佞小人充斥的时代，屈原没有选择同小人同流合污，"举世皆浊我独，清众人皆醉我独醒"，他宁愿用生命去求取尊严的独立、人格的高洁。西汉大臣苏武，被匈奴扣留之后，面对匈奴贵族的多次威逼利诱，他并没有选择屈辱就范，而是19年中不改其志向，持节不屈。

每个人都是生活在一定的时代，在很多人看来，方孝孺捍卫建文帝是愚忠。但方孝孺生活在他的时代，选择同朱棣对抗就是他的忠诚，所以我们不必苛责方孝孺的行为。他只是一位封建时代的士大夫，用自己的生命捍卫了自己坚信的节操和忠义。

诛十族

朱棣看到用鲜血写就的大大的"篡"字时，他恨透了眼前这个"不识时务"的人，他倒要看看究竟是自己的屠刀厉害还是他方孝孺的气节厉害。他先是命令部将将方孝孺的嘴角割开。这时候只见鲜血混合着泪水不断地流下，即使这样，方孝孺仍然不妥协，他喷血痛骂，朱棣当即下令灭方孝孺十族。

朱棣的残忍远不止如此，他很明白想要灭亡一个人，最好的方式就是把对方最看重的人消灭掉。他并没有杀死方孝孺，而是将其投入狱中。他接下来要做的是逮捕方孝孺的家人，然后在方孝孺的面前将方的家人——杀掉。方孝孺悲痛不止，当他的弟弟方孝友被杀之前，方孝孺大哭，他深深地自责内疚。方孝友却在安慰他："阿兄何必泪潸潸，取义成仁在此间。华表柱头千载后，旅魂依旧回家山。"方孝孺感谢兄弟的理解，这更坚定了他的行动："天将乱离兮孰知其由，奸臣得计兮谋国用犹，忠臣发贲兮血泪交流，以此殉君兮抑又何求，呜乎哀哉兮庶不我尤。"

最终，方孝孺前所未有地被诛十族，其中包括他的学生和朋友，共计873人被凌迟处死，被投入牢狱、充军流放者达到数千。

族诛是古代刑罚的一种，顾名思义，也就是受刑人连坐其族都被处以死刑，其中族就是指和受刑人有血缘关系的亲属。这是因为古代社会是以家庭血缘关系为本位。这就不难理解，当权者为免除后患，斩草除根，巩固自身政权，所以施行这样的残酷刑罚。

族诛开始于商朝，起初是斩杀犯罪者及其后代，后来经过发展为诛三族、五族、七族，秦末的丞相李斯就是被处以诛三族的刑罚，最为严酷的莫过于方孝孺被诛十族。

在明朝，被施以酷刑的方孝孺不是第一个，也不会是最后一个。明朝酷刑无论是在种类上还是残忍程度上，都是之前的历朝历代所不及的。

之所以明朝的酷刑达到封建社会的顶峰，是由当时特定的历史条件决定的。

一、明朝初期的社会形势

朱元璋建立了明朝之后，各种社会问题纷至沓来。尽管明朝已经建立，但是元朝的残余势力还在积极活动，他们连年侵扰明朝的北部边境，明朝进行了抵抗。连年的战争让当地的百姓们无心农事活动，多半被抓去充军，农业发展日渐迟缓。赋税压力却并没有因为农业的落后而减少，反而因为不断的战争日渐残酷。封建地主豪强的霸占，劳动人民生活艰难，封建地主权贵凭借侵占农民土地壮大起来，壮大之后开始形成和政府对抗的局势，威胁着明朝统治者。为了改善经济凋敝的状况，控制封建豪强地主，保护朝廷的利益，维护封建统治，朱元璋特意建立了严酷的制度来震慑豪强地主。

二、吸取元朝灭亡的教训

元朝末期社会混乱，纲纪废弛，政治腐败，官僚体系腐朽混乱，非常明显的一个现象就是"内用聚敛之臣，外兴无名之师，嗜利黩武"。百姓们生活在水深火热之中，连年的农民起义加速了元朝的灭亡。朱元璋就是众多农民起义军中的一员，通过不断地兼并弱小力量，征战竞争力量，发展壮大，最终力克群雄，消灭元朝政府，夺取天下，建立明王朝。朱元璋总结了元朝颠覆的原因，他认为元朝灭亡最重要的原因就是吏治腐败、纲纪废弛，统治者得不到百姓的支持。而解决的办法就是施以重法，打击不法官吏，肃清政治环境，恢复经济。

三、朱元璋的政治主张

在王朝建立之初，因为统治者自身的强势，基本当时的社会就是统治者自身主张的一面镜子，皇帝自身的政治主张是制度形成最坚固的基础。因为自身是农民出身，在元朝的黑暗统治下，朱元璋的父母被贪官污吏残酷剥削压榨，最终因为贫病交加，家破人亡，只能四处乞讨，最终走上逃亡漂泊之路。在社会最底层的生活让朱元璋对于民间疾苦和生活的艰难悲惨体会得尤为真切，"昔在民间时，见州县官多不恤民，往往贪财好色，饮酒废事，凡民间疾苦视之漠然，心实怒之。故今严法禁，但遇官吏蠹害吾民者，罪之不恕"。这也造就了朱元璋暴戾的性格。他前后恢复使用了多项酷刑，如大辟、凌迟、阉割等，并且他还将一些酷刑列入《大诰》之中，使酷刑逐渐合法化。

四、宦官的残暴本性

明朝后期，因为皇帝去世时多年纪较轻，新帝尚未成年或者年纪较轻，而明初朱元璋建立的高度集中的皇权让新帝并没有处理的能力，因此每天陪伴他们左右的宦官日渐掌权，在明朝中后期甚至直接专权、干预司法。明成祖开设了东厂这一特务组织后，锦衣卫的力量大大加强，皇帝依靠厂卫控制臣民。东厂、西厂、锦衣卫的人数增多，力量壮大之后，他们的势力范围也不断扩展，直接听命于皇帝，凌驾于三法司之上。皇帝不理朝政要务，沉湎于声色，很多要务需要太监来进行传达。太监们的权力扩大，加上他们由于自身身心的缺陷，缺少道德力量的束缚，因此凶狠毒辣，残忍狡诈。宦官集团的扩大，使得他们嚣张跋扈，无恶不作，对于不和他们合作的力量进行栽赃陷害，或者私自用刑。甚至他们发明了一些酷刑，如《明志》中就曾经记载，魏忠贤发明了一种"刺心"之刑。

对于曾经的敌人，朱元璋更是毫不手软。张士诚的部下黄、叶、蔡三个人被朱元璋抓到之后，施以极刑。先是将这三人剖腹，然后将他们的大肠剔出来，把大肠悬挂晾晒，最终制成枯肠。

当时有一个医生王允坚因为售卖毒药被抓起来，朱元璋先是让他吞服下毒药，等待药的毒性发作之后，"身不自宁，手搔上下，摩腹四顾，眼神张皇"，再用"粪清插凉水"之法解毒，然而这还没有完，只是前面的热身而已，接下来才会施行酷刑。

在实行酷刑的初期，的确起到了一定的震慑作用，无论是对贪官污吏还是普通百姓，但是其反弹出来的力量更是不可估量。

严刑酷法让贪官污吏暂时收敛了一些，但是不加监督的滥用，导致的结果是人人自危，特别是明朝削弱相权加强皇权之后，皇权高度集中到皇帝手中，严刑酷法成了皇帝清除队伍滥杀无辜的手段之一。在明初的四大冤案中，前后持续数十年，杀害的人数达到了几万人，整个国家笼罩在恐怖的氛围之中。

"伴君如伴虎"这句话在明初表现得尤为明显，稍有不慎，就有可能一日之间阴阳两隔。各级官吏都是惶惶不可终日，当时京城官员每当上朝之前，一定会跟妻子告别，到傍晚安然无恙回家了，就庆贺终于又活了一天。

对于普通百姓来说，生活困难不必多说，灾难更是总会突然而至。在这样的情况下，越来越多的农民被逼无奈走上了起义反抗的道路。根据《明太祖实录》中记载，在洪武帝当政的 31 年间，各族人民的起义如雨后春笋般发展了起来，规模有大有小，一些规模比较大的多达 20 万人，范围也从早期的边疆到后来的山东、山西、河南、四川等地，都发生了一些规模较大的农民反抗斗争，而这，正是明代农民起义的前奏。

每个人心中都有一个方孝孺

在现在的宁波宁海县的大佳何镇溪下王村的溪上方，历史上曾经有一个村庄，村民大多姓方，村名叫溪上方村。方氏家族在发展了 300 年之后突然之间消失了，一人不剩。这里就是方孝孺的故乡。

村子一夜之间因为诛十族一人不剩，然而以方孝孺为代表的"台州式的骨气"却大浪淘沙般在文人世界流传开来，成为一把精神标尺。

由此，我们说，每个人心中都有一个方孝孺。

年少时，我们都曾经有一个圣贤梦，渴望有圣贤的学识、修养、德行，为此不断地去读书。方孝孺也不例外，在随父前往山东济南府之后，他曾经数次去拜访孔孟的旧址。同很多人不同的是，方孝孺的一生都在追随圣贤的路上，无论是年少时的读书，还是去汉中任府学先生，甚至是辅佐建文帝，他对圣贤有着更为独特的理解。

那么圣贤是什么？

方孝孺在他的《幼仪杂箴》中有过自己的论述，想要成为圣贤，他认为首先需要在行为举止上以圣贤为榜样，特别是要合乎孔子提倡的"礼"：发乎口，为臧为否；加乎人，为喜为嗔；用乎世，为成为败；传乎书，为贤为愚。呜呼！其发也，可不慎乎？他从言行、与人相处、做事、读书等几个方面来检讨自己的行为，从而提醒自己在为人处世、与他人相交或者是自处时都要慎独。在他看来，圣贤一定是能够将"仁"和"义"处理得很好的人，他认为最重要的是修炼一颗明心。

这些话，既是方孝孺从圣贤的思想中提炼出来的精粹，也是他对自身的期望，在礼义、仁爱潜移默化的影响下，方孝孺的成长就已经打下了良好的基础。受传统义礼影响深远的方孝孺在日后成为有着良好气节的大儒，自然也就在情理之中。

方孝孺的学识还是颇为时人称道，6岁的年纪，就被周围的乡亲们比作唐宋八大家之一的韩愈，称作"小韩子"，他的卓尔不群从年少时就已经显露出来。

然而他的人生之路却并不平坦，从第一次被朱元璋召见，到被任用的数十年间，他经受了人生中最为低谷的时期。那时他生活上贫穷艰难，曾经有一次三天没有进食，可他依然能够开心地说着古代的圣贤们也这样贫穷，所以这不算什么。他在精神上孤独，尽管他被召见，但是却没有一官半职，满腔的才学得不到施展，那种痛苦恐怕只有身陷其中的人才能够理解。艰难困苦，玉汝于成。艰难磨炼的不仅是方孝孺的身体，更是他的精神，他越发在精神世界里快乐前行，寻求心智的光明与磊落、自然与超脱。

作为普通人的我们，也曾经遇到过大大小小的困难，但是我们又是否做到了如方孝孺一般超脱与淡定？我们是否在等待被伯乐发现的路上折返，或者是选择了更多人走的那条路？

方孝孺的与众不同在于他一直坚守自己的内心，不是不贪图名利，而是他想谋求一个更大的世界。他想要做的是去创造一个美好的世界。即使这艰难又算得了什么，也就可以想见，当他遇到建文帝，成为建文帝的左膀右臂，辅佐他进行大刀阔斧改革时该是多么地欢欣鼓舞。

从他年少时的圣贤之梦，到终于和建文帝去创造一个圣贤的世界，他已经经历了他生命的大部分时光。

如果没有燕王朱棣的靖难之役，方孝孺追随建文帝进行改革，那么后来的明朝会怎样？其实无论最后改革的结果怎样，方孝孺都用他的一腔热血和全部努力去描绘了一个美好世界的蓝图，尽管现实世界与理想世界之间隔了太远的距离。

方孝孺的精神集中展现在他生命的最后时光。

他不想与篡位者为伍，他鄙视见风使舵者的曲意逢迎，他憎恨世界的无义，他更恨篡位者的无德。他宁愿为了尊严殉道，也不愿改变气节，因为他自幼接受的"仁义"思想，不允许他有半点的含糊和折扣。

他死了，却获得了世界上最长久的敬仰，他终于不朽。

若干年后，如果方孝孺还活着，他是不是会后悔当年进入仕途？

如果他只是一介文人，专心文学，不接受征召进入仕途，他可能也已经因为文才名垂千古，就不会早早离世，最终也能安享晚年。只是，一切都没有如果。

从早期方孝孺不喜欢"小韩子"的赞扬，追随圣贤的脚步，就可以看出他渴望的不仅仅是文人的荣耀，他想要的是也成为圣贤。所以他会在等了 10 年之久之后，依然毫不犹豫地进京，然后满怀信心地加入建文帝的智囊团，来进行一场"圣贤之梦"的改革。

他死了，却留下了满腔的正气，最终他成了自己渴望成为的圣贤。

第二篇
杨廷和——帝国医师

如同在看到大厦将倾时我们总会渴望有超人现身一样，当一个王朝、一个帝国风雨飘摇时，我们也总是渴望有英勇的人物出现，扶危济困，矫正时弊，拯救王朝于水火之中。

　　明朝中叶，各种矛盾积聚，既有历史上最无作为的皇帝，也有陆续出现的宦官专权，更有频繁爆发的农民起义，还有统治阶级内部利益纷争、王族背叛。如此多的问题，人们不禁要问，是不是曾经辉煌灿烂的明朝也走到了生命的尽头？

　　这时候一个人站了出来，在皇权变更的过渡期，他稳定时局，锐意改革，成效明显，缓解了一触即发的危机，延续了大明王朝的生命。他，就是杨廷和——大明王朝历史上当之无愧的"医师"。

第一章
长不大的朱厚照

　　如果评选历史上最无作为的皇帝，那么正德皇帝朱厚照一定名列前茅。

　　说他无作为，是因为尽管他坐在皇帝的位置上，却全然没有皇帝该有的样子。他不用心处理朝政，却对扮演各种各样的角色有着浓厚的兴趣。

　　他曾经在京城修建了"豹房"，填充进美女和野兽，他们没日没夜地玩闹嬉戏，酒池肉林，荒淫无道。他还模拟民间市集的样子修建商店，自己扮演商人来买卖商品。正德皇帝前后扮演过各种各样的角色，在众多角色中，他唯一不喜欢扮演的就是皇帝。他像一个尚未懂事的孩子一般，只有那些新奇玩意儿才能使他保持开心。为了能够毫无负担地玩乐，他把权力交给了以刘瑾为首的八位宦官。一时间宦官专权，朝廷内部派系林立，利益纷争，政治黑暗不堪，百姓生活凄惨。

盛世后的哀歌

如果问明朝历史上最强的盛世是哪个，毫无疑问，一定是明初的永乐盛世。永乐一朝，无论从政治、经济还是社会上，都呈现出一片繁荣昌盛的局面，最著名的例证莫过于郑和下西洋。

和历朝历代的皇帝一样，明初的皇帝们也多是勤于朝政，励精图治，在经济发展上推行休养生息的政策。之前因为战争荒废的大片土地被重新开垦耕种，农业经济有了明显的进步，手工业更是突飞猛进，矿冶、纺织、陶瓷等都广销国外，并大受好评。造船业的进步尤为显著，海上航行技术的发展，海上贸易也逐年提高。海上交通的开拓和海外贸易的发展，使得大明王朝同海外各国交往的需求增加。明成祖朱棣希望通过下西洋来展现大明帝国的实力，和其他国家结交往来，从而建立东方大国的声誉，如此一来，郑和下西洋就提上了日程。

明成祖组织了一支强大的船队，交由郑和指挥，随即船队浩浩荡荡地出发了。这支船队曾经创下了几个纪录：船队的规模最大，船只、船员的数量最多，海上航行的时间最久。据历史记载，郑和每次下西洋的人数都在 2.7 万人以上，这是当时区区百人的西方航海船队所望尘莫及的。据统计，单单在永乐年间，郑和下西洋的花费就达到了白银 600 万两。这些纪录的背后，是以明成祖时强盛国力为支撑的。

在经历了永乐盛世之后，明朝历史上又一个盛世出现，这就是仁宣之治。

仁、宣代表的是两位皇帝，"仁"是指明仁宗朱高炽，"宣"是指明宣宗朱瞻基。朱棣去世后，太子朱高炽即位，是为仁宗。仁宗性格宽厚，在位时平反了前面建文帝和成祖时被连坐的官员和他们的家属，还重新起用一些有才华的官员。经济上，推行了一些缓和阶级矛盾的政策，发展生产，进行物品的流通。社会上，百姓的生活安定有序。用人上，他采用了当时的内阁大学士杨士奇、杨溥、杨荣三人的政策，国家政治日渐清明起来，经济也获得了前所未有的发展。

但是仁宗皇帝仅仅在位一年，就去世了。之后仁宗的长子朱瞻基即位，是为宣宗。宣宗继续采用仁宗的政策，将盛世局面进一步扩大。

从 1424 年到 1435 年的前后十几年间，明朝的政治清明，国库充实，百姓们生活安定。有学者将仁宣二位皇帝创造的盛世局面同汉朝的"文景之治"相媲美，可见当时国家的繁荣局面。

历史上的盛世从来没有像明朝这样次第出现，无论是洪武之治还是永乐盛世，或者是后面的仁宣之治，都让人们开始感受到大明王朝的辉煌与灿烂。

那么，同一时期的国外是怎样的呢？曾经有一位外国人描述他眼中的中国："在这个大国……人们食品丰富，讲究穿着，家里陈设华丽，尤其是他们努力工作劳动，是大商人和买卖人，所有这些人，连同上述国土的肥沃，使它可以正当地被称作全世界最富饶的国家。"富饶强盛是当时这个东方帝国留给外国人的第一印象。

之后在经历了几年短暂的沉寂之后，明朝历史上再度出现了盛世的局面，这就是明孝宗时期的"弘治中兴"。

弘治是明孝宗朱祐樘的年号，孝宗朱祐樘是明朝的第九位皇帝，在位期间，锐意改革，多有建树。政治上，他勤于治国，勤于政事，商议政事注重听从群臣的意见，讲究清正廉明，选贤任能。经济上，他倡导节约，减轻赋税徭役，注重休养生息。在他的治理下，百姓们安居乐业，国家昌盛富强，创造了"弘治中兴"的局面。

孝宗身上的标签远不止"好皇帝"这一个，在多数人看来，他不仅是个好皇帝，还是一个好男人。

说他是好男人，源于他的个人品德。他仁慈恭俭，节欲爱民。封建王朝中皇帝拥有三妻四妾并不是什么新鲜事，甚至很多皇帝的后宫佳丽三千。然而明孝宗却用实际行动证明了皇帝也可以像普通人一样坚持一夫一妻制。朱祐樘一生只娶了张皇后一个女人，没有再纳妃。他们忠诚于彼此，像所有的普通夫妻那样，二人读书作画，谈论政事，琴瑟和鸣，伉俪情深，是历史上不多见的模范皇帝夫妻。

张皇后的一生只生了两个儿子，长子朱厚照和次子朱厚炜，但是次子在出生后不久就夭折，这让明武宗朱厚照被众人寄予了很高的期望。

明孝宗的身体一直都不是很强壮，这源于他年少时的艰难生活。即位之后，他又勤于政事，忧国忧民，这让他经常处于超负荷的状态。就在公元 1505 年，年仅 36 岁的明孝宗朱祐樘英年早逝。弥留之际，下令传位给皇太子朱厚照。

早逝在明朝历史上并不少见。大明一朝中，除了明初的明太祖和明成祖的寿命比较长外，其他皇帝的寿命普遍比较短。明朝中后期，活到50岁以上的皇帝很少，除了世宗活到了60岁，万历皇帝活到了58岁之外，其他皇帝都没有超过50岁，这不禁令人诧异。从明仁宗到明武宗的七位皇帝中，更是平均寿命降低到了40岁：仁宗49岁，宣宗38岁，英宗38岁，代宗（景帝）31岁，宪宗41岁，孝宗36岁，武宗31岁。几位皇帝中，除了武宗是因为落水意外得病去世之外，其他皇帝在身体上没有什么特殊原因，但是却无一例外都早逝，这是为什么呢？

关于皇帝早逝的原因分析中，有以下两种比较流行的说法：

一、服用丹药

有的历史学家认为早逝是皇帝们经常服用丹药所致，丹药使得皇帝们的身体过早地被消耗殆尽，早逝也就在情理之中。但是，明朝所有的皇帝中，最喜欢丹药的莫过于世宗。因为身体较弱和醉心于道教，即位之初，世宗便命人求仙访道，将道士安置宫中，寻求长生不老之妙药。

世宗一生都服食丹药，但是却活到了60岁，这在后期的皇帝中属于高寿，所以如果把早逝的原因归结到服食丹药所致似乎有失公允。而早逝皇帝中，仁宗、宣宗、英宗并没有服用丹药的记录。从身体状况上看，宣宗和英宗都曾经远赴战场，带兵征战，身体比较好，但是仍然没能高寿。

二、南北天气气候的不同

有人分析说是因为迁都之后，很多皇帝不适应北方的气候。而朱元璋和朱棣因为都是多年的南征北战，军队和战场上练就了过硬的身体素质，因此能够适应。

　　这种说法的纰漏就在于迁都之后很多皇帝才出生，而且在经历了祖辈生活之后，生活习惯早已经改变，一些皇帝就是在北方出生长大，说不适应北方并不符合事实。

　　无论什么原因，不能忽视的一点就是：封建制度在经历了秦的确立，汉的发展，三国的深入人心，唐宋元的完善之后，在明朝已经渐渐地走向了衰落。这是历史发展的规律，任何人都无法阻挡。但是从明朝建立到明朝灭亡，政治腐败、宦官专权、农民起义、边患危机就时刻伴随着明朝，历史上的任何一个王朝都遭遇过这些危机，但是都不曾像明朝这般激烈，接踵而至的问题让拥有最高权力的皇帝们应接不暇，自然比其他的皇帝更为辛苦。

　　皇帝们早早地撒手人寰，留下的是年幼的皇子和并没有什么执政经验的皇帝，这就让本来就混乱的时局变得更加混乱。众多即位较早的皇帝中，武宗朱厚照就是其中一位。明孝宗去世时，武宗仅有 15 岁，次年，武宗开始了他的帝王生涯。

　　明孝宗在弥留之际，留下嘱托，太子（武宗）的确是很聪明，但是年纪还小，又好逸乐，诸卿要好好辅佐他，使他担当起大任。孝宗不会想到，这个他宠爱的儿子日后却和他形成了鲜明的对比，沦落成历史的笑柄。

　　朱厚照的确非常聪明，但因为从小就和太监们厮混在一起，性格乖张。太监本身身体畸形，心胸狭隘，又喜欢逢迎，经常带一些稀奇古怪的玩意儿给年幼的太子玩，迷惑了太子的心智。渐渐地，本性单纯的太子心思就全部放在了玩乐上。对于年幼的太子来说，他缺乏抵抗这些玩乐的能力，加上孝宗只有朱厚照一个儿子，自然是分外宠爱，任其发展。宦官刘瑾曾经美其名曰"太子喜欢武术"，借此机会他经常带着朱厚照外出捕猎玩乐。朱厚照的性格更加地任性放荡，孝宗却全然不知，太子渐渐成了天底下"最大"的纨绔子弟。这样说来，孝宗皇帝作为一个父亲，远不如他做皇帝那般优秀。武宗即位后，身边太监增多，逐渐从一个增加为八个，他们分别是刘瑾、马永成、高凤、罗祥、魏彬、丘聚、谷大用、张永，人称"八虎"。

历朝历代都有宦官势力的弥漫，尽管屡次被打压，但是他们如小草般在经历冬天的沉寂之后，总是会在春天的某个早晨悄然生长，并且会在雨水的浇灌之后快速扩张、蔓延开来。然而在明朝，宦官势力似乎比其他任何朝代都来得更为猛烈，著名宦官刘瑾、魏忠贤被钉在了历史的耻辱柱上。宦官们因为利益关系，盘根错节，结成宦官集团，逢迎皇帝，成为炙手可热的人物。

建立大明王朝时，朱元璋为了防止皇权被其他官员篡夺，他先后杀掉了开国的功臣李善长、蓝玉、胡惟庸等。接着，朱元璋削弱相权，加强皇权，取消了中书省的设置，将皇权牢牢地掌握在自己手中。对于前朝的宦官乱政，他感慨万千："吾见史传所书，汉唐末世皆为宦官败蛊，不可拯救，未尝不为之惋叹。"即位之后，朱元璋的想法是从制度上消灭宦官专权的可能。根据《明史·职官志》的记载，洪武十七年明王朝铸造了铁牌，上面刻下的内容就是"内臣不得干预政事，犯者斩"。置宫门中，又敕诸司，毋得与内官监文移往来。他还规定宦官不能兼任文官武将，在服饰上不能穿外臣的衣服、帽子。宦官的官阶要严格控制，不能超过四品。

朱元璋不仅防止宦官干预政事，还从当时的社会舆论上制造了氛围，人们普遍认为干政的宦官是令人不齿的，这样的设置可以看出朱元璋的煞费苦心。但是从后来宦官权力的发展上来说却是愈发不可控制。这是因为宦官专权。

宦官专权的本质原因在于封建专制制度下的中央集权，只要封建专制主义制度存在，皇权高度集中，宦官干政就不会消失。朱元璋在罢免了中书省之后，将大权集于一身，也就将各种各种的事情揽到了自己身上。尽管皇帝日理万机，处理政务废寝忘食，但是即使这样，还是不能将大事小情全部处理完毕。

到建文帝在位时，皇帝身边可以依赖的重臣都已经被清理一空。皇帝与宦官朝夕相处，时间长了，皇帝可以求助的人只有他身边的宦官，就在一点一滴中，宦官在皇帝生活中扮演起了越来越重要的角色。

明成祖时，尽管朱棣遵从了朱元璋时建立的祖训，但也正是从这一朝宦官开始得到重用。这是因为朱棣在起兵谋反时，他依靠宦官来窃取情报。当时朱棣在建文帝身边安插了很多耳目来刺探宫中的消息，宦官在帮助朱棣夺取皇位时立下了大功，因此宦官被朱棣厚待。

这时候宦官地位有了明显的提升，权势也越来越大。在洪武帝年间，称呼宦官为"监正"，但是到了永乐年间，宦官就改成了"太监"。在任职上也有了新的设置，如宦官监军、宦官分镇地方等。宦官的权势也发生了变化，朱元璋规定的"内臣不得干预政事"，到了朱棣这里，就成了"内臣不得擅自做主"。看似只是变化了一点，却不知失之毫厘，谬以千里。从"不得干预"到"不得擅自做主"，文字上细微的变化，内容却丰富了很多：宦官干政原来是明令禁止，现在是"想要做主，必须得获得皇帝的授意"，这样看似不起眼的改变却为后面宦官干政打开了局面。之后郑和七次率领船队下西洋，宦官扬眉吐气。后来，东厂这一特务机构建立，主要的负责人就由太监担任，也就是从这个时候开始，东厂开始登上历史舞台。

在宦官登上政治舞台中，起到了关键作用的就是宣宗。他在位时设立了内书堂，邀请翰林院的一些大学士教授宦官读书认字，对宦官进行文化教育。宣宗起初制定这项措施的目的是提高宦官的整体水平，帮助皇帝来处理奏折。往往事情不是完全按照人的设计来，因为宦官对于权力有着强大的占有欲，奏折处理多了，最终的严重后果就是取而代之，直接明目张胆地干预政。当然，这在宣宗时还没有明显地表现出来，这是因为宣宗非常地勤政，他们不敢放肆专权。

到了英宗时代，宦官的权力发展进入了一个新的阶段。之所以这样说，是因为宦官们开始拥有军权。英宗时握有大权的重臣是王振，当时蒙古人大举进犯，明朝守卫西北的将士们在几次的交战过程中多次失败，这时候他们向朝廷求助。没有军事能力的王振，对瓦剌也没有深刻的认识，就贸然唆使英宗亲征，鼓励英宗效仿他的曾祖父朱棣亲征蒙古，留下千古美名。英宗非常向往，但是他似乎忽略了一个重要方面——朱棣是在战场上成长起来的，他却不是。

公元 1449 年的七月，英宗匆忙之中决定亲征迎敌，并授予王振军事指挥权。八月时，英宗的大队人马驻扎在土木堡，却不想当即就被蒙古军队包围。土木堡恶劣的条件让士兵们陷入绝境。在炎热的八月，土木堡没有水源，被包围后，却没有任何方式获得水源。士兵们饥渴难耐，体力衰减，战斗力大大下降，最终被蒙古军队击败，就连主帅明英宗也成了俘虏。

宪宗时，继续了英宗时宦官专权的局面。当时的宦官是汪直，此人更是猖狂，一手遮天，掌握军国大事，朝中群臣无不唯其马首是瞻。

宦官经过发展，最终成为大明帝国最高权力的掌控者，后面的刘瑾正是在前人的基础上，将权力发挥至最大化。

可以说，从英宗到武宗，宦官发展进入了一个新的时期，宦官把持朝政，专权误国，宦官的权势地位都非同一般。当时有人曾经说"国朝文武大臣见王振而跪者十之五，见汪直而跪者十之三，见刘瑾而跪者十之八"。此后，宦官开始全面地插手政治、经济、军事生活的方方面面。

在这样的背景下，朱厚照登基了，开始了他的帝王生涯。

最无作为的皇帝

弘治十八年，明孝宗病逝了，朱厚照即位，成为明朝的第十位皇帝，年号为正德。

根据历史的记载，朱厚照出生在辛亥年甲戌月丁酉日申时，按照时、日、月、年的顺序读起来，就是"申、酉、戌、亥"，据说这种连贯起来的生辰是大富大贵之命。而且，史书上说，朱厚照从相貌上也有帝王的风度，相貌奇伟，精神抖擞，容光焕发，又因为是独子，这让朱厚照集万千宠爱于一身。只是有时候命运也喜欢开玩笑，生辰吉利、相貌堂堂的朱厚照却没有成就一代明君帝王，反而成了历史上最无作为的皇帝。

弘治五年，也就是朱厚照出生的第二年就被立为皇太子。6岁时，他开始学习诗文，因为学习认真，天赋过人，大受大学士们的赞誉。之后，宦官谷大用、刘瑾等人被安排前来陪伴朱厚照左右。朱厚照当时年幼，又常年生活在宫中，对于宫外的生活非常好奇，宦官们借此经常带他外出游戏玩乐，之后朱厚照对于学习的事情兴趣缺缺，对于宫外骑射这样的玩乐之事却兴趣大增。孝宗因为身体不好，所以他努力地培养朱厚照，希望他成为像太祖一样的文武全才，因此他对于朱厚照喜欢骑射这样的事情从来没有制止过。朱厚照却慢慢地一心玩乐、不学无术起来。

孝宗去世之后，朱厚照即位，是为武宗。即位之后的武宗，尚不懂如何处理朝政。这时候他的身边本应该有一些经验丰富的大臣们进行辅助，但是武宗身边都是太监，以刘瑾为代表的"八虎"受到武宗的倚重，一些有作为的大臣不能近身。凭借着皇帝的宠信，太监们愈发地猖狂起来，除了他们自己之外，他们不允许其他人靠近皇帝。

这时候的武宗已经玩乐成性，完全没有天子的威严。有时他在奉天殿上就将猴子放到狗的后背上，然后趁机放起爆竹，一时间猴子和狗乱窜乱跳，场面非常地喧哗，有时甚至残忍血腥。武宗却看得直笑，皇宫也就变成了武宗一个人的玩乐场。

刘瑾等人在皇帝即位之后开始负责具体的宫禁事务，但他们一如既往地将一些宫中不常见的东西带给武宗玩乐，这着实让武宗大为开心。

　　越发放肆的武宗在玩乐上总是想出各种新奇百怪的玩意来，当鹰犬等动物玩累了之后，他将目光锁定在了角色扮演上。一天，他突发奇想要在宫中体验经商的乐趣。于是他就命令太监们在宫中建立酒馆，武宗自己扮演成去酒馆喝酒的富商，让身边的太监们扮演酒馆的老板和百姓，为所欲为，好不开心。

　　慢慢地，武宗觉得这样不刺激了，身边的太监们就给他出主意，可以在宫中仿建妓院，武宗一听就连说"好主意"。于是，宫中的宫女们扮演妓院里边的妓女，而皇帝依然扮演玩乐的富商，他可以在酒馆喝完酒之后进入妓院的任一个房间玩乐，这样荒淫无道的行为被武宗玩得风生水起，大呼过瘾。

　　武宗的肆意玩乐引起了群臣的不满，很多大臣开始劝谏皇帝要勤政爱民，但武宗充耳不闻。一天傍晚，突然雷声震天，甚至连皇宫的太庙里的脊兽也摇动起来，很多人认为这是异常的天象，是上天在警醒天下人。一些大臣就趁机向皇帝进谏，请求皇帝以国事为重。武宗明白所谓的"天有异象"不过是群臣在劝谏自己，于是配合地说自己会进行反省。朝中大臣李东阳、刘健等赶紧继续向皇帝劝谏，希望皇帝能够安心处理朝政，爱惜天下百姓，并且将武宗经常出宫玩乐之事也提了出来。李东阳等大臣希望皇帝能够彻底地将心思转移到朝政上来，但是武宗全然不放在心上，而是继续玩乐。

　　渐渐地，宫中的玩乐已经不能引起皇帝的兴趣，他开始将视线转向宫外。刘瑾出主意，可以在皇宫的西侧筹建豹房。武宗一听就更是开心不已，但是修建豹房需要一定的开支。刘瑾向皇帝献策："普天之下的官位都是由朝廷的司礼监进行管理的，他们负责着官员的选拔任免，司礼监的官员是个肥差，可以趁机捞不少钱。皇上您可以将司礼监的家抄了，他家中藏有的金银财宝一定不少。这时候还可以将官员全部重新选拔，新任的官员们就可以将贿赂的金银直接进献给朝廷，这样就可以大赚一笔。"如此荒唐的方法，在武宗看来着实是一条妙计，派刘瑾前去办理。历时 5 年的豹房最终修建完成，全部工程花费了白银 24 万两。

豹房，顾名思义，圈养豹子等动物的地方。但是武宗时的豹房，却并不是只有动物这么简单，如果只有豹子，怎么会有那么多乐趣呢？

首先，在豹房的设计上，就极其复杂。这里不仅设置有处理公务的"公廨"，游戏玩乐的"豹房"，有训练卫队等军事力量，还有寺庙和密室，同时还有刘瑾从全国各地搜集的大量能歌善舞的女子。刘瑾等"八虎"眼见皇帝如此纵情玩乐于豹房之中，便形影不离地侍奉在皇帝身边，他们给皇帝出玩乐的主意，引导皇帝将动物和伶人们一起玩乐。皇帝玩乐其中，无心处理政事，就将一些大臣们呈奏上来的奏章一股脑儿地交由刘瑾等人处理。刘瑾乐不可支，这正好满足了他干政专权的需要，他更加卖命地将杂技等进献给皇帝，来博得皇帝的好感。刘瑾还特别会挑选时机，每当武宗玩得正开心时，他就会将一些大臣禀报的要事传达给皇帝。武宗哪里有心听，不耐烦地打断刘瑾，并且告诉他："这些事情你们自己处理就好了，不用再问我。"后来，刘瑾处理事情就全凭自己的心思，甚至发布圣旨这样的大事，也不再报告给皇帝。

正德二年，豹房开始经修建。完成后，武宗就迫不及待地住了进去，直到正德十六年，武宗病死于豹房，可以说武宗的帝王生涯都是在豹房度过的。在这里，他不用受到宫中规矩的束缚，可以自由自在地玩乐，为所欲为。后来皇帝不愿回皇宫了，一些大臣们看到这样，多次进行劝谏，但是武宗皇帝并不放在心上，对于大臣们的苦口婆心充耳不闻。有些官员甚至因为劝谏被皇帝降职，武宗还真就不客气地革职，最后朝中只剩下李东阳等三位大臣。

只在北京城内玩乐，武宗也开始没有兴趣了。宦官江彬献上计策，皇帝可以去西北游玩。于是在正德十二年，武宗一行人就来到了宣府。

宣府在一定的时间内让皇帝大呼过瘾，于是他命令人在这里修建行宫。武宗还荒唐地让身边的太监们劫掠周边的良家女子供自己玩耍，每天都会有一车又一车的女子被送入皇帝的行宫之中，路上死伤的女子不计其数。

在正德十二年十月，蒙古王子伯颜侵扰边境。这让武宗皇帝异常兴奋，摩拳擦掌打算自己亲自征战。无论大臣们怎样劝谏，皇帝依然坚持要亲自出战，甚至还自封为大将军朱寿统兵出战。并且他还告诉大臣们，在征战途中他不允许身边有官员陪伴，荒唐至极。在同蒙古的战斗中，武宗不仅上了战场，还亲自杀了敌人，这让武宗着实兴奋。

武宗还在继续着他的荒唐，他在策划一场"说走就走"的"旅行"。这在武宗看来，非常刺激，他当时想要跑到关外玩耍，但是他并不希望身边有大臣们跟随，于是就趁身边太监们不注意的时候逃跑。武宗不知道，如果不是每次都有身边的侍卫跟随，他可能早就闹出麻烦了。但是不肯受到一点束缚的武宗哪里管得了这些，只要自己玩得痛快就行。

　　这天，太监们禀报太后，皇帝不见了，朝内的文武百官和太监们都惊慌失措起来。贵为天子之身却突然脱离了安全的范围，这可如何是好。要知道稍有不测，出现什么问题，就会是谁都承担不起的责任。大臣们急得团团转，却无能为力，因为他们压根儿不知道去哪儿找皇帝。就在这时候，有人前来禀报，他们发现了皇帝本人。原来皇帝计划逃跑出关时，被把守居庸关的御史张钦和守关的大将认了出来。他们好不容易才将皇帝拦了下来，并且命令士兵快马加鞭前来禀报。大臣们在见到皇帝安全的那一刻，终于放下心来。但是武宗这时却在想怎样能够将计划筹划得再严密一些。

　　武宗的年号为"正德"，但是作为皇帝，他不仅品行不正，并且也多处失德，他一生似乎都在嘲讽这两个字。如果说皇帝真有什么大错，似乎也没有，他只是贪玩，只是不喜欢皇宫内的各种规矩和束缚，他希望自己能够彻底地自由自在。每当有大臣上书进行劝谏时，皇帝也能够对自己的错误进行自省，并不记恨大臣们对自己行为的指责。但是他唯独忘记了自己是"皇帝"，他的背后是万千的百姓和一个国家，他所要做的不仅是去从自身上有一些美好的德行，他还要带领一个国家、一个时代向前。可惜，这些和武宗似乎不沾边。

一身正气杨廷和

正德十三年，杨廷和辞职了。

以杨廷和为首的内阁辅臣蒋冕、毛纪三人选择了辞职，辞职的缘由是因为他们对武宗的贪玩胡闹不能再忍受。当时内阁大臣辞职的奏疏在朝廷上引起了轩然大波，满朝百官都在猜想如果当朝的皇帝知道之后怎样答复，他们在静待着时局的变化，猜测可能出现的各种状况。然而明武宗朱厚照在收到奏疏之后，他没有做出任何答复，甚至连多看两眼的心情都没有，这种"破事儿"怎么能影响自己外出游玩的好心情呢？

这一年的九月，江彬等人告诉武宗边境多有骚扰，需要巡边剿匪，明武宗朱厚照踏上了他从宣府到大同的旅程。如果说对这场旅程做一个评价，那么最能概括此事的莫过于四个字"说走就走"。

之所以说是"说走就走"，是因为这已经是明武宗本年度的第四次离京。在朝廷内部有多人上奏朝廷，劝谏皇帝以国事为重，对此，明武宗完全置之不理，我行我素。

不同于历史上的诸位皇帝，朱厚照并不喜欢京城的生活。一年中，他在京城待的时间还远不到三个月，他总是想尽各种办法逃离这个地方。而原因不外乎文武百官总是劝谏他要如何有作为，皇宫中有各种各样的规矩，这是他不能忍受的。

眼看着武宗已经踏入而立之年，还没有做出任何的政绩，也没有一儿半女，大臣们开始着急了。但是武宗自己并不在乎这些，他信奉的人生信条是"活在当下"，他既不希望自己被朝廷的规矩约束，也不希望被礼教束缚，他希望的只是想尽办法地玩乐。

这时候，身为内阁人员的杨廷和坐不住了，先是他给武宗写下了奏章。奏章中陈述了皇帝出行对于山西地区百姓的影响，"内外人心，历历危惧。又有讹言传播威武大将军名号，及巡幸山陕、河南、山东、南、北直隶之说。愚民无知，转相告语，甚至扶老携幼，逃避山谷……窃恐朝廷之忧，不在边防而在腹里也"。杨廷和的这封奏章直陈时政之弊，武宗的行动给当时的百姓带来的灾难，提醒武宗应该自省自身的行为得失。然而奏章的结果也逃不过同样的命运，武宗已经完全沉溺在玩乐中，对于政事和政治得失已经不关心，也不在乎。

在武宗前往大同之前，杨廷和曾经给武宗上报了一道奏章，奏章的内容记录了武宗四处游玩给百姓生产、生活带来的不安局面。眼看着朝廷内大臣们的奏章丝毫没有引起皇帝的注意，杨廷和决定自己亲自到大同去劝谏皇帝。然而皇帝并不理睬，并且似乎想到了杨廷和会这样做。他提前将把守大同城的守卫将士换成了"八虎"之一的谷大用，并且告诉谷大用，如果杨廷和前来劝谏，是无论如何也不能让他进来的。所以当杨廷和就要进入大同时，遇到了谷大用的阻拦，并且还被警告："我有皇帝的尚方宝剑，如果硬闯，不管是谁，格杀勿论。"杨廷和站在门口，纵然是经验丰富的老臣，他还是不知道该如何才能让顽劣的皇帝幡然醒悟。他回望着来时的路，一种沉重的无力感包围着他，看来是真的没有办法了，杨廷和只好回到京城。

如果说为人臣子不易，那么作为以杨廷和为代表的大臣就更是难上加难，因为他们遇到了一个恣意妄为的皇帝。武宗的任性使已经混乱的王朝更是雪上加霜。作为辅臣的杨廷和，却在用自己的力量医治这个时代的"病"，成为封建王朝中延续王朝生命的"帝国医师"。

杨廷和，字介夫，号石斋，四川新都人，明朝著名的政治改革家，他的儿子是著名的文学家杨慎。出身于书香门第的杨廷和从小就热爱读书，聪慧有礼，性格沉静，气度不凡。王世贞曾经这样评价他："廷和为人美风姿，性沉静详审，为文亦简畅有法。"可见，杨廷和不仅文才了得，更是具有沉静审慎的性格，可以说从年少时，杨廷和就显露出了作为政治家或者名臣的不凡气质。

杨廷和在 12 岁时，在乡试中中了秀才。之后在成化十四年，也就是公元 1478 年，更是先于他的父亲中了进士，并且被任命为翰林院庶吉士。而这一年，他刚刚 19 岁。

杨廷和不仅文才了得，而且喜欢研究历史的政治得失，了解百姓的疾苦，这让他在进入仕途之初就具有了非常高的声望。

宪宗因为欣赏杨廷和的才学，要求他侍奉皇太子孝宗读书。后来身为皇太子的孝宗继位，杨廷和在弘治年间成为修撰，参与修订《明宪宗实录》和《大明会典》，并且被提拔为左春坊大学士。被孝宗信任的杨廷和与李东阳、徐溥等人成为孝宗的股肱之臣。

孝宗驾崩之后，正德初年，明武宗朱厚照登基之后，他继续担任詹事兼任翰林学士，并且还成为武宗经筵的讲官。在正德二年时，杨廷和进入东阁，负责诰敕。

这时的明王朝正处于内忧外患时，对于宦官刘瑾的专权，武宗一味地包庇，忠贞的重臣的劝谏没有能让武宗幡然醒悟。刘瑾一伙趁势作威作福，欺上瞒下，打压重臣，索要贿赂，加上外族的入侵，徭役严重，统治阶级和农民阶级的矛盾日益突出，农民起义此起彼伏。当时担任着首辅的李东阳非常欣赏杨廷和，面对着刘瑾集团的兴风作浪，他想充实壮大自己的力量，他挑选中了杨廷和，一起对抗刘瑾集团。

杨廷和进入内阁之后，他会在经筵听讲时，讲授历史存亡之理和帝王之德，期望以此来打动武宗。然而这不仅没有打动武宗，还招致了刘瑾集团的反感。刘瑾在了解了武宗厌烦杨廷和之后，趁势排挤杨廷和。之后杨廷和被任命为南京吏部左侍郎，后来李东阳多次在武宗面前陈述杨廷和的能力和美德，才让杨廷和改做户部尚书。当时杨廷和刚刚进入仕途，他目睹宦官专权，作威作福，接着直言进谏皇帝要求打击宦官专权，得罪了宦官刘瑾。可见，杨廷和尽管当时年纪尚轻，但是有着一颗正直的心和一身正气。

这一段时间应该是杨廷和比较郁闷的时期，他的所有才华都不得施展，刘瑾专权，武宗淫乐，不思进取，所有的人臣的心酸和悲哀都只能自己解决。但是杨廷和并没有沉迷于这种无能为力的悲哀之中，他还是在等待发挥自己的有利时机，他想要的时机转眼就来了。

当时安化王以刘瑾的打压为旗号，企图谋反，这时候杨廷和趁机推荐了智勇双全的仇钺。仇钺果真不负众望，最终成功地将安化王朱镇鐇抓住，接着又利用刘瑾集团内部的矛盾，成功地策反张永，将刘瑾集团擒获。杨廷和也因为镇压朱镇鐇有功，被提拔。

经过文渊阁大学士、太子太傅、太子太师等职务，最终在正德七年十二月内阁首辅李东阳退休之后，杨廷和继任首辅。

第二章
大礼仪

　　"大礼仪"之争，在现代人看来似乎并没有什么必要，但是在当时，这确实是一件关系到宗法和皇帝尊严的事情。"大礼仪"之争很像是一场博弈，博弈的双方分别是嘉靖皇帝和杨廷和，对于高度集权的明朝来说，皇权有着绝对的权威，内阁权力从属于皇权，那么这场博弈从一开始输赢就已经注定。

混乱的朝局

　　正德五年，天下已经混乱不堪，除了宦官专权、武宗失德之外，还有另外一种力量在时刻威胁着大明王朝的江山社稷，这就是日益严重的农民起义。

　　农民们为什么要走上起义的道路呢？这还要从当时的社会说起。

京城周围皇亲国戚凭借着权势与威名不断地侵占百姓土地，失地的农民们生活艰难。这时候官府却要求农民饲养马匹，本身已经缺吃少喝的百姓们还要饲养一头活物，生活更是难上加难。这样的背景之下，也就使得这一时期的农民起义不同于以往，不再是发生在边疆，而是出现在皇城附近的河北。

刘六、刘七兄弟就是这支农民起义军的主要领导。在起义开始时，刘六、刘七已成功被政府招安，兄弟俩本来以为被招安之后能够改变以往流民的生活，然而事实并非如此。其实从内心里边，没有谁是天然喜欢反抗的。没有压迫就没有反抗，如果生计还能维持，农民们也并不想成为起义军。不承想他们遇上了刘瑾一伙，在当时，朝廷官员中流传着一个不成文的规矩，想要在朝廷混个一官半职都需要先带着万两黄金前往太监刘瑾门下拜访。在刘瑾提出了索要钱财的要求之后，刘氏兄弟无奈也气愤。本来就是因为穷困才转而走向起义道路的刘氏兄弟俩，哪有什么钱财来贿赂宦官？兄弟俩看到官府的黑暗和丑陋，他们只好另寻东家。然而寻遍天下他们都没有找到更为强大的力量，最后只好解散原来的队伍，四散逃走。

刘氏兄弟看清了官府的本来面目，彻底断绝了归顺政府的念想，无论在哪儿，天下的乌鸦都是一般黑，也正因为如此，他们更要反抗。他们在寻找其他农民起义的有生力量，随时准备着和官府的对抗。

刘六、刘七最初的行动是打着劫富济贫的旗号，这在一般的百姓中间是很有吸引力的。当时的民间，百姓们对官府失望透顶，饥饿贫穷的百姓只能转而投奔农民起义的力量。随着不断地兼并和扩张，刘氏兄弟的力量迅速壮大。

正德四年三月，在第一阶段，他们的活动区域主要是在河北、北京附近，主要的任务是积蓄力量。但是随着力量的壮大，农民军的范围已经扩展到了山东，农民军的人数扩大为一万多人。在和政府官兵的几次正面对抗中，胜多败少，这更加增强了农民起义军的士气。尽管官府军队的数量远远要多于农民军，但是在对抗远少于自己的农民军时，官府却屡打败仗，从这个侧面也可以看出当时的明朝政府军是多么地松垮废弛。

在第二阶段，明朝政府军开始出击。正德四年的八月，武宗开始召集大臣们商议如何对付农民军。说是商议，其实武宗只是将这件事吩咐给大臣们进行处理，有人会说，武宗不是喜欢对敌作战吗？武宗喜欢的是在辽阔的草原上对敌征战，现在对付农民军他才没有兴趣。

现在，他的全部心思都在玩乐上，当大臣们急得团团转时，武宗又自顾自地去豹房玩乐了。到了十一月时，当时的御马监太监谷大用提出自己要领兵去对抗农民军，武宗同意。刘六很明白，尽管他们已经壮大了很多，但是同官府的正规军比起来，自己不过是九牛之一毛，所以他想要通过智取的方式来取得胜利。他们等待的时机是在武宗进行郊祀时，但是在了解到在京城中设有埋伏时，他们只好逃到山东。除了刘六、刘七之外，起义军中还增添了刘惠。他自封为奉天征讨大将军，刘惠和他的军队行动规范，所到之处，爱护百姓，不侵占百姓一丝一毫，受到了百姓们的一致欢迎。刘惠的这支军队战斗力极强，以一敌百，在民间名声大震，兵力的人数也增加到了五六万。但是，到了第二年的二月份至三月份，尽管农民起义军士气仍然高涨，作战也是多有获胜，但是因为缺乏专业的训练，在同官兵的对抗中，他们的伤亡也在不断增加，逐渐地，起义军的势头开始下降。在进入嵩县时，刘惠的力量已经锐减为十多人，加上路上逃走的几人，已经完全没有成功的可能。刘惠看到已经没有了东山再起的可能，最后自焚身亡。

到正德七年三月，刘六带领的农民军力量对京城进行了最后一次的行动。这次行动中他们杀死了参政王杲，尽管这次胜利了，但是从此之后农民军还是难逃衰落的命运。

他们先是在汉口遭遇到了满弼带领的官兵，刘六被箭击中，落水身亡。刘七也转入长江流域活动，最终因为势单力薄，被官兵追上山顶。刘七也是中箭溺水身亡，最终刘六、刘七领导的农民军彻底失败。

刘六、刘七的起义，前后持续了三年的时间，转战河北、河南、山东、湖北等地，给予统治者有力的打击。为了镇压农民起义，明朝政府耗费了大量的国库开支。在一些地区，农民起义军所到之处，当地的贪官污吏、地主豪强也被有力地打击，同时也让明朝统治者们认识到起义军的力量，想要维持自己的统治，必须想办法缓和阶级矛盾。如在河南、河北、山东等地，统治者先后宣布减免徭役赋税等。

在成功地镇压农民军之后，武宗要对在镇压中表现突出的将领进行论功封赏，江彬就是其中之一。

江彬是钱宁推荐给武宗的，凭借着在镇压农民起义中渐渐崛起。原来只是一介普通兵吏，现在江彬却比自己得宠了，这让钱宁很是忌妒不满，江彬也很快察觉到了这一点。他知道，如果他现在想要获取皇帝的好感，在钱宁眼皮子底下一定是没有机会的，需要的是选取另外地点发展自己的势力。很快他请求武宗在豹房里边设立军营，借此来调练军队力量，稳固地位。江彬的真实意思是想以此将军权控制在自己手中，豹房里的军营某种程度上就是一个新的指挥大本营，调兵遣将会更容易。但是武宗并没有察觉到这一层，很快将三千的宣府军和京军互相调换。

其实豹房最早并不是出现在武宗时期，早在元朝时就已经有了这一机构。然而，武宗独独喜欢跟虎豹之类的动物搏斗，所以又在他在位时单独在西苑建立了豹房。这时的豹房里不仅有虎豹等凶猛的动物，还有宦官们进献的美女。所以这里就成了武宗的私人乐园，他没日没夜地沉浸在美女与野兽的玩乐中。

除此之外，因为一直没有生育的原因，武宗先后收了100多义子，众多的义子中最有地位的就是钱宁、江彬和许泰。这些义子非常懂得如何地逢迎皇帝，知道武宗沉迷淫乐，他们就想方设法地将各地的美女进献给皇帝。当时有年轻姑娘的人家都惊恐不安，生怕哪天姑娘被掠夺走。

武宗还信仰道法，所以义子们在豹房还招来了很多的道士。就这样豹房里三教九流各种人群汇集，他们投武宗所好，创造了一个玩乐的世界。武宗乐不思蜀，早已经忘记了自己的另外一个身份是皇帝，他的背后还有着万千的百姓。

后来，武宗因为厌倦宫中的生活已经不想回宫了，所以当遇到必须皇帝亲自处理的奏折和事务，大臣们也只好来到豹房请示。就这样，豹房不仅是皇帝淫乐的场所，还成了当时的政治中心和军事指挥部。起初有大臣看到武宗耽于玩乐，不断前往豹房进行劝谏，但是被劝谏者往往被降职或者投进监狱，最后也就没人敢于劝谏了。

公元1514年，乾清宫里遭遇了一场大火，这就更合了武宗的意。

他不仅不着急修缮乾清宫，并且还搬到了豹房之中。这下武宗对国事更加地不闻不问，传统的节日他也兴趣缺缺。耽于玩乐的武宗哪里能够应付得了早朝，频率也从原来的每月三次降到了每月一次。

武宗早已经将全部心思都放到了玩乐上，他不仅任命自己为朱寿将军，带领六军出征西北，同时要求内阁按照旨意给朱寿将军写好敕书。武宗的玩心不改，与一般纨绔子弟不同的是，武宗玩乐的后面是这个庞大国家的尊严和权威。面对杨廷和等老臣们的进谏，他视而不见，完全置若罔闻，和大臣之间的关系也不断恶化。

不思进取的皇帝总是会遇见一批为了国家社稷着想的大臣。武宗的置若罔闻并没有让一些大臣们让步，很多大臣前仆后继地进谏，武宗却变本加厉，他将进谏的大臣们放入监狱，严刑拷问，一些大臣甚至被活活打死。武宗却并不在乎大臣的死活，他心里只觉得如释重负，因为这下他可以放心大胆地去南方游玩，而再也没有人敢阻拦了，幸甚至哉！

凑巧，这时候发生的另一件事加速了皇帝的出征之路，这就是江西宁王朱宸濠的谋反。

宁王是朱元璋的第十七子朱权。燕王起兵谋反之前，最忌惮的就是这位宁王。所以他在夺位之前，就已经将十七王挟制，为的就是在后面的斗争中能够保持最安定的环境，也可以看到这位宁王在燕王朱棣的心中是有一定的分量的。在称帝之后，朱棣将宁王安排到了江西。当时江西为边远地区，朱棣这样做的意图很明显，就是防止宁王日后有机会反抗自己，所以他多次削弱宁王的军队力量。

发展到明武宗时，这时的宁王一系已经发展到了朱宸濠这一代。

这位宁王已经没有了当年宁王的英勇善战，但是这位王爷的野心却远超当年的宁王。在正德二年时，朱宸濠先是行贿刘瑾，然后在江西训练武装力量，并且最终获得了真正意义上的一支军事武装。

之后刘瑾被抓，宁王也只好将自己的护卫改成南昌左卫。后来江西按察司由陆完担任时，朱宸濠感觉到他又到了可以恢复的时候了。他多次向陆完进献宝贝，目的在于将自己的军队重新改回去，权力也变成了"护卫屯田"，数量也大为增加。

之后宁王朱宸濠愈加地猖狂。先是江西的都指挥戴宣因为和他意见不合，竟然被朱宸濠用木棍打死。凭借着钱宁等人的庇护，朱宸濠毫发未损，从此之后是一发不可收，更加地猖狂。眼看着武宗无子，宁王心动了，他想立自己的儿子为皇储。

这时候江西的都察院右副都御史孙燧察觉到宁王的二心，说是察觉，不如说是宁王朱宸濠的为非作歹出卖了他。他不仅不加以收敛，而且还招摇不已，所以孙燧抓住了宁王作奸犯科的把柄。但是因为碍于对自我的保护，孙燧只好暗中进行。

在将军队、钱财准备妥当之后，宁王准备起事了，这时候孙燧再次上报朝廷。本来这次上奏并未引起朝廷的注意，但是因为太监江彬和钱宁之间不合，江彬想借宁王朱宸濠之事整倒钱宁，加上杨廷和也意识到了这件事的严重性，所以他们一起来上奏皇帝宁王的不臣之心。武宗在听到消息之后，召集群臣商议对策，商议的结果是武宗打算亲征江南。当然，皇帝的主要目的是来弥补上次不能去江南的不快。就这样，武宗出发了，当然他的目的是游玩。一路上，武宗度假一般，轻松畅快。

如果没有南巡中发生的两件事，可能武宗的游玩之路还将持续若干年，但是这两件事却加速了武宗的死亡。

一件事是当时的太监江彬向皇帝禀报说，钱宁也是宁王朱宸濠造反的帮凶。武宗十分震怒，他没有想到，敌人就隐藏在自己身边，并且还是自己最亲近的人之一。武宗在震惊之余，也觉得恐惧，很快将钱宁抓捕。

一件事是在武宗南巡途中多次寻花问柳，寻找江南各地的妓女。当时，据说因为皇帝的原因，江南地区的妓女的身价倍增。在到镇江时，武宗想要在一块封闭的水域钓鱼开心，本来安稳的船却翻入水中。武宗本人尽管被侍卫救了上来，但从此身体就一日不如一日。

3个月之后，武宗驾崩了，病死在他日夜玩乐的豹房。就这样，这位一生都在玩乐的皇帝在31岁这年，终于停止了玩乐。

难缠的小皇帝

早在正德十六年的正月，武宗拖着重病的身体去拜见列祖列宗和皇太后时，太后和众多的大臣们就在考虑皇位继承人的问题。

当时的监察御史郑本公就上奏说，皇帝现在正值壮年，诞下皇子一定是可以的，但是现在的形势比较紧张，自然灾害严重，边疆稳定也尚未处理完毕，很大程度上都是因为皇子的不确定，所以一些人在趁势作乱。皇位继承又关系到国家的安危福祸，所以皇帝一定要慎重。可见当时诸位大臣就意识到皇帝的身体已经濒临破败的边缘，如果再不考虑皇位继承问题恐怕就要来不及了。

在郊外举行大典时，武宗突然吐血，这着实吓坏了很多人。很多大臣之前就意识到武宗病情的重了，但是似乎状况比他们想象的还要严重。武宗更了解自己的病是个什么情况，所以他就对周边的宦官们传谕，寻找普天之下医术更高明的大夫来为自己治病。

杨廷和深深地明白，他接下来的任务之一就是挑选新皇帝的人选，但是这需要获得深受皇帝宠信的太监和张太后的支持。他先是和太监们商议对策，太监们对于怎样解决没什么太好的主意，所以他们转头向杨廷和来问计。杨廷和意识到这正是将选新皇帝之权掌握在手中的最好时机，所以他对太监们说，我们按照伦序来处理，这样能够服众，不仅国泰民安，而且也能安定周围的边疆各族，否则，恐怕遭殃的还是我们每一个人。

听完杨廷和的话，太监们一致认可。从这时候开始，这件事的处理基调也就定好了，接下来只是实际面临的问题：立谁为新皇帝。

宪宗有四个儿子，老大、老二在年幼时就夭折了，第三个儿子也就是后来的孝宗，还有一个就是兴献王。孝宗只有武宗一个儿子，武宗去世了，所以继承就到了兴献王一系。兴献王的长子就是后来的世宗朱厚熜。《明史·杨廷和传》中对杨廷和这次选新皇帝是这样记载的："先是，武宗崩，廷和草遗诏。言皇考孝宗敬皇帝亲弟兴献王长子某，伦序当立。遵奉《祖训》兄终弟及之文，告于宗庙，请于慈寿皇太后，迎嗣皇帝位。"杨廷和翻阅了《皇明祖训》，根据兄终弟及的原则，选择了兴献王的长子朱厚熜，这个人选获得了张皇后的同意。

那么这里有人会说，为什么要选择这个朱厚熜呢？难道杨廷和就没有什么私心吗？

我们可以看看之前的宗法礼制是怎么对这件事进行解释的。中国古代的传统宗法礼制中，宗法是古代社会血缘关系的一种原则，血缘是西周政治的典型特征。宗法制的主要含义是嫡长继承制，"立嫡以长不以贤，立子以贵不以长"。

宗法有大宗和小宗这样的区分，嫡长子继承王位，嫡长子之外的皇帝的其他儿子们都是别子。周天子以嫡长子世代继承最高权力，为天下的大宗，别子们分封为诸侯，对天子来说他们为小宗。同时，在封国内部，嫡长子的弟弟们又是大宗，君位仍然由嫡长子世袭，诸侯的其他儿子又被授封为卿大夫，封邑内部又以此类推，来区分士与庶子。

宗法制度是通过血缘关系来确定等级的制度，它保持了统治阶级内部的稳定和王位的有序继承。但是，问题是如果没有嫡长子继承王位时怎么办？宗法制给出的解决方案是兄终弟及，也就是前面提到的《皇明祖训》中的规定。

可是，"兄终弟及"的前提是皇子需要为嫡母所生，这是怎么回事呢？杨廷和是从孝宗的父亲宪宗来推，根据"兄终弟及"，孝宗的弟弟兴献王以长弟的身份来继承皇位，但是兴献王已经去世了，这就需要兴献王的长子朱厚熜来继承。于是，朱厚熜就凭借兴献王嫡长子、宪宗嫡长孙的身份来继承王位。但是，世宗不是孝宗的儿子，他的父亲兴献王只是一个地方的藩王，因此在继承帝统上就面临着是继承孝宗还是继承他的父亲兴献王之宗的问题。杨廷和认为应该继承孝宗之宗，而世宗不愿意继承孝宗之宗，特别是武宗之宗，认为应该继承兴献王之宗，双方由此引发了分歧。这就为后面的"大礼仪"之争埋下了伏笔。

武宗去世时，朝廷中各种问题盘根错节，杨廷和要解决这些问题需要的是强硬的权力。之所以选择远在安陆的兴献王之子朱厚熜，一方面是因为远在安陆，和朝廷中的关系比较少，之后不会受到利益集团的阻碍。另外一方面，朝廷中积弊较深，杨廷和想要通过一场酣畅淋漓的改革来改变当时的局面，朱厚熜当时才刚刚 15 岁，年龄较小，改革的阻力会小。

在武宗去世后到世宗继任的这段时间里，杨廷和主持了国家的朝政。为了防止发生叛乱，他先是革除了皇店及军门办事官校等机构，并且给赏还国。豹房里的道士和各种教场乐人都遣散，地方进献的女子都放回。接着他又将江彬等武宗宠臣逮捕入狱。之后，杨廷和也声名鹊起，稳定了国家政权的同时，也将自己的地位确立。

武宗去世 5 天之后，也就是三月十四日，朱厚熜正式受封。张太后和大学士杨廷和开始摄理朝政。三月十五日，定国公许光祚、寿宁侯张鹤龄、驸马都尉崔元、大学士梁储、礼部尚书毛澄、太监谷大用等前往安陆迎接即将成为皇帝的朱厚熜来继承帝位。12 天之后，也就是在三月二十六日前去迎接朱厚熜的一行人到达安陆，在拜别了父亲陵墓之后，朱厚熜踏上了返回京城的路程，路上一切顺利。但是在四月二十一日即将到达京城时，关于接下来该以什么样的礼仪来迎接朱厚熜，朱厚熜和朝中官员们有了分歧。回程的一行人只好在郊外等待朝中消息，无奈之下杨廷和拿出了最终的意见，决定以皇太子即位的规格和仪式来完成。

但是朱厚熜却提出了不同的意见，他对右长史袁宗皋说："遗诏以我嗣皇帝位，非皇子也。"他说的遗诏就是杨廷和奉武宗之命起草的遗诏，遗诏的内容是这样的："皇考孝康敬皇帝亲弟兴献王次子，聪明仁孝，德器夙成，伦序当立，已遵奉祖训兄终弟及之文，告于宗庙，请于慈寿皇太后，与内外文武群臣合谋同词，即日遣官迎取来京，嗣皇帝位。"袁宗皋一下子没了主意，他向杨廷和求助。杨廷和坚持要根据既定的方案执行，也就是朱厚熜从东华门进入，然后居于文华殿，择日登基。但是朱厚熜这时候就是坚持自己的意见，否则就不登基，择日回安陆。双方僵持不下，但这时候不登基是不可能的了，最后无能为力，杨廷和只好同意朱厚熜从大明门进入，然后在奉天殿即位。

其实从一开始，这场以世宗为首的皇权和以杨廷和为首的阁权的斗争结果就是注定的。原因在于在皇权高度集中的大明王朝，皇帝是绝对的说一不二的人选，杨廷和的辅弼终究只能是辅助者，而不能是最终的决定者。新皇帝也并不是一个可以任他摆布的人选。况且，在当时，杨廷和没有第二个候选人，皇帝即位是板上钉钉的事情。杨廷和没有其他的选择，只能最终听从新皇帝朱厚熜的意见。

在四月二十七日，也就是即位六天之后，世宗朱厚熜要求群臣议定他的生父兴献王的尊称和主祀。

礼部尚书毛澄对于如何处理没有了主意，向杨廷和求助。杨廷和列举了汉朝定陶王和宋朝濮王的事例来说明，既然过继给他人为子，就应该以入继的父母为父母，生父母为伯叔父母，这是伦序的礼仪，不能够颠倒。

毛澄在听了杨廷和的意见之后，觉得有理，回去之后他就写了一篇如何确定兴献王主祀和尊号的奏章，内容如下："今兴献王于孝宗为弟，于陛下为本生父，与濮安懿王事正相等。陛下宣称考宗为'皇考'，改称兴献王为'皇叔父'，兴献大王妃为'皇叔母兴献王妃'，凡祭告兴献王及上笺于妃，俱自称'侄皇帝某'，则正统私亲，恩义兼尽。可以为万世法。"

世宗看后很是气不过，他将毛澄的奏疏退了回去，要求礼部重新再议。

关于如何确定兴献王的尊号和主祀，远还没有结束，不断发酵，成了世宗初年的"大礼仪"事件，主角就是皇帝朱厚熜和首辅杨廷和。

世宗对于兴献王的尊号和主祀的要求，表面看是继承孝宗一系还是继承世宗生父兴献王一系的问题，实际上这是一场维持旧秩序还是重建新秩序的问题，想借此铲除杨廷和为首的内阁势力，确立皇权的绝对权威。世宗明白杨廷和集团有着非常重要的地位，自己如果想要将"皇帝"这个职位坐实，就得需要革除杨廷和一派的控制，自己不能成为一个任由别人摆布的皇帝。

世宗的看法是对于继承帝统，他不愿放弃自己的父亲兴献王。他想做的是自己宗系的皇帝，而不愿继承孝宗，特别是武宗的帝统。

杨廷和作为首辅，他已经在礼部、吏部有了二十多年的经验积累，他已经成为大明王朝制度的坚定维护者，他是不能容忍这样完全有悖于朝廷大礼的方案的。在这件事情上他是从礼法角度来说的，大宗没有子嗣，孝宗继承帝位时，小宗需要入嗣大宗，这样才能继承帝统。朱厚熜也需要入嗣大宗，旁支入承正统，成为大宗之子，并且还需要改亲生父母为伯叔父母。世宗并不同意这样，只是这时候他意识到自己还是势单力薄，他想要尊崇自己的亲生父母，他还不敢和杨廷和真正地决裂。他对杨廷和彬彬有礼，渴望眼前这位大臣能够同意更改。但是杨廷和死活不同意，不仅不同意，他还给世宗上了奏疏，上面是对于世宗的一些规劝："三代以前，圣莫于舜，未闻追崇生父瞽瞍；三代之后，贤莫于汉光武，亦未闻追崇生父南顿君；惟陛下取法二君。"世宗尽管不待见杨廷和，但是还是没发脾气。

正当这时候，朝廷中出现了世宗的支持者，他们就是以观政进士张璁为首的一派，他们上奏说："皇上以兴世子入继武宗皇帝统，非继孝宗嗣也。今以后武宗则弟，以后孝宗则自有子。奈何舍献王勿考而考孝宗,使献王有子而无子，皇上有父而无父哉！"张璁等人的奏章一出，让世宗感觉到自己的时机来了，他可以名正言顺地提出为自己的家族正名了。

正德十六年的十二月，世宗传谕礼部，"兴献帝后，皆加皇字"。杨廷和并没有执行，并且还将世宗的手敕封还。世宗并不接受，杨廷和知道，对于这个难缠的小皇帝，他无能为力了，选择通过致仕的方式来反抗。

世宗对于杨廷和是有几分忌惮的，但是这种忌惮一方面是出于自己的力量还不够强大，他还没有扶植起自己的力量来对抗以杨廷和为首的内阁大臣们。另外一方面是他从内心里边对杨廷和也是敬佩有加的。出于这两方面的原因，他还不想放弃杨廷和，所以他选择用加封爵位的方式来缓解和杨廷和之间的关系，但是至于最核心的如何来对待兴献王，世宗不想让步。

最终，这场历时三年的论战，世宗颁发了钦定大礼的诏令："朕本宪宗纯皇帝之孙，孝宗敬皇帝之侄，恭穆献皇帝之子，逮皇兄武宗毅皇帝上宾之日，仰遵圣祖'兄终弟及'之顺，属以伦序当立，遗诏命朕嗣皇帝位，昭圣康惠慈圣皇太后乃以懿旨遣官迎朕入继，受天明命，位于臣民之上者，于兹已三年矣。尊称大礼屡命廷臣集议，辄引汉定陶共皇、宋濮安懿王二事，至再至三，而其论未定，朕心靡宁。盖伯侄父子乃天经地义，岂人所能为乎……已告于天地、祖宗、社稷，称孝宗敬皇帝曰皇伯考，昭圣皇太后曰皇伯母，恭穆献皇帝曰皇考，章圣皇太后曰圣母，各正厥名，揆之天序人伦，情既允称，而礼亦无悖焉。"

终于，在嘉靖三年，也就是公元 1524 年，杨廷和退下首辅大臣的职位，回到了故乡。

新的对手

在杨廷和与明世宗朱厚熜的这场斗争中，我们看到一个人物起到了非常关键的作用，这个人就是张璁。

张璁，浙江温州永嘉人，从少时开始就喜欢经学，对《周礼》、《仪礼》、《礼记》造诣深厚。他不仅精通礼仪，而且敢于直言。"大礼仪"之争爆发时，他还是一名观政进士。他认为杨廷和是顽固地坚持程朱理学，不尊重现实，不讲究人情。"圣人缘人情以制礼"，"夫统与嗣不同，而非必父死子立也。汉文帝承惠帝之后，则以弟继宣帝承昭帝之后，则以兄孙继。若必强夺此父子之亲，建彼父子之号，然后谓之继统，则古尝有称高伯祖、皇伯考者，皆不得谓之统矣。故曰礼，时为大，顺次之不时不顺，则非人情矣非人情，则非礼矣"。他认为坚持礼没有问题，但是不应该顽固不化地坚守，要根据实际的变化而变化，同时也要讲究人情，如果不讲求人情和实际，一味地坚持"礼"就是"非礼"。

　　张璁等人的理念背后是讲求人情中的"孝"。封建礼法中提倡"孝"，并且把孝作为封建等级制度的出发点，他说道："我从来没有听说过废除了父子伦序的人，最终能够做好一个国家的国君的。"对于封建思想纲常和礼法的不同见解，就决定了杨廷和和张璁的这场斗争还是局限在封建宗法制度和封建纲常的框架下，只不过他们理解的角度不同。

　　而这种理解不同的原因反映到思想上，就表现为以杨廷和为首的旧阁权集团和新士大夫之间的思想的区别，本质上是旧程朱理学和新王阳明心学的冲突，传统的理学中天理和人情之间的博弈。理学追求天理到了几乎不近人情的地步，并且僵化地坚持，使得程朱理学看起来顽固保守，没有生机和活力，因此难以为人们所接受。

　　张璁所坚持的王阳明的心学，当时因为王阳明在平定宁王朱宸濠叛乱时，遭到了张忠、许泰的叛变，没有能直接参与"大礼仪"之争，但是张璁却在这场斗争中将他的思想进行了阐释，他认为："天下古今之人，其情一而已矣。先王制礼，皆因人情而为之节文，是以行之万世而皆准，其或反之吾心而有所未安者，非其传记之讹缺，则必古今风气习俗之异宜者矣。此虽先王未之有，亦可以义起，三王之所以不相袭礼也。若徒拘泥于古，不得于心而冥行焉，是乃非礼之礼，行不著而习不察者矣。"

张璁的理论帮助世宗维护了皇帝的尊严和权威，将皇权牢牢地控制在自己手中，将世宗一族提到了重要的位置。这让世宗对于张璁感激不尽，因此重用张璁。之后，平步青云的张璁先是在嘉靖三年被破格提拔为翰林学士；嘉靖六年升任礼部尚书，成为殿大学士；在嘉靖八年时，坐上了杨廷和曾经的位置，成为首辅，主持朝政。

他和桂萼、席书、方献夫、霍韬等一众多是中小地主家庭出身的中下级官吏的年轻有为的青年们，锐意进取，大胆进行改革。不同于杨廷和一派大臣们的经验丰富，他们多半是新人，但是这对于期冀有所改革的政权来说，无疑是好事。

他们的改革包括以下几个方面：

一、选贤任能，讲求效率

政权走到中期之后，往往积弊过多，政治腐败，吏治效率低下，这是每个王朝都会发生的通病。张璁对于政治上的腐败也是有着认识的。他曾经说道："顷来部院诸臣，有志者难行，无志者听令，是部院为内阁之府库矣。今之监司，苟且公行，称为常例，簠簋不饰，恬然成风，是监司又为部院之府库矣抚字心劳，指为拙政，善事上官，率与荐名，郡县又为监司之府库矣。如之何民不穷且盗耶！"这很容易能理解，张璁出身于中小地主阶层，对于人才的晋升有着更为深刻的感受，他是富有才华且幸运的，才华出众，恰逢合适的机遇，能够脱颖而出。但是大多数同他一样出身于中下层的青年却未必有这样的机会。关键的一点就是人才晋升渠道阻塞，有志者难行，无志者听令，而且已经蔚然成风。这样的背景下，官员们不思进取，政治停滞不前，毫无疑问，这就是拙政。百姓们深受拙政的影响，生活贫困，如何能够不穷且盗呢？

对于如何选拔官员，吸引人才，张璁的观点是扩大选举官员的范围。"天下不无遗才，今谊遵复旧制……但有文学才行出众者，许大臣言官论荐"。不拘一格降人才，是最好的选贤任能的途径。在世宗时，还是有一些有能力的官员脱颖而出，而这不得不说是张璁的功劳。

除此之外，张璁还注重提高官员的效率。而这和上面提到的选贤任能是相挂钩的。能者上，劣者下，中间贯穿的一个原则就是要将那些效率低下、考核不合格的官员降职或者免职。具体的实施办法就是每年派巡按御史及按察司官，按照"八计"对官吏进行考核，根据考核的结果，再由吏部进行核对，最终将考核的结果进行评选，分为上、中、下三考，3年连续都被评为"下考"者，免除官员的任职资格。而9年都被评为"上考"者，就会被重用，受提拔。严格的选拔使得吏治的改革没有流于形式，效果明显。

二、减少因为封赏等原因造成的国库流失

王朝走到中叶之后，在经济上负担更为沉重，因为宗室人才的急速增加、封赏的增加，国家的财政会不断地流入一些宗室王族。对此，张璁要求对一些官员的财产进行清理。嘉靖九年时，在对顺天、保定、河间、真定、广平、顺德六府州县进行了查处的田地多达1300多顷。对此，张璁规定，官员侵占的他人土地，需要归还原主。对于损公肥私的官员，侵占的土地要分给穷苦百姓来耕种；征税时严格按照计量收取，用于公用修理等。对于王族官员等特权，张璁进行了有力地打击，这当中不得不说是他的胆识过人。

三、改革赋税制度

张璁集团中的桂萼对于赋税制度进行了大幅度的改革，先是"将十甲丁粮总于一里，各里丁粮总于一州一县，各州县丁粮总于一府，各府丁粮总于一布政司。布政司通将一省丁粮，均派一省徭役。内量除优免之数；每粮一石，编银若干；每丁审银若干。勘酌繁简，通融科派。造定册籍，行令各府州县，永为遵守"。这条赋税制度就是后来的"一条鞭法"，影响深远，此处暂且不表，后面讲到张居正时我们再具体分析。

张璁等人在政治上追求改革，而且因为没有利益的瓜葛，因此改革力度更大，特别是桂萼的赋税制度的"一条编"对后来的"一条鞭"影响更为深远。

第三章
改革刻不容缓

大明王朝就像是一辆大车，在经历了明初的快速前行之后，到明朝中叶已经积弊颇深，包袱太重，以致不能灵活运转。变则通，通则久，处于困境中唯有进行改革才能改变局面，杨廷和不会不明白这样的道理。他深刻地懂得想要让大明王朝这辆破败的大车重新焕发生机和活力，快速前进，当务之急就是进行针砭时弊的改革。

迫切的需要

从刘六、刘七发动农民起义开始，杨廷和就认为日益严重的农民起义投射出来的是改革的信号。在他看来，因为百姓们生活艰难，饥寒交迫，无奈之下才会转成为反动的力量，"小民迫于饥寒，岂肯甘就之死地？其势必至弃耕锄而操挺刃，卖牛犊而买刀剑，攘夺谷粟，流劫乡村，虽冒刑宪，有所不顾"。

农民起义反映的是封建地主阶级同农民阶级的深刻矛盾。随着生产力的发展，开垦出来的土地数量在不断增加，但是由于封建地主阶级的巧取豪夺、大肆侵占，使得越来越多的土地被大地主阶层私自占有，农民实际耕种的土地数量却在大规模地减少。根据《明史》中的记载，洪武二十六年全国的土地面积还有 8507623 顷，但是到了弘治十五年时，却已经急剧下降了将近一半的数量，锐减为 4228058 顷。土地减少了，但是赋税压力却没有减少。人口的增加，使得可以耕种的土地分到人均的部分更为可怜，很多失地的农民连基本的填饱肚子都不能，哪还有能力缴纳赋税和徭役呢？走投无路之下，一些百姓选择乞讨，转为流民。

农民已经走投无路，武宗皇帝却还在大肆地修建行宫，完全不关心百姓的疾苦。仅就修建豹房一项，国库的开支就达到了 24 万两，要知道当时国家一年的赋税收入才 150 万两。

不仅如此，武宗身边豢养的大批佞臣，他们经常引诱皇帝外出巡游，每当外出途中，佞臣们就趁皇帝无心朝政之机，大肆地干政，攫取权力。太监钱宁当年是依靠巴结刘瑾而接近武宗，等到刘瑾身败名裂之后，他开始掌管锦衣卫等事宜，他很懂得逢迎皇帝，投其所好。武宗的胡作非为受到了当时百姓们的愤怒和谩骂，但是即便如此，皇帝仍然不知悔改。

农民在上缴了赋税之后，还要遭受各级官吏的盘剥。地方上的官吏在扰民时手段更加的多样和残忍，在他们的逼迫下，一些百姓无奈只能变卖儿女。阶级矛盾严峻，呈现不可调和之势，而想要改变这种矛盾，最有效的办法就是进行改革。

早在正德九年，公元 1514 年正月，杨廷和就上书皇帝，要求进行政治、经济等多方面的改革，"复面奏，开言路，达下情，还边兵，革宫市，罢皇店，出番僧，省工作，减织造"，却多次被武宗拒绝。这位每天沉溺于玩乐中的皇帝并没有什么心思关心国家的安危与百姓的福祉，改革就一而再，再而三地被耽搁下来。直到正德十六年三月，武宗去世之后，杨廷和才有了改革的机会。

在当时，武宗的去世对于杨廷和来说，既是一次机会，更是一次挑战。杨廷和可以利用皇权的真空期汇聚各方力量，大刀阔斧地进行改革。武宗没有子嗣，他的离去对于朝廷来说，随时都面临着政治真空的状态，各方势力虎视眈眈，如果没有一位能够震慑四方同时又能够稳定四方的人物来主政，政治的变故随时都可能会发生。幸亏有了杨廷和，才能够让大明王朝化解危机，使得皇位继承在最最关键的过渡期安定无事。

杨廷和在这时候需要做的最重要的事情之一是除旧。他把障碍的矛头对准了武宗的宠臣江彬。曾经在一次武宗与老虎搏击时，江彬将被老虎堵在角落的武宗救出，让武宗对他刮目相看，同时感恩有加。得宠之后的江彬更是气焰日盛，他先是跟武宗提及想将辽东、宣府、大同、延绥的四军将士号令入京，武宗很痛快地就答应了江彬的要求，从此之后，辽、宣、大、延四镇的将士就都接受江彬的统辖。

被皇帝宠信的江彬更加投其所好，他知道武宗喜欢外出寻欢作乐，便带着武宗四处外出游乐，物色民间女子。当时的马昂之妹非常漂亮，这很快引起了江彬的注意。江彬不顾马昂之妹怀有身孕，将这个女子带到武宗身边，供武宗享用。

在正德十六年武宗去世后，江彬的地位很快就一落千丈。但是尽管如此，江彬手中还是握有禁军大权，党羽也非常广泛。在武宗去世之后，江彬的一些党羽就开始意识到此事不妙，想要趁机谋反，做最后一搏。当时李琮就对江彬说："乘间以其家众反，不胜则北走塞外。"形势似乎一触即发，但是在如此危急的情况下，杨廷和却越发地冷静。他对江彬的同党说，他相信江彬并不会反叛。很快这话就传到了江彬的耳朵里，江彬渐渐地放松了警惕。

但是杨廷和并没有停止活动，他与蒋冕商议，可以使用"离间"的策略。当时宦官中分为两股势力，张永、魏彬是可以争取的力量，他们可以让张永来拉拢江彬，这样更容易获得江彬的信任。接着，杨廷和先是命令太监张永、武定侯郭勋、安边伯许泰等人将军队中的精锐力量抽调防卫要害之地，另一部分选调入中央衙门，等到江彬的力量被三三两两地瓦解完之后，然后伺机逮捕江彬。

江彬这时候感觉到了几分诡谲，他察觉到杨廷和的动作是冲着自己而来。但是，当他连续观察几天之后，并没有发现杨廷和有什么实质的行动，这让江彬又开始疑惑起来。杨廷和没有什么行动，一时间他也不敢轻举妄动。他先是称有病，静待局势的发展，并且想着先派手下去打探杨廷和的消息。

杨廷和预计到江彬会这样做，他顺势将江彬派来打探消息的手下收买，要求对方作为这次铲除江彬的内应。江彬的手下明白这时候江彬已经大势已去，杨廷和却掌管着最高权力，跟随江彬有可能真的是无路可走了，由此他答应做内应。当打探消息的手下回来时，将杨廷和并没有什么动作的消息禀报给了江彬，并且轻松地安慰江彬，不要担心，是江彬多虑了，一切都会过去的。江彬逐渐安下心来。

接下来杨廷和准备引蛇出洞了，他采取的机会是给坤宁宫安兽吻时趁机将入宫的江彬抓获。兽吻，是在屋脊上安装带有兽头等一类的装饰物，在后宫里安装这类东西都需要先进行祭祀，祈祷神灵的保佑和庇护。

祭祀的仪式需要安排一位朝廷的官员和一位武官一同进行。很快，杨廷和就选了一位武官，另一位朝廷官员就定为江彬。江彬一开始并不同意，但是后来推辞不掉，只好选择配合。当祭祀进入大殿时，江彬身边就会只剩下这一位武官，而没有他熟悉的近臣在身边，对他下手轻而易举。这样的安排考虑周全，水到渠成。可以说，杨廷和在准备抓捕江彬这件事上是颇费了一番心思的。

当天，在祭祀完毕时，当江彬还没有踏出大殿的门，身旁的太监们已经一拥而上，在他错愕的表情中，将其成功抓获。抓捕之后，朝廷决定处死江彬，并且抄没全部家产。后来，抄家的官员回来，禀报在江彬的家中先后搜出了黄金 70 柜，白金 2000 多柜，这还不包括其他的金银珠宝。

在新皇帝到来之前，杨廷和首先将军队的控制权牢牢地掌握在自己手中，防止军事政变的发生。并且他和内阁的另外两位大臣蒋冕、毛纪达成一致，以杨廷和为中心的三人暂时将权力中心确定，这就为接下来的布新提供了良好的保障。

在嘉靖皇帝即位之后，杨廷和在即位的诏书中对于宦官又进行了彻底的清除。尽管江彬被除掉了，但是曾经和江彬一起的张雄、于经等人并没有受到应有的惩罚，于是他先后将张雄、于经二人抓捕。关于如何惩处他们，杨廷和有自己的想法："不诛此曹，则国法不正，公道不明，九庙之灵不安，万姓之心不服，祸乱之机未息，太平之治未臻。"最终，这些曾经不可一世、为非作歹的宦官们被一一铲除。对于当时被迫害的正直人士，杨廷和大力地提拔起用。

在世宗的即位诏书中，开篇杨廷和就直接陈述了改革的必要性，同时将在政治、经济等方面的重大改革内容都清清楚楚地写了出来。这些内容小到马草的减免，大到盐政的管理、赦免罪犯等，事无巨细地列出，希望能勉励新的皇帝开拓好的局面。

而杨廷和在抓获江彬行动中表现出来的谋略、果敢、智慧足以说明在国家的紧急时刻、危急关头，这位已经有了二十来年经验的老臣不负众望，带着当时的明王朝这辆大车往前安稳行驶。接下来，他要做的是一件足以令他彪炳千秋史册的大事：改革。

杨廷和的舞台

我们这里对于杨廷和的改革进行一下定义。首先杨廷和的政治革新，包括两部分，一部分是从武宗去世到世宗即位的 37 天的时间里，杨廷和主持的政治改革。另一部分是在世宗即位之后，杨廷和通过诏书和进谏的形式进行的进一步的改革。

清除了江彬之后，杨廷和的权力也达到了最大化，也达到了他事业的最高峰。武宗去世时，留给这个王朝的是混乱不堪的局面。我们在上一节讲到除旧是杨廷和面临的第一个问题，那么如何迅速地对这艘大船清除之前的弊政、安定人心是杨廷和所要面临的第二个问题。这关系到在皇帝真空的这段时间国家能够安稳运转，新君能否顺利即位，以及接下来王朝的兴衰成败。可以说，杨廷和对此进行了卓有成效的改革，使得嘉靖一朝的朝政良好运转。但是这里需要强调的一点，是除旧和布新不是完全分开的，往往除旧和布新是相互交织的，两者结合使用，在改革的推进过程中更为有力。

从武宗去世到武宗即位，前后 37 天的时间里，杨廷和充分凭借太后的支持，进行了大胆的政治改革。改革的条例有 80 多项，涉及政治、经济、司法等多个领域。

杨廷和改革的主要内容：

一、消灭宦官，稳定朝政

自永乐时开始，宦官干涉朝政的现象就多有发生。到了正德年间，因为武宗的不作为，更是加大了宦官干政的局面。在世宗的《即位诏》中曾经说过："惟吾皇兄大行皇帝运抚盈成，业承熙洽，励精虽切，化理未孚，中遭权奸，曲为蒙蔽，潜弄政柄，大播凶威。"对于宦官专政的局面，对于杨廷和来说并不陌生，他无论如何也难以忘记，当年乐不思蜀的武宗派谷大用堵在宣府门口不让杨廷和劝谏时，他的无奈与悲哀。所以这一次他要用重拳来对付宦官专政。

而这遭到了来自宦官集团的阻挠，但是这并没有动摇杨廷和的决心。他大刀阔斧地对准了宦官乱政，从改革开始先后裁撤的内监局的太监机关多达 14 万人。

在铲除当时最大的宦官江彬之前，对于如张永等一批曾经立下功劳、掌握一定权力的太监他给予闲职，下放地方。对于地方上吞占百姓田地、搜刮民脂民膏的太监，他命令撤回。对于干预地方执法的太监，杨廷和毫不手软，多次禁止其干涉政治。对于外出取佛、买办等官员，要求"诏书到日即便回京"。而对于到地方任职的宦官，一律要求他们不能干涉地方政治。他又处死了像钱宁、江彬等一批有权有势、为非作歹的太监，正直的官员得以受到重用。从此之后，明朝的政治出现了短暂的清明时期。明朝的宦官势力庞大，每位皇帝在位期间都有所涉及，唯独在世宗的前期被控制下来，这当然离不开杨廷和的功劳。

宦官集团的力量减弱，就为减少宦官干政准备了条件，皇帝不受宦官谗言的蛊惑，就会充分调动宫中各大机构的职能发挥，政令也能顺利执行，一时间朝中的氛围清明。中央机构的污浊之气去除，取而代之的是一种正面的良好的新风气，这时候很多官员要求进一步改革，如对于宫中各地进献上来的珍禽鸟兽，官员们要求释放，并且以后禁止再次进献。这些措施是对杨廷和措施的补充，最终收到了良好的效果。

二、选调任用能力突出的官员

太监干政时，带来的影响不光是宦官集团，而且还将影响带到朝廷中。因为宦官深受皇帝的宠爱，因此一些见风使舵的官员就顺势拉拢依靠太监，使得朝廷中的官员们和太监之间无论从利益上还是权力上盘根错节，相互牵扯。

王琼曾经就任吏部尚书，但是之后和江彬一起打击迫害正直官员，对此，杨廷和不仅罢免了王琼等一众官员的职务，还为曾经被迫害的官员进行正名，如声誉颇高的前朝遗老谢迁、刘忠等被重新起用。对于在平叛宦官集团中表现突出的官员进行了提拔和任用。如王守仁曾经就平定了江西宁王朱宸濠的叛乱，杨一清也因为在除掉刘瑾中功勋卓越被提拔起用。

正直官员被重用，无疑就等同于给官员们释放了信号：朝廷已经鼓励大家广泛地说话，说真话，这在嘉靖初年创造了官员们正直谏言的局面，但是不加控制下的广泛谈论，也为后面的党争埋下了伏笔。

三、经济上发展农业生产

杨廷和主持政治之后，他对当时的政治局面进行了估量，认识到国家的财政处于水深火热中，他曾经说道："各处地方，水旱相仍，灾异迭见，岁赋钱粮，小民拖欠。各边军士奏请饷需，殆无虚日。欲征之于民而脂膏已竭，欲取之于官而帑藏已空。其畿内州县及山东、河南、陕西盗贼，千百成群，白昼劫掠。若不早图拯救，厚赐宽恤，则将来事势大有可忧者。"

他将武宗时期的玩乐场所全部停止建设，大规模地降低官员的数量，前后被裁革的内监局锦衣卫数量达到了一半以上，减少了财政支出。伶人乐工遣返，王公贵族霸占的土地归还百姓耕种，发展农业生产。这对于在武宗时挣扎在死亡线上的百姓来说是及时的，同时对于缓解日益严峻的阶级矛盾也是必需的。发展农业生产还保证了世宗时的粮食供应。杨廷和的改革之后，国库空虚的局面有了明显的改观。后来嘉靖皇帝问李时："国库的粮食还有多少啊？"李时胸有成竹地说："还可以支撑国家数年的时间。"尽管曾经对杨廷和抱有成见，但是嘉靖皇帝还是非常佩服地说："这都是杨廷和的功劳啊！"从中可以窥见，杨廷和改革的巨大成果。

同时杨廷和还减轻人民的负担，先后将征收的粮草、丝绢等赋税减免，对于流民，他采取的措施是将其遣返家乡，同时对于进行耕种的流民还减免土地的赋税。

多种举措并举，让杨廷和的改革中农业发展明显。

四、注重边疆的发展

在对边塞进行了考察之后，杨廷和加强了对边防人员的任命。起用对于边防事务清楚的李承勋、孟春、李钺、陈九畴、李铎、王翊等人，任命他们为巡抚，统领一条横跨东西的边防线。任命之后，还要求对军队进行重新整肃，加强训练，提高战斗力。除此之外，还修建了城堡、楼台等设施，防止边境外敌的入侵。边患问题、边防建设得到前所未有的重视。边境上的百姓们安居乐业。

其实，无论是之前我们讲到的张璁还是后期的杨廷和，他们都官至内阁首辅，都为了挽救身处危机中的大明王朝进行了一定程度的改革，都起到了重要的作用。但是他们之间仍然有所不同，接下来我们对二者进行比较。

第一，从二者改革的内容上说，杨廷和是要将武宗时期的弊政作为改革的重点，从之前的论述中我们也知道，武宗时期的问题多如牛毛，如刘瑾一伙的擅权，造成了政治的混乱、经济的滞后、社会动荡，改革大有"眉毛胡子一把抓"的倾向。在对于祖宗之法的态度上，杨廷和的态度是维护。但是张璁等人的改革却更是切中时弊，对于祖宗之法，他们愿意因时而变，强调改革要切中时弊，针对性更强。

第二，从改革的深度上来说，杨廷和的改革并不彻底。王公贵族为首的大地主阶级的利益并没有被限制，并且某种程度上被保护，如《即位诏》中就有这样的内容，各处王府、郡王、将军、中尉等应得禄米有缺少者，各处巡抚都御史督率所属查催完纳，因事革减禄米者，"俱照支给"；有请名、请封，选婚者，"不许刁登"。这加剧了他们侵占土地、趁机攫取利益的步伐。

之所以这样，是与当时的社会状况紧密相关的。因为社会危机尽管严重，但是当时处于皇位的真空期，杨廷和尽管权力极大，但是仍然要以维护稳定为前提，稍有不慎，就会引发不稳定。而且在即位的问题上，他需要争取大地主阶级的支持，所以维护他们的利益，更容易保证改革的成功进行。

张璁等人的改革力度更大，他们要求限制贵族地主的利益，改革的深度相较于杨廷和的改革，深度上更深，影响更大。但是在嘉靖年间，一条鞭法基本得以确定。后来张居正进行改革时的一条鞭法正是始于桂萼在改革中的确定。李洵评价说："嘉靖朝的限制贵族在政治上请封的权力、经济上扩展地产的种种条例与措施，虽然在当时收效不大，但是在政治上所形成的影响，则不可低估。因为在公元 16 世纪以后，明代政治中所出现的改革浪潮和各种改革派势力，都与嘉靖时的各种改革活动有着直接的关系。万历初年的张居正改革活动所以能出现并收效于一时，恐怕与此亦不无关系。"分析张璁的改革，我们知道张璁获得了世宗的支持，因为有着坚强的后盾，张璁得以放心大胆地改革。并且这一时期的统治阶级与农民阶级之间的矛盾，特别是宦官阶层已经将他们的扩张势头扩展至政治、经济的方方面面，要想缓和阶级矛盾，需要一定程度上对于地主阶级和宦官阶层进行限制，使农民阶级的利益有一定的保障。

杨廷和的改革起到了一定的作用，但是最终成果还是被瓜分。原因在于以下几个方面：

首先，封建制度本身固有的矛盾。杨廷和的改革只能是基于封建制度的框架内的改革，所以他不能从根本上祛除封建制度的固有问题。封建社会的根本矛盾——封建皇权与农民阶级的矛盾随着社会的发展进一步固化，对于封建制度的任何小修小补只能是缓和矛盾，而不能从根本上解决。比如说，作为统治阶层的一部分，他看到了土地店对于朝廷收入的影响，但是他对于封建地主的大肆兼并土地却并没有进行制裁，所以即使他的改革在农民收入上有积极的作用，也不能从根本上解决农民土地减少的问题。又比如在赋税方面，杨廷和进行了积极的改革，但是农民的负担仍然沉重。

同时还要对皇帝等进行维护，并且需要皇帝的支持，一旦触怒，改革就没有回复的可能。这时候皇帝个人的能力、操守就被放到了重要的位置，皇帝开明，则天下清明。皇帝昏庸，则政治混乱。无论是前面的武宗，还是继任的世宗，他们要么一心玩乐，不思朝政，要么专横霸道，所以在一段时期内尽管有效，但是一旦皇帝不再重视，那么改革的效果就会毁于一旦。

其次，封建制度引发的土地兼并问题没有解决。大地主阶层想要谋求更多的利益，所以他们加剧了对于普通百姓土地的侵占。失地的农民也失去了生存的能力，特别是遇上灾年，更是无力对抗，农民阶级与大地主阶级的矛盾日益激化。农民要求获取土地，改变原有的严苛赋税制度，但是在杨廷和的改革中并没有对土地制度进行提及，也没有进行针对性的有效的改革，双方的利益仍然没有平衡，农民的切身利益仍然没有得到保证。

我们之所以评价张璁、桂萼等人的改革力度更大。影响更深远，就是基于此。对于赋税制度进行的改革是一个长期的过程，需要不断地修补和完善。但是张璁、桂萼等人的贡献就在于他们完成了统治阶级对于赋税制度在观念上的转变。连拥有最高权力的世宗都对于赋税制度的推行表示支持，改变了之前的统治者对于变革赋税制度无视甚至反对的态度。此后，各地都对赋役制度进行了一定程度的改革。

最后，杨廷和等人的改革自始至终没有得到全国范围内的支持。尽管在当时，皇帝处于真空期，张太后表示全力支持，杨廷和等人控制了中央政权，但是改革自始至终都没有得到全国范围内的支持。

皇权对抗阁权

从武宗去世到世宗即位前后 37 天的时间里，皇权曾经一度出现真空。在这段时间里，首辅大臣杨廷和总揽朝政，将大权牢牢地掌握在手中，在维持了明朝政治稳定的同时，也使得阁权达到了权力的最高峰。

杨廷和最担心的事情是军事权力。因为在王朝的权力交接时期，最令人紧张的就是朝廷的军事权力被乱用，一些军事官员趁机谋逆篡位，发动武装政变。杨廷和凭借着张太后的支持和武宗的遗诏，完成了一系列之前想做但没机会做的事情。他先是将边疆地区的贡使都遣返，边兵也遣返还镇，部署兵力，削弱江彬的力量，直到逮捕江彬，防止发生军事动乱。接着他又对豹房进行了一系列的清理，曾经很得昏庸的武宗宠信的道士、乐工、女子等都被遣返，并且将宣府的金银财宝都收归国库。根据记载，朝廷上裁撤的人数将近15万人，单单这一项，可以节省的粮食就达到了150多万石。可见杨廷和一边防止发生军事变动的危机，一边在缓和阶级矛盾。一时间，混乱不堪的朝廷日渐稳定清明起来。杨廷和在朝中的声誉日盛，支持者也逐渐增多。

另一方的宦官们，随着武宗的去世，之前因为被宠信得势的宦官们失去了靠山。朝廷中的太监们，武宗的义子通过乞升等一切非正常渠道取得的官员，被罢免了一半以上，一时间也只能各求平安。武宗还活着时宦官集团独握大权的情况已经不在，江河日下的地位让宦官们断然是不能同杨廷和为首的内阁相抗衡。

世宗即位后，这位非常有主见的皇帝在即位之初，因为年龄小，朝廷中熟悉的官员也不多，支持者就更少了。实力弱、地位不稳固时期，他只能选择妥协，表面上听从杨廷和的建议。在"大礼仪"的开始，世宗还承认孝宗是皇考，自己的父亲兴献王是兴献帝。

但是，紧接着世宗就开始要和杨廷和进行一番对抗了，他先是命人将自己在安陆的生母接到北京。但是在尚未进入北京之前，接送世宗生母的船在到达通州后不走了，原因是世宗让礼部议定迎接的规格。在世宗看来，应该按皇太后的规格来迎接，这受到了当时的礼部官员毛澄的反对。世宗和母亲一时间痛哭，要挟着要是不能按皇太后的规格来，那么他就和母亲一起回安陆老家，不当皇帝了。

这时候，世宗已经即位，成为名正言顺的皇帝，杨廷和是显然不可能将世宗赶下去，就算杨廷和背后的支持者众，就算权力巨大，但是仍然无法与皇权相抗衡，所以从一开始这场斗争的结果就注定了，杨廷和与支持他的人只能失败。

对于世宗来说，这场大礼仪的争论不仅仅是想给自己的父亲、家庭一个身份和地位，背后最不可调和的矛盾是以世宗为代表的皇权和以杨廷和为代表的阁权之间的矛盾。杨廷和的大礼仪想要提高的是阁权的地位，甚至是让皇权听从于相权。而这，是世宗不能忍受的。

皇权与阁权的矛盾由来已久，并且贯穿整个明代政治的始终，影响不可小觑。

在明初，朱元璋也曾经仿照元朝的制度，建立了中书省的机构，统领中央的各项事务，并且设立了左右丞相的职位对中书省的事务进行统一的管理。

但是在朱元璋看来，丞相这样的职位权高位重，皇帝辛苦打下的江山怎么能够轻而易举地被他人夺取呢？朱元璋想要限制丞相的权力，但是现在时机还不成熟，直到胡惟庸案爆发之后，朱元璋意识到机会来了。

在洪武十三年，朱元璋罢免了中书省这一机构，并且将中书省的权力和职务归到六部的名下，六部的尚书职位都对皇帝直接负责。朱元璋对于宰相权力的担心一直没有下降，在晚年时，他还敕喻群臣，要求在以后均不得设置丞相这一职位，但凡有要求恢复丞相制度的官员，都会被处以极刑。就这样，这项在封建社会的历朝历代都实行的丞相制度从此终结，相权的削弱也就变相增强了皇权，皇权的发展达到了最高峰。

皇权的确是增强了，但是问题也同样来了。皇帝一人需要处理的事务使得其从晨起就开始处理工作，直到傍晚，就算是如此这般辛苦地处理政事，还是会感觉到力不从心，皇帝感觉到无能为力了，因此先后设置了四辅官和殿阁大学士等职务，帮助皇帝处理一些政事。权力上不及宰相的阁权，但是目的却是弥补宰相的空白。

君主权力的高度集中，使得只能使皇帝一人为中心，根本容不下任何分权的职位，所以四辅官和殿阁大学士的职位在建立了不到两年的时间就渐渐沦为鸡肋，最终只能废除。

在洪武十五年，朱元璋设置了顾问一职，由殿阁大学士担任。这一职务的设置是一种高级的议政咨询机构，辅助皇帝处理政事，这也是早期的内阁辅政制度的雏形。这种设置的初衷可以说是非常好的，但是在明朝高度集中的皇权下，即使是设置了各种顾问，也不过是一个摆设，并不能起到真正的作用，况且在当时很少有人能够担当起这一职位。

后来，当初曾经帮助朱元璋打江山的元老们一个个被杀头，朱元璋的强权政治之下，难以有人能够将"顾问"的角色扮演好。但是这样的危机局面在朱元璋一朝并没有完全展现出来，到了建文帝即位之后，因为年纪较轻，且面临的局面更为严峻，这时候建文帝的顾问在原来主要是辅政学术问题改变为每当皇帝有一些大事需要咨询时，以方孝孺、黄子澄、齐泰形成的三人组都要和皇帝共同商议，辅政制度也就在这时候初步确立下来。

到了成祖年间，内阁制度进一步发展。之所以这样说，是因为朱棣任命解缙、胡广、杨荣等人在文渊阁任职，这样内阁就成了一个比较完善的议政咨询机构，辅政的效率也大为提高。

仁宗尽管在位时间不长，但是他在加强阁权方面仍然有所贡献。他将内阁的官阶从之前的五品升为从一品，而尚书的官阶仅为正二品，内阁辅臣尽管官阶上高于尚书，内阁的政治地位较之之前已经发生了改变，但是他们的实际权力却还未发生变化。而且加上他们的权力多是体现在顾问而非实际的操作执行上，所以尚书的实际权力仍然是高于内阁的。

英宗即位后，正式地确立了票拟制度。这从本质上是皇帝不思朝政的开端，表现在形式上就是皇帝将手中的权力下放到宦官手中。宦官权力开始扩大，但是内阁却并不能进行政策的决定，因此对于当时的朝政并没有什么实际的帮助，这也就造成了后面发生的王振专权、土木堡之变。

之后景帝时期，英宗时发生的王振专权让景帝对于前朝的教训引以为戒，宦官专权的局面有所控制。之后英宗复位，他并没从根本上将崛起的宦官势力打压下去，但是之后的几年，英宗已经一改之前迷信宦官的局面，他开始积极地处理政事，甚至是同阁臣商议。

到了宪宗时，这种局面却再也看不到了。宪宗在位的 23 年间仅仅见过一次阁臣，除此之外的时间，他全然没有将内阁放在眼里。

无论是孝宗时的亲力亲为，还是武宗时的宦官专权，在将近 20 年间，内阁的职权形同虚设，并没有起到实际的作用。因为宦官专权，一些内阁的官员甚至投靠宦官门下，成为宦官的同党。

从武宗去世到世宗即位这段时间，杨廷和等人将大权牢牢地掌握在手中，斩除宦官势力，内阁的权力达到了顶峰。

在世宗即位之后，当时的嘉靖皇帝在杨廷和的辅佐下，也有想要进行一番作为的想法，但是他渐渐地就开始走向了反面。

他信奉道教，先后建立了很多寺院。在建造过程中，大兴土木，国库压力巨大，百姓负担加重。这时候杨廷和进行了极力的劝谏，他说："祈祷活动并不能够令人信服，还劳民伤财，这样的活动要大力地禁止啊。"但是当时的嘉靖皇帝一意孤行，并不为之所动，不仅如此，还更加急切地催促。杨廷和又将当时的状况讲给世宗听，他说："今年自从四月份以来，多日高温，秋天之后，又大雨不停，接连的旱涝灾害，让一些地区百姓的收成大为减少。不仅如此，百姓们的生活捉襟见肘，灾害严重的地区百姓房屋被毁，方圆百里，无人幸存，很多百姓被活活饿死，走投无路之下一些人开始买卖年幼的儿女。"这样急切又发自肺腑的劝谏起初还能为世宗所接受。但是要知道嘉靖皇帝性格乖张，他在渐渐地长大之后，急于想要摆脱杨廷和的控制和影响，所以，之后就不再听信杨廷和的逆耳忠言。为将大权全部收到自己手中，他逐渐地亲近其他官员而疏远杨廷和。

分析皇权、阁权、宦官权力三者之间的关系，我们会发现特别有意思的现象：无论宦官权力还是阁权都是借助于皇权的存在而存在的，它们一度可能会发展很快，但是因为它们受制于皇权，所以不具有独立性。

"大礼仪"之争中这种观点体现得就非常明显，以杨廷和为代表的阁权尽管曾经掌握了最高权力，尽管背后的支持者众多，但是仍然不能和世宗为代表的皇权相抗衡。也就是说，其实从一开始，这场斗争的结果就是注定的——世宗为代表的皇权具有最终的决定作用，如此说来，杨廷和的失败也就在所难免了。

第四章
强权的牺牲品

　　因为和世宗政见不合，杨廷和最终被控制欲强的世宗清算，先是贬官，后是削职为民。

　　然而，历史同其他事物相比，明显的不同是：对于事物的评价标准，历史的事实是一种情况，人们的评价是穆宗另一种情况。尽管我们很多时候没法改变历史的事实，但是人们的评价却也很能说明问题。在穆宗隆庆年间，杨廷和被复官。历史的真相可能会一时被掩埋，一些人物可能会被强权所压制，但终究会穿越历史的风雨完全显现，这或许也正是历史的迷人之处。

胜负已分

　　嘉靖三年，之前被贬到南京任主事的张璁、桂萼等人看到现在时机成熟了，他们再次向世宗重提旧事，他们在奏疏中提道："循名考实，称孝宗曰皇伯考，兴献帝曰皇考，而别立庙于大内。"

　　而这也正是世宗所想，目前他的地位已经趋于稳固，他知道，这场战斗又打响了，这次他的目标是赢，并且绝不退步。他需要帮助，很快便将桂萼、张璁等人从南京调赴北京，商议相关事项，并且在三月的时候下令将"本生父兴献帝、本生母兴国太后加称为皇考恭穆献皇帝、本生母章圣皇太后"，"并于奉先殿侧别立一室"，以尽其"追慕之情"。这一条内容让张璁、桂萼气愤不已，他们认为这表面上是礼官在帮助世宗强调自己的亲生父母，但是实际上却正是礼官们的一个圈套，他们就是用这种尊敬世宗的方式来糊弄世宗，看似强化，实际上单独说出"本生"二字就是弱化。

　　张璁、桂萼等人的意见很快就传到了世宗的面前，在六、七月份时，世宗将张、桂二人的意见汇总，明确了要删除前面提到的"本生"二字，这时候内阁大学士毛纪持反对意见，这让世宗十分不高兴。在张璁、桂萼两人重新被召入宫中后，他们形成了新的"议礼派"，而杨廷和等人受到了皇帝的打压。

　　在七月份时，一些官员再也沉默不住了，他们上疏反对皇帝的"去'本生'"的行为，世宗将这些奏疏都留下，不回复。当时杨廷和的儿子翰林院编修杨慎站出来说道："国家养士百余年，仗节死义，全在今朝。"杨慎的话鼓舞了很多官员，包括朝廷中的九卿、翰林、给事、御史等200多人，他们先是跪伏在左顺门，希望通过这种方式来劝谏皇帝不要执迷不悟。世宗先是命令宦官传旨下去劝退官员，但是官员们的意见是，只有皇帝的谕旨中恢复"本生"他们才同意退下去。世宗开始还比较平静，但是在先后劝了大家两次之后，大家还是坚持，不同意让步。这时候世宗再也忍不住了，他先是命令逮捕了为首的8人，然后又先后抓捕了丁汝夔等100多人。他接着又命令凡是参与的官员，四品以上官员夺俸，五品以下官员杖责，其中有16人被杖责致死。世宗将生父的神主从家乡安陆迁至北京，并且要求在上面上书"皇考恭穆献皇帝"，不再提前面说到的"本生"。

其实大臣们从一开始就不了解世宗，世宗的短暂妥协并不是认同大臣们的意见，只是在他自己的势力还不够壮大时暂时避其锋芒而已。只是他们不了解，他们面对的世宗从来就不是一个喜欢听从臣子意见的人，他认准的事情是不会轻易放弃的，现在群臣跪在外面，给他的感觉是想要威胁他，作为这场大礼仪中反对最激烈的杨廷和被免官，流放回乡。

杨廷和被免官之后，大礼仪的风波还在继续，当时随着张璁、桂萼等人因为站在世宗一边，很快就获得了提拔。这似乎给很多一心想要在仕途上往上走的官员提醒，他们明白想要实现自己的主张，就是要不断地迎合世宗的心思，世宗既然想要抬高自己父亲的地位，一些官员甚至要求将朱祐杬入太庙。

张璁、桂萼此刻站不住了，他们死活不同意。在他们看来，尽管世宗的父亲身份地位都比较尊贵，但是朱祐杬毕竟没有做过皇帝，既然没有做过皇帝，怎么能够入太庙呢？这是破坏祖宗规矩的大问题。张璁、桂萼等人提出的解决办法是为朱祐杬另外修建一处庙宇，称作"世庙"，这在当时获得了世宗的认可。但是固执的世宗即使现在同意了，也不代表将来会同意，终于在嘉靖十九年，世宗将父亲称为"睿宗"，并且给父亲做了非常高规格的一场仪式，可以说在这时候世宗的身份地位达到了顶峰。

这件事看似是一场以杨廷和为首的内阁大臣与嘉靖皇帝之间的纷争，却不知道，其实背后更是一场多种利益的纷争。以杨廷和为核心的老臣们，他们坚持捍卫传统的礼制。世宗一方呢，除了将自己的父亲的地位和身份提高，以此来提高自身家族之外，他还迫切地想要压制杨廷和一派，在世宗看来，皇权的主人现在是自己，杨廷和即使经验丰富，怎么能够替自己做主呢？如果这一次他听从了杨廷和等人的意见，那么就代表着自己的皇权要听命于内阁的权力。

支持世宗的官员们多是在朝廷中没有什么地位或者地位不高的人，他们之所以选择支持世宗，很大程度上是看到了张璁、桂萼等人改变自身命运的机会，所以他们想借助这样能够支持皇帝的绝好的机会，来提高自己的地位。

杨廷和被免官之后，这场清洗还没有结束，只是刚刚开始，一些曾经支持杨廷和、反对抬高朱祐杬地位的官员相继被剥夺权力和官位。连继任的首辅蒋冕和毛纪也没能逃脱这样的命运，他们在世宗心中都带着一个"杨廷和同党"的标签，他们都先后被罢免。

嘉靖皇帝赢了，他用最残酷的方式向大臣们向天下昭示："我朱厚熜才是皇权的掌控者，天下都是我的，我可以为所欲为，而任何想要改变这种局面的人，下场都不会太好。"之后的几十年，世宗看似不关心朝廷，醉心道教和方术，常年研究仙丹，无心政事，但是他却是有名的"英察之主"。朝廷里的一举一动都躲不过他的眼睛，尽管他已经常年不上朝，但是朝廷官员们却还是不敢有丝毫的懈怠。正是凭借着"帝王之术"，世宗将权力牢牢地掌握在手中。

杨廷和之后的首辅之位前后几经易主。在成功地掌握权力之后，对于在大礼仪斗争的关键时刻站出来捍卫自己的张璁、桂萼二人，世宗自然是感激不已。按照当时世宗的想法，是将张、桂二人纳入内阁。但是当时的多种因素就注定了这样做自然是行不通的。首先，张璁、桂萼二人的职位比较低，他们在朝廷中属于新人，如果贸然将二人提拔得太快、职位太高，不足以服众。尽管他们年龄都已经不小了，等到资历够深时怕是就没有这样的机会了。其次，在大礼仪中，文官集团受到了抑制，力量变弱，如果现在要提高张璁、桂萼等人的职位，势必会引起朝廷中的新的风波，这是世宗不愿意看到的。尽管他在大礼仪斗争中取胜了，但是他也累了，不想再为此继续引起新的危机。最后，这时候还有另外一个人物，对于内阁的职务一直高度警惕，这个人不是别人，正是时任首辅的费宏。

　　费宏自然是看不上张璁和桂萼两人，觉得他们都是见风使舵的小人，不过是攫取了职位而已。这时候费宏就在张璁、桂萼二人进入内阁的道路上进行了各种阻拦。费宏不同于杨廷和，他是个心机比较重的人。在大礼仪时，杨廷和冒死进谏、寸步不让，同他相比，费宏显得温和许多。他从来不会和皇帝正面较量，而是选择缓和的方式劝谏。他之所以这样做，一方面是要捍卫理学，捍卫传统的礼制；另外一方面他还要保证自己在杨廷和之后坐上首辅的位子，为此他收起自己的锋芒，选择了冷静理智。但是世宗却并不喜欢费宏。在杨廷和之后，他坐上了首辅的位置，但是张璁、桂萼等人却经常在皇帝身边吹耳边风，散播一些关于费宏的负面消息。加上世宗自己的不喜欢，很快费宏就被逼着退位。这时候，张璁、桂萼两人极力举荐曾经用计谋除掉刘瑾的杨一清来做首辅。

张璁也以礼部尚书兼任文渊阁大学士的身份入主内阁，桂萼则是吏部尚书兼任武英殿的大学士。张璁、桂萼二人以为他们的权力已经大大地扩大，却不知道实际上这是一场"螳螂捕蝉，黄雀在后"的游戏，无论是前面的杨廷和，还是张璁、桂萼，抑或是后面即将上来的杨一清，他们都不过只是这场游戏中的一个角色罢了，真正掌控这场游戏的是嘉靖皇帝。很快杨一清和张、桂二人的关系不如之前，最终在锦衣卫指挥聂能迁的事件中双方矛盾激化，事件并不大，但是双方却因此而大动干戈，一度闹到了嘉靖皇帝的面前。

嘉靖皇帝很明白孰轻孰重。在他心中，杨一清那是大将，是值得尊重的人，张璁和桂萼显然不能同杨一清相提并论，所以张、桂二人很快就被打压。但是时间不长，张、桂二人重新崛起，这一次杨一清没有能够幸免，很快杨一清也被打压，张璁成为新任的首辅。

首辅的位置向来就是朝中官员瞩目的重点，这时候有一个人对于首辅的位置也开始觊觎了，这就是夏言。夏言同张璁一样，也是在大礼仪中崛起的官员，也受到了嘉靖皇帝的喜欢。真正将张璁和夏言的矛盾摆到表面的事情就是分祀事件。

当时嘉靖皇帝一心都放在道教上，他不仅自己要成为一个好的道士，同时还想在朝廷中恢复"天地分祀"的古制。原来是天地合祀，也就是一起祭拜，但是到了世宗时，他想要在天坛建立圜丘坛，专门用来祭天。在北部建立方泽坛来祭地。夏言十分懂得如何揣摩皇帝的心意，其实这次皇帝是已经计划好了，想要告诉朝中官员，而不是真的去同大家商量。

见此，夏言忙表示同意。张璁却已经在不知不觉间从当初的"支持派"走向了"反对派"，自然是保守和固执己见，嘉靖皇帝想起了当年的杨廷和。但是之后张璁的方式就是派霍韬谩骂夏言，这让嘉靖皇帝十分地生气，不仅将霍韬投入了监狱，对于张璁也愈加地疏远，更加地亲近夏言。夏言的官位已从言官这样的七品芝麻官一夜之间升为了"侍读学士"，成为直接替皇帝办事的人。

　　嘉靖皇帝的疏远让很多朝中官员看清了皇帝对于张璁的态度，很快一些之前被张璁等人陷害过的人趁机向皇帝弹劾张璁。张璁在朝廷中的人缘的确是很不好，这时候帮助他的人少之又少，而文官不断向皇帝施压，使得张璁最终成为众矢之的。无奈之下，最终张璁选择了辞官。嘉靖皇帝一直都感谢张璁等人曾经的帮助，甚至在张璁病死之后还专门把张璁的谥号定为"文忠"。

杨廷和的是与非

　　在嘉靖七年，《明伦大典》修撰完成，这时候世宗又对在"大礼仪"中的官员进行了二次清洗，要求重定当年官员们的罪责。

　　这一次杨廷和被定为"罪魁"，并且被削官为民。第二年，杨廷和在四川新都县病故，享年71岁。在穆宗隆庆初年得以复官，赠为太保。

　　中国人喜欢在人死后给人盖棺定论，评价一个人的功过是非，下面我们就对杨廷和生前的是与非进行一番评价。

杨廷和前后在武宗和世宗两朝为官，其中有 14 年的时间是做宰相辅臣，这当中又有 9 年的时间是首辅。位置最高时，他将这个国家全部的使命一肩挑起，锐意改革，并且有很多令人称赞的建树。但是却又一朝因为不顺皇帝的心意，被贬官归乡，最终削职为民。

如果说洪武帝朱元璋时期做官是战战兢兢、朝不保夕的，那么在武宗时期为官就是最为费心费力的。

武宗是众多皇帝中有名的"顽主"，他的骨子里活跃着太多的不安分基因，皇宫朝廷的规矩对于他是最大的束缚，他如同青春期的叛逆少年一样，一心渴望突破束缚，寻求真正的自由。集万千宠爱于一身的武宗却对自己的身份并不喜欢，不知道这是他的幸运还是不幸呢？

大概每个失德的皇帝身边都有一位"镇静持重"的大臣吧，杨廷和就是这位"镇静持重"的大臣。当时的朝廷官员们对于杨廷和是非常地尊重的，梁储做上了首辅的位置，每当有事情时仍然和杨廷和商议。

如果遇上一位一心只懂得玩乐的皇帝，大臣该怎么办呢？杨廷和给出的解决方案是他努力地处理自己的事务，他还会利用各种机会劝谏皇帝来安心朝政，可惜他对面的这位皇帝全然没有兴趣。这时候杨廷和的处境是可想而知的，纵然他有满腔的抱负，也只能是"委曲其间，小有剂救而已"。这该是怎样的无奈呢？皇帝不看重江山，作为辅臣的杨廷和只能小幅度地进行改革。即使他这样地用心，还是遭到了一些年轻书生的责问："你都已经入阁这么久了，怎么却没有丝毫的建树？"杨廷和接见了这位书生，当着书生的面，他留下了愧疚的泪水，说："我一定努力，不辜负你的期望。"

在武宗一朝，如果不是杨廷和等大臣的维持，大明王朝恐怕早已经不能正常运转，所以对于他曾经付出的努力，历史学家们多对此赞扬不已，特别是在武宗去世之后。

武宗去世之后留下的是个积弊深重的烂摊子，但是新的皇帝还没有到来，这时候该有多么地难以收拾是可以想象的。如若不是由杨廷和这样的性格镇静、经验丰富的大臣主持局面，会出现怎样的局面恐怕是难以想象的。

但是杨廷和却并没有慌乱，而是有条不紊地安排着，指挥若定，调动各方力量。太后这时候已经完全没有了主意，她请求杨廷和的帮助。杨廷和有礼有节地选择继承人选，最终不仅安抚了各方的力量，还将这样敏感的问题顺利地解决，其中的协调能力、考虑周到在当时的大明帝国无出其右。

武宗时期宦官专权的局面已经一发不可收拾，前后多位宠臣宦官作威作福，擅自专权，给王朝的发展带来了潜在的隐患。这样的局面杨廷和深有感受，他比任何人都明白，想要恢复大明王朝的秩序，需要做的就是将专权的宠臣带来的隐患消除。在王朝更迭时发生军事政变并不是没有过，"枪杆子里出政权"在混乱的年代更是颠扑不灭的真理。杨廷和团结宦官中的积极力量，一举粉碎了江彬一伙的叛乱局面，将随时面临危机的王朝从覆灭的危险中解救出来。

在世宗到来之前的 37 天里，杨廷和在将危机摘除的同时，他还进行了积极的改革。尽管杨廷和的改革的时间非常短暂，但是杨廷和的全部才华通过这场改革展现得淋漓尽致，他对嘉靖一朝的贡献也为大家所熟知。发展农业生产，裁撤冗员，减少国库不必要的开支，这些措施的背后一直被忽略的一点，杨廷和是明朝中期第一个提出改革的政治家，这场改革不仅延续了大明王朝的生命，也从此开启了明朝中期改革运动的先河。

这一段时间应该算是杨廷和多年的辅臣生涯中最畅快也最光辉的时光，他终于可以大刀阔斧地进行改革，调动各方力量进行配合，不受皇帝的掣肘，不受宦官的干涉，他充分发挥自己的才能，调度区划，他终于可以放开手脚大干一场了。

杨廷和的改革在当时广受欢迎，无论是朝廷中的文武百官，还是普通百姓，都非常欢迎，"天下翕然称治"。但是也应该看到杨廷和的改革是为了维护封建政权的统治秩序、封建国家机器的正常运转，他可以对于封建王朝的问题进行缓解，但是并不能从根本上解决。况且当时的时间短暂，各方势力盘根错节，矛盾重重，想要完成更多的任务显然是不可能的。

世宗即位之后，对于杨廷和进行的改革也赞叹不已。如果说改革的效果究竟怎么样，那么最好的证明莫过于在杨廷和死后世宗和李时之间的这番对话。明世宗曾向大学士李时问起太仓财政积粟情况，李时回答："可支数年，由陛下初年诏书裁革冗员所致。"明世宗很有感慨，说："此杨廷和功，不可没也。"

不仅如此，历史学家们对于杨廷和进行的这些改革也大力称赞。焦竑对于杨廷和的评价："有宰相之才，虽姚崇何以过之？"我们从中可以看出杨廷和个人的才华，在明朝的危机面前，他能够提出改革，还拿出了一系列的方案。他能够对时局审时度势，并且卓有成效地进行改革，不仅反映出他的敏锐头脑，并且也显示了他的胆略和超前意识。

权力的扩大，其实是把双刃剑，一方面它让杨廷和能够在武宗和世宗的过渡时期，进行全力改革，不受周围不必要因素的干扰。但是权力的过大对于新上任的世宗却是一种威胁。

在世宗即位之初，杨廷和是抱有很大的希望。他之所以从众多的人选中选择了世宗朱厚熜，就是因为他和各方的力量之间牵扯瓜葛最少，能够在即位之后继续进行全面的发展。但是杨廷和没有想到，这位 15 岁就即位的皇帝却是一位极其看重权力的皇帝，他容不得他人对于他皇权的制约，即使这制约是为了大统。

"大礼仪"之争在今天的人们看来完全是一场不必发生的斗争，我们很难说明在这场斗争中究竟是杨廷和更符合历史发展的潮流还是世宗的做法更人性，但是不可否认的就是，杨廷和为代表的文官们在皇权面前依然坚持抗争。他们中有人被罢官，有人被廷杖，甚至有人为此牺牲了性命，但是仍然坚持着"虽千万人，吾往矣"的勇气和信念，他们的节气和情操为文官这个群体做了最好的注解。在改革中，由于一些地主官僚的利益被损害，他们攻击杨廷和，甚至"终日想，想出一张杀人榜"。甚至有人正面对杨廷和进行威胁。但是，对此杨廷和都能凛然正气，坦然面对，他锲而不舍地进行改革，并且在较短的时间取得一定的效果。改革中，尽管被攻击，但是杨廷和还是保持自身的廉洁，这在乌烟瘴气的明朝是极为少见和难得的。

杨廷和失去了嘉靖皇帝的信任，又因为在改革中触动了权贵的利益，遭到了权贵的嫉恨。墙倒众人推，眼看杨廷和不再受到皇帝的支持之后，一些权贵落井下石，他们恶意地诬陷、诽谤杨廷和，最终无奈之下，杨廷和只能选择致仕，离开了政治舞台。

我们纵观杨廷和的一生，看到的是他在特殊的历史背景下的积极努力。武宗昏庸，奸佞小人当道，杨廷和依然坚持为朝廷做有意义的修补，延续王朝的生命。世宗不仅猜忌心强，并且还将皇权的集中达到了前所未有的高度，他容不得他人对皇权有半点的侵犯。当杨廷和将一些谏言上奏皇帝时，世宗并不全然相信，他犹如一头异常凶狠的老虎，对于身边的大臣们时不时地露出凶狠的样子，借以吓唬他们。世宗掌握了帝王之术的精髓，却终究没有成为一个好皇帝。杨廷和仍然坚持支持明朝岌岌可危的局面，兢兢业业地处理事务。杨廷和的改革尽管只是短暂地实行，但是最终却产生了深远影响，为之后张璁等人的改革、张居正的改革都或多或少地提供了改革的经验和教训。

杨廷和去了，这位明代中叶著名的改革家，用他一生的努力诠释了"帝国医师"这个称号的全部意义。

第三篇

杨一清——出将入相

从明朝开始，云南也开始进行科举考试，录取文人。虽然比其他地区晚了800多年，但是藏龙卧虎的云南，仅仅大明一朝就出了257名进士，一批又一批的读书人通过科举考试进入仕途，青史留名。在众多的文人之中，有一位不得不提，他是唯一一位官至内阁首辅的云南人。

他的人生和一系列数字有着不解之缘。他前后历经成化、弘治、正德、嘉靖四朝，他为官长达50余年，曾经官至内阁首辅。他曾经任三边总制，处理边防和马政，又三起三落，人生跌宕曲折。他被评价为"出将入相，文德武功"，很多人将他和唐代的著名宰相姚崇相媲美。

他就是杨一清。

第一章
文臣统兵

所谓文臣统兵，是指一些文职官员行使带兵指挥作战的权力。带兵作战一直都是武将的职责，但是统兵的文臣也并不少见，从春秋的孙武，到三国的诸葛亮、周瑜，再到宋朝的范仲淹，明朝的于谦、杨一清、袁崇焕等。在大明王朝，文官统兵不再停留在草创阶段，而是向制度化推进，成为明朝历史上一道独特的风景。

杨一清博学多才，可以说是文官的优秀人选，但是在出任武官、处理边防事务之后，他的军事才华也被一步步挖掘出来。

14 岁的天才少年

很多人在谈到杨一清时，给予他的一个称号是"云南历史上的第一人"。

之所以这样说，有两方面的原因，一是因为云南地处边疆，无论从哪个朝代来说，云南都是偏远荒之地，经济、文化和社会都起步发展较晚。当其他地区的人们已经开始了科举考试时，云南还未实施。直到明清之际，云南开正式开始科举考试。云南人才济济，根据记载，自明朝开始科举，前后培养出的文人进士多达上百人，然而在众多的读书人中，有一位官至宰相，成为很多云南人的骄傲，这个人就是杨一清。

二是杨一清的功绩也多被称颂，他出则为将，入则为相，他三次当选三边统帅，两次进入内阁当上首辅大臣，无论是从军事功绩、政治地位还是文学成就，他都是独树一帜的一位。《明史》中曾经这样评价他："以才具入阁，于时政最通练，而性阔大。爱乐贤士大夫，与共功名"，"博学善权变，尤晓畅边事，然其才一时无两"。这样的杨一清在年少时，就已经显露出了不寻常的一面。

公元1454年，杨一清出生于广东化州，祖籍云南。父亲杨景在儿子身上寄托了很大的希望，"圣人出，黄河清"，他希望儿子能够像圣人一般净化明朝的社会空气，拯救江山社稷。这和当时的社会背景有着密切的关系，在明朝的中期之后，宦官把持朝廷的政治，农民起义如雨后春笋般出现，土地兼并严重，社会危机不断。在这样的状况下，人们的生活愈发地艰难，也就愈发向往一个清明富强的国家。

杨景在杨一清还在襁褓之中时，就已经开始了对儿子的启蒙教育。他教杨一清写字，哪知道两岁的杨一清竟然能够记住汉字，这让杨景十分欣喜，对杨一清的教育更加严格。之后，杨一清更是一发不可收拾，年幼时就已经熟读四书五经，博览诸子百家的书籍。7岁时杨一清已经开始写文章，地方上的大儒们看后都连连称赞，夸奖有加。

从朱元璋时候开始，朝廷对于十分聪慧的孩子都会格外重视，翰林院就会在仔细的甄选之后，将这些神童或者有突出表现的孩子接到京城，由翰林院进行培养，经过锻炼之后，最终在长大之后选入朝廷为官。杨一清超乎一般儿童的聪颖和天赋引起了当地官府的注意，官吏们之前从来没有见到过如此聪明的孩子，他们认为如果让杨一清在当地读县学，纯属浪费时间，不如让他直接到翰林院进行学习。

于是，在杨一清 10 岁那年，他就被送入翰林院学习。很多进行翰林院学习的孩子都有着过人的天赋，翰林院的老师们听说这位杨一清天赋异禀，他们也想亲眼看看这个少年是不是像人们说的那样神奇。入学第一天，一位老师就出对考查杨一清："杨花乱落，眼花错认雪花飞。"杨一清听完，不假思索地说道："竹影徐摇，心影误认云影过。"老师听后，非常赞赏。

当时的成化皇帝也听说了杨一清很聪明，就在一次觐见时故意试探他，出了 5 篇诗赋，没想到杨一清没有丝毫的犹豫，略微思考之后，下笔胸有成竹，然后一气呵成。皇帝又临时出了一道对联让杨一清来对，皇帝的上联是："一间茅屋两先生，聚六七童子，教《百家》、《千字》。"杨一清胸有成竹地说道："九重金銮一天子，会十八学士，读《四书》、《五经》。"成化皇帝非常高兴，夸奖杨一清是"滇人善联"，并且当即就命令内阁派老师教导杨一清读书。

后来杨一清就师从黎淳。这位黎老师有着很深的文学造诣，在当时就已经有了"文豪"之称，能够跟随黎老师学习对于杨一清的文学素养的提高是极好的机会，杨一清自然倍加珍惜。他在学业上如鱼得水，用心学习，加上黎淳的悉心教导，使得杨一清在学业上的进步可以说是突飞猛进的。在短短的 3 年时间里，这位少年尽管脸上依旧还显露着年少的青涩，但是在学业上却已经不同凡响。

之后杨一清的成长之路一路顺畅。14 岁时，杨一清和父亲杨景同时参加了乡试，这一次，杨一清力压群雄，摘得乡试第一名的桂冠。这样的聪明才智使得杨一清的名声大震，朝廷中很多人都为之惊奇。18 岁那年，杨一清登成化八年的进士，前途一片大好，不可限量。刚刚 21 岁时，他做起了京官，成了"中书舍人"。尽管年纪轻轻，就已经被各种赞誉包围，但是对于这些，杨一清似乎并不陶醉其中，他依然保持着初心，研究学问，潜心诗词，不仅对文学，而且对书法、围棋都很有研究，造诣颇深。我们前面提到过杨廷和的儿子杨慎，杨慎也是满腹才华，听说了杨一清之后，并不以为然，于是登门拜访，想看看杨一清的不寻常之处。见面之后，杨慎就将曾经困惑自己的很多学术问题拿出来和杨一清一起讨论。哪知道杨一清竟然对这些问题很有自己的独到见解，都一一进行了详尽的回答。杨慎听后都心服口服，崇敬的感情油然而生。

随着在朝廷上名声大震，杨一清人生美好而灿烂的蓝图也正在缓缓展开，迎接他的是更为跌宕起伏的未来。

管理马政

成化七年时，杨一清的父亲杨景去世。杨景之前曾担任广东化州同知，性格刚强正直，对于杨一清的要求极为严格。父亲对于杨一清来说影响巨大，特别是在学术研究和正直的性格上。

　　尽管杨一清从小就聪慧过人，但是他一直都保持着谦虚谨慎的为学态度，即使是在后来位居高位，十分忙碌时，他仍然能保持每天都读书写文，笔耕不辍，他的诗词歌赋、书法、考古等文学成就都造诣很深，颇有大家风范。

　　他的正直在后来的每个阶段都有体现。无论是在张璁改革时的仗义执言，还是面对刘瑾的骄横跋扈，杨一清都能够保持正直不改其志，以致后世史学家们对杨一清进行评价时说道："虽宗室不能夺诸生之席，虽抚按不能扰课士之权。"因为正气凛然的性格，杨一清获得了"公且明"的赞誉。

　　父亲死后，杨一清悲伤不已。他的父亲在去世之后被葬在了江苏镇江，后来，年老之后的杨一清也回到了这里，为父母守墓，为自己养老。

　　在为父亲服丧完毕之后，杨一清重新回到了京城，做起了中书舍人，掌管写诰敕、制诏、银册、铁券等事务。

　　在之后，杨一清升任山西提学佥事，负责教育工作，之后又到陕西担任督学。从 1487 年到 1497 年前后相继的教育官员任职经历，让杨一清如鱼得水，有机会将自己的教育主张先后实施。教育的实施，有赖于当时社会的清明。

　　孝宗朱祐樘即位之后，他整理吏治，改变了外戚把持朝政的局面，同时起用徐溥、李东阳等贤臣，为成化时被贬的官员王恕等人平反，并重新起用。对于刑事案件，严格审核，慎用重刑。并且他在位期间广泛地听取大臣言论，奸佞小人当道的局面得以改观。

经济上，因为政治清明带来的国泰民安，百姓专事农业生产，粮食赋税收入大为增加，从弘治元年到弘治八年，根据当时的统计，人口户数从 9113630 户增加至 10100279 户，粮食也从景泰、天顺时的 2500 万石增加为 2700 万石，达到了赋税收入的高峰。明孝宗自身性格宽厚，善于听取大臣们的意见，采取增加百姓福祉的建议，革除陋习，朝廷上君臣关系融洽，社会安定有序，开创了"弘治中兴"的局面。

政治经济的发展，带来的还有教育的发展。不同于以往，明朝除了官府创办的府县儒学之外，还有书院这种方式。如果说府县儒学的目标是基础教育，那么书院在教学的内容、方式上都有自己的特色。它们的储备图书异常丰富，专注于学术的深层次的交流和深层次挖掘，除此之外，书院还会对学生肩负着塑造人格、培养思想的责任。

在公元 1496 年，杨一清先后创办了正学书院、关中书院、绿野书院，请来了各方的名人学士前来讲学。在这里书生们和老师谈论着政治和文学，常常在课堂上争论得热火朝天，学术氛围异常浓厚。

他特意拜祭了张载的祠堂，将圣贤教育引入对学生的培养之中，鼓励学生们向张载学习，关心国家，关心百姓的生计和社会的发展。此外，他还制定书院的规章制度，使书院面貌焕然一新。

杨一清在办学途中倡导的"读书志在圣贤，非徒科第；为官心存君国，岂计身家"、"学贵于有用"等思想，作为教育理念，表现在价值取向上，要求务实，真正地学有所用，将学识用到生活中。在思想上，他要求大家切忌空谈，要有实事求是的态度。在治学风格上，他不要求学生拘泥于学习，最好的学习是身体力行。这些观念影响了一代又一代的学者，为后世的读书致用的思想的传播提供了基础。

因为书院在培养学术人才上有着官方府学无可比拟的优势，这也就为他发现人才、储备人才打下了基础。他在书院倡导经世致用的学风，储备了大量的人才。

在教育上，杨一清总是循循善诱，因材施教。因为有了正确的引导，学生们多能够认真学习，最终很多学有所成，杨一清也成了名满天下的老师。

在几千年的教育中，西南地区总共出了四个状元，其中有两个就是杨一清培养出来的。后世流传的很多大家都出自他的门下，包括明朝心学的倡导者王守仁、文学家李梦阳等。

弘治十五年，兵部尚书刘大夏因为欣赏杨一清的才华，便把他举荐给了当朝的皇帝孝宗。孝宗见到杨一清后，视之为不可多得的人才，很快便授予他都察院左副督御史的官职，负责陕西的马政。

在古代，马匹是国家重要的交通工具，同时也是经济和军事中必不可少的一部分。明成祖对于马匹的重要性曾经这样说过："古者掌兵政谓之司马，问国君之富，数马以对。"在长期的农业社会中，马不仅是交通运输的工具，在陆地运输、狩猎中扮演着重要的角色。军事作战同样离不开马匹，马匹的数量是衡量军事实力大小的重要指标。

陕西在明朝时处于和蒙古交锋的前沿，本身适合草场的生长、马匹的饲养。因此，在这里饲养马匹就成了历朝历代不成文的规矩之一。

马匹具有如此举足轻重的地位，也就使得管理马匹的马政成为重要的内容。马政，是管理马匹的饲养与使用等内容的制度。明初，在北平、辽东等北方各地设置了太仆寺，进行马匹的饲养和管理。即使未迁都之前，京城在南京时，明朝的皇帝都没有放松对马匹的饲养和管理。在迁都北京之后，更是充分利用北方地区适合马匹饲养的条件，大力提倡养马。根据统计，陕西地区苑马寺总共设置了六监二十四苑，其中将马匹的饲养分为上、中、下苑三种，规定上苑饲养一万匹，中苑的数量为7000，下苑是4000。

当时的草场面积和养马的人数也在逐年攀升。但是在明朝中叶以来，发展农业生产，北方各类庄田的大量出现，就挤占了草场的面积。加上王公贵族争相进行土地兼并，加剧了草场面积缩小的局面，马匹的数量也迅速下降。但是这并不会由此减少蒙古的侵犯，他们在陕西和蒙古边境大肆地侵扰掠夺。马匹数量的减少影响的不仅是人们的生计，还有在军事作战中不能抵御外敌的入侵、形成有效的阻击，在战争中往往处于被动的局面。

为了获取马匹，在陕西等蒙汉交界的地方，汉地的茶叶极大地吸引了蒙古人民，很多人便用马匹换茶叶，开始了马匹和茶叶的交易。

但是，随着私自贩卖茶马的人数逐年增加，茶叶的连年丰收，曾经可以换取一匹马的茶叶随着马匹数量的减少，现在只能换取半匹马。这还不是最大的问题，最大的问题是因为贩卖私茶的人数越来越多，但是马匹的数量却有了小幅度的下降，因此马匹的价格上涨，中央政府在换取马匹数量上花费的钱财越来越多，国库开支增加。更为严重的是中央政府因为马匹受制于蒙古的现象时有发生，如果不能进行有效的管理，最终可能导致的结果是国家处于危险之中。

眼看着马政的情况越发地糟糕，孝宗开始物色管理马政的人选。当时的兵部尚书刘大夏极力推荐杨一清。之所以选择杨一清，可能是出于这样的原因：一是之前杨一清也在陕西做官，对陕西的情况比较了解，所以他能尽快地找到问题的解决方案。二是杨一清本身就喜欢军事情况，思维活跃，灵活机敏，喜欢对军事问题进行探讨，这样的人，无疑更能胜任马政这样的角色。

在弘治十五年的十二月，孝宗对于即将担任马政一职的杨一清进行了叮嘱："尔须一甲，督委都、布、按三司能干官员，踏勘牧马草场，果有侵占者，即令退还。……但事关马政俱听约束委用，敢有抗违侵扰及权豪势要之人，欺公玩法，沮坏马政，应拿问者，径白拿问，应奏请者，指实参究。"孝宗对杨一清是寄予了厚望的，将大权交到杨一清手中，希望他能调兵遣将，驱逐鞑靼的进攻，一旦有人违抗命令，果断拿下。这可以看出孝宗处理马政的决心。杨一清听后，也是热血沸腾，他一直喜欢研究军事，这次终于有机会将军事大权掌握，发挥自己的聪明才智，自然是高兴不已。他表示一定会以全力来为国家效力，报答皇帝的知遇之恩，即使付出身家性命，也在所不辞。

明朝的北方少数民族和明朝政府的关系比较复杂，一方面他们和边境的陕西等地区进行经济上的往来，人们的交往也非常频繁。另一方面，蒙古族因为经济的落后，经常侵扰边境，双方之间还经常发生军事上的冲突。

从明朝初年的时候，为了防御蒙古族的侵扰，安定边境的生活，明朝政府建立一条军事边墙，东起鸭绿江，西达嘉峪关，并且分别设置了辽东、宣府、大同、延绥、宁夏、甘肃、蓟州、太原、固原九边，以此来阻挡蒙古民族和他们的马蹄。

新官上任，杨一清先是将目标定为了整肃队伍。他一方面大力挖掘一些在政治上有所作为的官员进入自己的队伍，同时也将那些贪污受贿、懦弱无为、作风散漫的官员大力地整除出去，将队伍里的人员进行了大换血。一批年轻有为、效率高的官员充实了杨一清的队伍。

杨一清发现官员们之所以无所作为，其中重要的一条是因为马政官员的官阶很低，权力极小，官员们大多不喜欢从事这样的官职。渐渐地，像太仆寺、苑马寺这样的马政机构多半由一些贬谪官员任职。人们当时的评价是，任职马政的官员可能一生都没有任何的发展提拔机会，就只能坐等罢黜了。杨一清到任之后，一面调整任职官员，一面改善官员们的权势和待遇。并且规定，布政使、按察使二司与两寺官往来，依例迭为宾主。其座次为两寺卿在布政使、按察使之下，参政、副使之上；少卿在参政、副使之下，参议、佥事之上。如果治理有方的话，可以去京城任职或者就地提拔为巡抚、都御史等，官员的待遇也与布、按二司相同，无论从权力、地位还是待遇上，太仆寺、苑马寺官员都进行了提升，改变了官员之前不受重视的情况，也激发了官员勤于政事的热情。

接着杨一清一改明朝对于蒙古入侵的态度，每当蒙古的军队入侵时，杨一清都进行积极的防御抵抗，尽管不能一下子掌握战略的主动，但是有力的防御还是在一定程度上震慑了蒙古的嚣张气焰。"亡羊补牢，为时未晚"，一味地防御终究还是只能兵来将挡，水来土掩，处于被动的局面。杨一清想要做到的是对蒙古和陕西交界处的边墙进行彻底的加固和修整。他的措施是：修浚墙堑，以固边防；增设卫所，以壮边兵；经理灵夏，以安内附；整饬韦州，以遏外侵。自延绥到宁夏的边境上，都修筑了墩台，进行积极的防御。边墙修筑之后，陕西的百姓们再也不用像当初一样提心吊胆地生活了，一时间社会稳定，百姓也安居乐业起来。

解决边墙固然能够从环境上创造百姓的安定，但是从内部上来说，连年减少的草场数量有一部分就是因为王公贵族的侵占。如果不能解决这个乱侵占的问题，恐怕接下来尽管外贼不再骚扰，草场也会被蚕食殆尽。

对此，杨一清想出来的决策是进行丈量清查，这无疑动了很多人的"蛋糕"。他们纷纷站出来阻挠杨一清清查草场的行动。为此，杨一清专门要求孝宗赋予他处理马政的权力，"凡草场侵占者，请令本官督同分守官清查，巡抚、巡按毋得干扰"。这样杨一清清查起土地来，就极大地降低了阻力，使杨一清能够放开大干一场。

凭借着孝宗的全力支持和杨一清的坚持不懈，这场丈量行动最终核实完毕，草场共有 128473 公顷，同之前的 13 万公顷没有太大的出入。这也为之后对于草场的管理打下了基础。

并且杨一清还制定了严格的措施来制裁乱占草场的行为，但凡以后发现将草场退草还田者，无论是任职的官员还是普通的百姓，只要有侵占草场的行为，都要一视同仁，要么充军，要么免职。如此一来，极大地遏制了乱占草场的现象。

之后，杨一清还对饲养马匹的两监六苑等地进行了实地考察。在明初的时候，当时中央制定了各苑养马的数目，其中上苑牧马的数目定为一万匹，中苑为 7000 匹，下苑为 4000 匹。杨一清实地考察之后，发现尽管各苑饲养马匹的数量不能达到官府的要求，但是如果进行管理，将草场开发，便利水源之后，草场的饲养数量会有大幅度的提高。他认为像草场条件比较好、水源充足的开城、安定两苑在饲养马匹上均可以达到一万匹。万安、广宁两苑饲养的数量也可以达到 5000 匹和

4000 匹。即使是草场比较狭小、土地较为贫瘠的黑水苑、清平苑两苑也可以分别牧马 1500 匹和 2000 匹。这样合计下来，六苑总共饲养的马匹数量就达到了 32500 匹，这就足够陕西三边等地使用。除此之外，还需要足够的种马。根据合计，共需要种马一万匹左右，但是根据当时的核查，各苑的种马共有 1300 多匹，加上通过茶马交易得到的种马，也刚刚才 3000 匹左右，这是完全不能满足需要的。为此，杨一清向太仆寺申请了种马的开支 4.2 万两，在当时的平凉等地，选择了种马 7000 匹，分别派发到了各苑。

马匹数量的增加，自然需要更多的饲养马匹的人员，现有人员 745 名。按照每个人能够养马 10 匹来算，那么总共饲养马匹的数量也仅仅能够饲养 7450 匹。如果想要饲养 32500 匹，这些人是远远不足的。为此，就需要增加牧军人数。

在当时，陕西等地本来就因为自然条件较差，各个行伍的人员都远远不足，况且是抽调部分放牧。在当地，一些百姓因为土地被侵占之后，失去土地的人们开始转为流民，他们生活困难。杨一清认为，可以将这些流民全部吸入自己的队伍之中，这样一方面能够解决流民过多造成的社会问题，另一方面流民大多是陕西当地的百姓，他们已经适应了这里的环境，并且他们还熟悉放牧活动，正是作为牧军的可靠人选。

随即，杨一清贴出告示，明确说明但凡前来投军的流民，都可以给予一定的草地，并且入监苑队伍，领取月粮。这样的消息公布之后，很多的流民前来投军。杨一清看到之后非常地高兴，很快这些流民就被分配到各苑马寺前去放牧，前后牧军的人数增加到 2688 名。

就这样，马匹基本能够做到自给自足。一墙之外的蒙古军队想要入侵，却只能"望墙兴叹"；一墙之内，马匹安然无恙。

马匹的问题解决了，但是私茶仍然屡禁不止。对此，杨一清认为，之所以私茶贩运，原因就在于利润非常高，但是惩罚的措施不足。之前，很多贩运私茶的人员被惩处充军之后，也并没有什么实质性的损害，而且因为管理不严，充军之后逃跑的人数非常多。

对此，杨一清制定了严厉的处分，一旦发现，不论斤数多少，一律发配到南方，永远充军。其中如果发现军官等亲属有贩卖私茶的行为，也连带军官等一起惩处。当时的甘州总管刘胜的亲属贩茶到西宁，凭借着刘胜的关系，他们前后使用了驿马9匹、牛车30辆前去贩运。一路上依靠着官文，他们过关口没有任何的检查，畅行无阻，最终在西宁被查获。杨一清了解了情况之后，他亲自审理了这个案件，要求朝廷查处罪犯，并且追究刘胜，朝廷同意了杨一清的处理意见，军官、将官贩茶的情况得到有效的遏制。

杨一清明白想要解决茶马的问题，最根本的需要从两方面入手，一方面就是将茶叶收归到政府手中，一方面恢复茶马的传统。

为将茶叶收到政府手中，他采取的方法是既允许地方购买，同时他还允许商人收购，但是这要根据政府的管理进行。商人们可以出资进行购买，将茶叶运送到茶马司之后，政府核定然后付银两，其中商人的收购要求最多不得超过一万斤。这样一来，商人在正常渠道就能够获取收益，私自贩卖的情况就自然减少了。官府将收购的茶叶统一售卖，政府就有了盈余，百姓们、商人们有了生计，社会的秩序也安定下来。

在制裁的同时，杨一清对于马匹还进行了引进，这样为保证马匹的繁育和培养提供了条件。

在短短的 4 年间，易马的数量有 9000 匹，茶叶总共积累了 40 多万斤，既保证了西域的贸易畅通，同时也将茶马互市顺利推行。杨一清前后负责马政 4 年，将西北从前茶马交易混乱的局面治理得井井有条，很多地方草场恢复，马匹的数量增加，战事减少，呈现出一派欣欣向荣的局面。

然而，这样的局面并没有持续下去。在杨一清离开之后，茶马交易又回归到之前的混乱局面，当他在正德五年再次出任三边总制任职陕西时，很多的牧军跪在道路两旁，哭诉着杨一清走后的马政混乱局面，哭声震天。

陕西巡抚

弘治十七年，因为杨一清在管理马政上表现突出，孝宗皇帝任命他为陕西巡抚，目的是更好地对抗边境上入侵的鞑靼骑兵。

处理马政的成功，让杨一清获得了很多的经验，他深知想要有所成就，必须得获得朝廷的支持和信任。如果没有这些，尽管他有着满腔的抱负想要施展，也只能是心有余而力不足。所以他在任职巡抚时，给皇帝写了一道奏折，内容就是感谢皇帝的信任，将陕西巡抚这样重要的职位由自己担当。希望皇帝就像当年支持他管理马政一样，继续支持自己，采纳建议，给予信任和权力的支持，不要有太多的束缚和阻挠。自己一定会继续努力，鞠躬尽瘁，死而后已，不辜负国家的培养、皇帝的信任，等等。

尽管这是一道奏折，但是颇有几分军令状的意思，他期望凭借自己的努力，能够改善西北的状况，以身殉国。

和管理马政时一样，杨一清的首要任务是吸收将才。在人治的社会，个人的能力在政绩中占有十分重要的位置，唯有任用一些有胆有识的将才才能改变现有的局面。如当时的陕西都司指挥佥事房怀就曾经和杨一清一起共事，在治理马政时，他给了杨一清很多有建设性的意见和建议。这个人不仅谋略丰富，并且还非常地有魄力，这也就注定了他非常擅长处理一些比较棘手的问题。陕西地区紧靠边境，所以杨一清即使是担任巡抚这样的综合性职务，工作的主要内容仍然是处理军事工作。房怀的加入就正好助杨一清一臂之力。不仅如此，对于之前非常有作战经验的一些军事大将，杨一清也把他们请到陕西，一起来谋划军事。

对于骁勇善战、有胆有识的官员，杨一清大力地提拔任用，对于那些并没有才华和能力的官员，杨一清也毫不手软。当时的陕西官员郭英就是昏庸的一位，此人不仅无能，并且还贪婪无德。但凡经过西北的队伍，他都会勒索上一笔。如果不给，他就会派士兵进行惩罚，边防作风松散，战斗力匮乏，经过的队伍也多是怨声载道。杨一清在了解了郭英的行为之后，非常地生气，他明白这是他第一个要清除出去的官员，如果此人不除，必是后患无穷。于是他上奏皇帝，要求将郭英派回京城，重新选择其他官员担任职务。杨一清的正直可见一斑，他完全是就事论事，将个人的得失置之度外。之后，曹雄代替了郭英，成为陕西的主将。

接下来，杨一清就是要储备粮草。他明白蒙古的进攻随时有可能会到来，战争中没有足够的粮草储备，到时候肯定无法支撑将士们打赢胜仗。为此，他统计了各地的粮草供应情况，发现固原、兰州等地的储备总共两万石多一些，而这刚刚够三个月的支撑。为此，杨一清特意上奏户部，要求申请足够的盐引和粮草。户部在认真地核准了粮草数量之后，不仅提供了粮草和白银30万两，并且还运送了盐100万引。除此之外，杨一清又请求在两淮、两浙、四川等地取盐50万引，供应终于充足起来。

在弘治十八年时，陕西地区发生了旱灾，这对于处于农业社会靠天吃饭的陕西百姓来说，无疑是雪上加霜。百姓们眼看着庄稼种上之后，就一直没有雨水的灌溉，豆麦等庄稼幼苗出生不足。之后，在灌溉期，本来就先天较弱的幼苗再次遭遇了干旱，禾苗生长缓慢。眼看着禾苗终于经历了一季的生长之后，要到丰收的季节了，老天爷再次将高温和暴晒的功力施展，另外还加上了肆虐的大风，这让很多田地尽管浪费了一年的生长能力，却颗粒无收。很多百姓无奈之下，只好转为流民，四处讨要。很多百姓实在是饥饿难耐了，就以树皮充饥，一时间道路上、田野里饿殍无数。

杨一清急切地向朝廷求助，户部给予支援，总共调拨了救灾专款20万两。此外，杨一清还提出要减免当地当年的赋税收入、徭役负担。因为杨一清处理得当，旱灾尽管严重，没有造成大的社会动荡。"自助者，天助"，终于，在这年的秋天，大雨及时地到来，缓解了干旱的状况。

弘治十八年，这一年的五月，孝宗病逝，武宗即位。在皇位的过渡期，鞑靼的军队趁机入侵，他们破长城，直奔宁夏固原而来。固原是重要的关隘，一旦突破，鞑靼的军队就可以一马平川，如入无人之境。

当时，情报军的士兵将这个消息报告给杨一清时，他知道这事十万火急，他猜测曹雄还不知道这个消息，现在他最紧要的是赶紧前往固原。至于谁带兵，当时官员们并没有一致的意见，但是大家的基本共识是肯定不能是杨一清。但是杨一清明白，如果不亲自坐镇，他更担心，与其如此，不如自己前往。尽管这意味着极大的危险，尽管身边的官员们都不同意，最终杨一清还是带着一队骑兵人马当晚赶往固原。

很快，曹雄知道了消息，他和杨一清商量的对策是前后夹击，将鞑靼的军队斩杀。他们先是在固原、隆德等地埋伏了火器。起初鞑靼并没有完全放在心上，根据他们以往的经验，大明就是个外强中干的草包，没有任何的战斗力，他们完全没必要放在心里。

但是这一次似乎全然不同了，城外布置的队伍整齐，阵势宏伟，似乎大有阵势，于是鞑靼军队转头向隆德进发。只见杨一清威风凛凛地站在城楼上指挥若定，还未进入隆德就遭遇了杨一清队伍的火力攻击。战士们气势很高，着实震慑了鞑靼的军队，他们赶紧撤退，但是早已经来不及了。杨一清和曹雄早在等着鞑靼的撤退军队，趁势将敌军的队伍消灭大半，夺取了胜利。

固原一战，是明朝和鞑靼对抗中为数不多的一次胜利，以敌人一半的兵力夺取胜利，实属不易。此后杨一清趁着胜利之机，上书武宗皇帝加紧对边境的城墙的加固，增加卫所，扩充兵力，并且申请国库的银两 10 万来加固边防。吏部尚书刘大夏请求朝廷任命杨一清为总制三镇军务，武宗对于杨一清的表现很是赞赏，同意了对杨一清的任命，并且还发帑金数十万使其完成防御工事。哪知道，当时的宦官刘瑾因为嫌杨一清没有将这样的计划先报告给自己，横加干涉阻挠。最终杨一清无奈，只能修筑了边墙 40 里的要害部分。

杨一清内心的苦闷是可想而知的，宦官刘瑾把持朝政，他纵然是有着满腔热血，但是孝宗已经不在，武宗是个没有主见的昏庸皇帝，他很难施展自己的才华。最终，杨一清选择了归乡。

但是，刘瑾并没有因此收手，他诬陷杨一清浪费国库银两修筑边防，之后杨一清被逮捕入狱。很多人都知道刘瑾这是在公报私仇，但是他在朝廷中一手遮天，武宗完全听信于他，所以很多人也只能是选择了回避。当时的大学士李东阳站了出来，他上奏皇帝，陈述杨一清的表现。幸亏他施以援手，杨一清才得以出狱。

杨一清明白这时候他只能选择隐忍，于是他托病去职回乡。

第二章
刘瑾的末日

刘瑾死了。

在他大权独握之时，以千刀万剐的方式死去。这是他无论如何也没有想到的。

可是他的末日还是这么毫无预兆地就来了。他在朝廷做宦官长达 50 多年，把持朝政长达 5 年，他曾经呼风唤雨，他曾经权倾一时，可是他还是倒了，以最残酷的方式——他被剐了 3357 刀，整整持续了 3 天。

到此，一个刘瑾的时代宣布终结。

朱寘鐇谋反

公元 1505 年，刚刚 15 岁的武宗即位，年号正德。因为缺乏处理朝政的经验，皇权又高度集中，皇帝一人独握，身边又没有其他可以帮衬的对象，这些平时照顾他生活的宦官就成了他最亲近信任的人。

他和宦官们厮混在一起，趁着这样的时机，太监刘瑾将朝政把持在自己手中。

正德五年，刘瑾想要摸清楚军民屯田的真实情况，就派出了多名御史前往各地区进行审查。审查的途中一些御史便同地方官员相互勾结，虚报田亩的数目，官员们还趁机向刘瑾行贿，捞取好处。这引起了当时戍边将士们和百姓们的不满。宁夏地区的这种矛盾尤为明显，大有激化的架势，而当时正好有异心的安化王朱寘鐇就利用这样的时机起事。

朱寘鐇，他的曾祖父庆靖王是朱元璋的第十六个儿子，在朱元璋时期，庆靖王被授予封王，就藩宁夏地区。朱寘鐇就是在公元 1492 年被封爵为安化王的。

年少时，安化王性情上残暴，野心很大。他早就对皇位虎视眈眈，渴望成为最有权势的人。曾经有一名算命先生说他会有天子之命，这着实让朱寘鐇大呼："非常准。"之后，朱寘鐇丝毫不掩饰自己的篡位之心，对于皇位的野心更是明显。

朱寘鐇一直和宁夏地区的指挥周昂、生员孙景文保持着密切的关系，刘瑾的专横跋扈，给了朱寘鐇起事的机会。很快，他将周昂、孙景文请到府上，商议谋反之事。他们将这次谋反的口号定为了"以诛瑾为名，必成大事"。

接着，他们的计划开始实施，孙景文设宴邀请宁夏地区的众多官员。宴会中，孙景文就貌似无意地谈起刘瑾之事，之后，文武官员个个都是心怀不满，语言中多有愤怒之辞。但是碍于刘瑾的大权独握，很多人还是不敢太完全地表达自己的情绪。孙景文意识到大家缺乏将整体的情绪控制的一个时机。见此，孙景文适时地激化大家，顿时，大家的不满被瞬间点燃了起来。接着他抛出了这次宴会的主题：起事，以清君侧。官员们也多有响应。

有了良好的开局，叛乱就开始了。这时候朝廷选派了一支卫队保护宁夏，由周昂统领。周昂第一时间将消息通报给了朱寘鐇。他们先是在宴席中间埋伏好士兵，接着设宴招待朝廷派驻的官员，包括巡抚安惟学，总兵官姜汉，少卿周东，镇守太监李增、邓广等。其中安惟学、周东推辞没有参加，其他人如约而至，他们没想到等待自己的是被杀的命运。之后周昂和王府里边的伏兵又到巡抚公署将安惟学、周东杀死。

杀人之后，周昂等人第一时间将官印抢走，劫掠库银，正式发动叛乱。

朱寘鐇这头将策反的目标选择了仇钺，仇钺内心非常坚定地表示不同意，但是表面上他并没有表现出来，给了一个似是而非的答案，既没有同意，也没有反对，当时谋反热情极高的朱寘鐇却认为这是个积极的信号。

叛军入城之后，为防止仇钺反抗，先将他的兵权夺去。无奈之下，仇钺只能告诉朱寘鐇，自己身体有恙。朱寘鐇眼看不能策反仇钺，只能暂时将此搁置下来。但他并没有停下来，转而正式对外宣称自己为主，并且还将何锦、周昂等一帮人都分封了职务。还没有赢取任何的胜利，朱寘鐇就已经急切地封官，这种不成熟的表现似乎从一开始就注定这次谋反的结局。

陕西总兵曹雄在得知朱寘鐇谋反的事情之后，及时行动，命令手下防守黄河，同时将渡河的船只提前扣留，防止叛军的扩张。

仇钺眼看着自己每天处于被监视的状态，于是将所有的行动都转入秘密状态下进行。他先是和曹雄取得联系，得知河东的船只、兵士已经被拿下，只要他响应曹雄，他们里应外合，拿下朱寘鐇就不是难事。然后他又以"征剿大军已经前来，命令兵士前去防守才是当务之急"为由成功将叛军的力量分散，这就使得朱寘鐇谋反的兵力大为减少。

四月二十三日，正好是郊祭的时间，朱寘鐇命令手下前往仇钺住处请仇钺前来参加。仇钺称病不出。接着，朱寘鐇又派周昂前来看望。仇钺听说消息之后就埋伏好士兵在官府内，待周昂进入之后将其逮捕。然后仇钺带领将士冲入朱寘鐇的安化王府，将孙景文等人杀死，抓获了朱寘鐇。然后用安化王的名义号令部下，将防河的部队撤回。朱寘鐇的部下何锦在战斗中逃跑，最后被郑卿抓获。曹雄在听到仇钺已经擒获朱寘鐇的消息后，进入宁夏。就这样，安化王的叛乱在 18 天之后就被绞杀。平定叛乱之后，朱寘鐇及其子孙等人皆被处死。

无论是我们前面提到过的宁王朱宸濠的叛乱还是安化王朱寘鐇的谋反，都是皇族宗室的犯罪。作为明代社会的一大顽疾，我们接下来就来分析一下宗室犯罪问题。

宗室，是指国君或者皇帝的宗族。通常以与皇帝的父系血缘亲属关系来确定是否列入宗室的行列。宗室最早来自于汉高祖刘邦。在汉朝建立之后，实行封国制，刘姓诸侯分封于全国各地。在汉武帝时，为了防止封国太大的问题，容许诸侯王将王国的土地分封给他们的子弟，这样一来，诸侯王的力量就被分割，势力也大大地被削弱，不再有能力同中央相抗衡。但是东汉时还是有刘璋等一批宗室手握重权。

朱元璋在建立大明王朝之初就从制度上进行了规定，防止宗室掌权。他不仅要巩固以朱姓为中心的中央王朝，同时还要通过藩国来拱卫朝廷。他采取的办法就是分封诸侯王，用地位和钱财来厚待宗室，但是还规定宗室不能有"治事"的权力，也就是说宗室们可以享有一切，但是唯独不能干政。

朱元璋将皇子册封为王，他的24个健在的皇子就以南京为中心，分封在全国各地，建立起保卫大明王朝的屏障。并且为了能够让藩王保卫中央，他还给予藩王军事权力，统帅少则三千，多则上万人的军队，拥有军事指挥权。在朱元璋看来，他的封藩可以很好地解决前朝屡次出现的被夺权问题。但是他没有想到的是，随着诸侯王势力的扩展，诸王拥有的权力越来越大，军队人数越来越多，对朝廷的威胁也就越来越严重，外强中干的局面也就随之形成。

朱允炆在继承王位之后，发现皇叔们拥有重兵，感觉到威胁的存在，所以他采取了削藩的方法，但是削藩最终没有成功，皇权也被朱棣成功夺取。

朱棣在夺位之后，他为了不再重蹈覆辙，采取了更大力度的削藩。藩王手中的军权被剥夺，拥有的军队也大都被革除。宗室握权的情况得到了有效缓解，但是宗室的人数却不能通过剥夺的方式来解决。

在明初，王朝刚刚建立，宗室的人口比较少。但是到了正德年间，宗室就已经发展成为将近3000人。并且在嘉靖年间，宗室的人口更是发展成一万多人。藩王大多妻妾无数，子女以几何倍数增长。

宗室人口增长之后，产生的情况就是宗室的俸禄也大幅度增长。无论是诸王还是公主，都要按照人头数量供应。其中亲王，米五万石，钞二万五千贯，锦四十匹，纱罗各百匹，绢五百匹，冬夏布各千匹。

除此之外，还有马匹料草，宗室女子出嫁的嫁妆，合计算起来，对于大明王朝来说，着实是一笔非常庞大的支出。甚至到了洪武二十八年，朝廷就已经负担过重。后来，到了嘉靖年间，因为国家粮食数量的减少，朝廷开始大肆地削减一些地位低下的将军、中尉和一般宗室成员的物品供应。因为宗族人员没有其他的谋生手段，所以朝廷的供应减少对于他们而言意味着贫困。有一些宗室人员因为生活艰难，老幼不能生活者就开始沿街乞讨，或者转做流民，被饿死在路上者不计其数。

宗室人员的食物供应不够，一方面是朝廷的削减，另外一方面是宗室人员的不能自立。朱棣在即位之后，不仅进行了强力的削藩，并且还对于藩王的官制进行改革，要求王府成员不能在京为官。可以说王府官员进入仕途已经不大可能。

因为王府宗室地位的下降，宗室成员的教育成了一大难题。但是皇帝们并不以为意，官员们也不愿意到王府内进行教学，这时候只能选择一些能力较弱的人充当，造成的结果是王室成员的能力和素质大不如从前，违法乱纪的现象也时有发生。特别是在武宗年间，这种现象更为明显。在嘉靖时对于这样的现象进行了缓解，方式就是建立宗学。但是宗室成员进朝为官仍然是被限制的，所以宗室人员的谋反起事尽管没有大范围地爆发，但是一直存在着。

无论是前面燕王朱棣的靖难之役，宁王朱宸濠的谋反，还是朱寘鐇的起事，都是宗室人员的谋反起事。至于如何处置这些起事的人员，全由皇帝来进行评判。

朱元璋在1395年曾经对宗室犯罪的现象制定了处置的方法："皇亲国戚有犯，在嗣君自决，唯谋逆不赦，余犯轻者与在京诸亲会议，重者与在外诸王及在京诸亲会议，皆取自上裁。其所犯之家止许法司举奏，并不需擅自逮问。"我们所熟知正德年间的安化王因为谋逆，被赐死，"诸子弟皆论死"，宁王朱宸濠被"诛之"。

除此之外，还有其他四种方式进行处理。

一、发高墙

高墙墙外挖有水沟，防止罪人逃跑，明朝还特意建立了一支高墙军，同时在四角还设有门楼进行监视，以此来惩罚犯罪的明朝宗室人员。这种高墙其实就是类似于现在的监狱。

二、废为庶人

从身份上进行约束，我们前面提到宗室的人员没有什么特殊的求生能力，被贬为庶人的宗室人员最终的结果也是要么生活艰难被饿死，要么就最终被赐死或者被发高墙。

三、罚俸

并不是所有的宗室人员都会最终犯重罪被处死，有一些可能是比较轻的行为，对此处置的方式就是从俸禄上进行约束。

四、降敕责戒

这是一种象征性的处理，有点警告的处分，没有实质性的处分。

无论是怎样的方式和处置，其实本质上都是统治阶级内部的一种调和，最终的目的是维护封建统治，甚至是一家一姓的统治得以永续。

安化王朱寘鐇被平叛之后，关于接下来如何处理边防事务的问题，朝廷开始了新一轮的人员选择。杨一清毫无疑问是最有竞争力的一个，因为他对处理三边事务有着丰富的经验，被朝廷官员推荐，再度起用，他被任命为三边总制，带领太监张永处理后续事宜。

三边总制

　　杨一清曾经三次任职三边总制。在西北驰骋 20 多年，可以说他具有非常丰富的军事管理经验，无论是军备的加强、民心的安定、边境的发展，他都颇有研究。他的一系列措施真正应用于实际中，维护了西北边境的安定，也得到了人们的一致认可。

　　三边总制，是指负责宁夏、甘肃、延绥一带的军事事务，抵御外敌的入侵，维护边境的稳定。

　　这还要从明朝的建立说起。朱元璋推翻了元朝的统治，建立了大明王朝，势力范围主要是南部地区和西南地区。元朝的残余势力退到了长城一线以北，过起了游牧的生活，他们的势力横跨东西，东至呼伦贝尔，西至天山。北方游牧民族的好战性格在他们身上体现得一览无遗，他们并没有完全地放弃，而是时不时寻找各种各样的机会进犯明朝，对北部边境形成威胁。

　　我们可以梳理一下自明朝建立以来北方游牧民族的入侵和明朝的防御。

　　洪武帝朱元璋在建立大明王朝时多次和元朝的势力交手。在明成祖时期，朱棣为打击北元蒙古的残余势力，永乐十年之后，朱棣亲自开始了北征。随着年龄的增加，朱棣对北方边境环境愈加地不放心，北征的频率也大大加快，最终在第五次北征时病逝。但这一时期，占上风的还是大明。但是之后，明朝对于蒙古势力开始从积极的进攻变成消极的防御。

到了明英宗时，他也效仿成祖开始了御驾亲征之路。这一时期，游牧民族从之前缺乏统一的领导改变为由鬼力赤进行统一的领导，史称鞑靼。鞑靼的力量也已经远比之前有了增强，加上明朝的战略失误，连英宗也成了鞑靼的俘虏。之后，在土木堡之战中，明朝纵然准备了50万大军，仍然不敌对方，鞑靼的骑兵甚至一度进攻到了京城北京，大将于谦挺身而出，率军对抗，才最终打退了鞑靼的进犯。

这种局面在之后并没有缓解，而是在每位皇帝在位时都成为心头大患。明朝276年的历史，其实也是一部应对北方游牧民族进犯的历史，即使有了暂时性的缓解，边患问题一直都伴随于明朝的始终。

之后的统治者们对蒙古民族开始实行安抚的政策，他们用茶马等作为诱饵，来赢得蒙古民族的表面服从。

面对鞑靼骑兵时不时的骚扰，终于在成化年间，修筑了长达1170里的边墙。当然整个大明王朝建立的边墙远不止于此，前后明朝建立的边墙长达12700里，犹如一道大大的防护网横亘在明朝北方的边境线上，东达鸭绿江，西到嘉峪关。边墙设有9边，就相当于设有9个边防区。边在这里是指边防镇，每个镇都是一个军事的编制单位。当时的军情中以陕西镇、甘肃镇、宁夏镇、固原镇的情况最为严重。所以设立了三边总制，管理四镇的治安。

在弘治时，鞑靼军情在规模上更大，之前少则几千，多也不过一两万，但是如今动辄10万以上，这让明朝的边兵们很是吃不消。边兵人数之前还有33000多，但是如今不足之前的一半。边兵人数减少，战争需要的军备物资粮草也是连年减少。

尽管实行了一系列的政策，但是还是不能防止住蒙古民族的大举进攻。他们往往趁机进入，然后大肆地劫掠，边境地区百姓的生活艰难，社会混乱。

　　杨一清有多年的边境治理经验，对于边防危机，杨一清有自己的看法。他认为之所以不能抵抗住蒙古的侵略，主要的原因在于各镇之间是相互分离的，并没有统属关系，这样一来，就不能形成有效的配合。各镇单独对抗蒙古军队，的确有些难以招架，但是如果各镇联合，那么赢得对抗的胜利也就不是什么难事。

　　杨一清被任命为三边总制，管理三边事务。上任之初，杨一清就和巡抚陕西都御史张泰、巡抚延绥都御史文贵、巡抚宁夏都御史刘宪几个人对边防要塞进行了实地调查。同时他们还广泛地听取群众的意见，之后获得了非常宝贵的第一手资料。

　　接下来，根据他们实地调查的情况，他写下了《安边策》上奏正德皇帝。奏章中他分析："近年以来我们与鞑靼之间的战争败多胜少，从双方的情况来说，鞑靼的骑兵们非常善于骑射，他们的反应迅速，作战敏捷，掌握着战争的主动权。我方如果主动进攻，一方面在沙漠中进行战斗，敌人往往进行了充分的埋伏，而我方并不善于沙漠作战，所以一旦考虑不周全就会进入敌人的埋伏。如果进行持久战，我方在体力上也明显地疲于应对。显然，冒进和孤军进入并不能取得实质性的进展，相反还有可能会让军队孤立无援。所以现在最好的方式就是采取守势。同时，边防上却面临着人力不足、粮草短缺的局面。"

　　接着，杨一清举例说："之前我们的经验表明，加固城墙是防御敌人的最好方式。但是当前我们面临的问题还很多，如边防的费用不足，往往捉襟见肘。军队中的人员利用上没有实现最优化的配置，用人不当的情况很多。"

为此，他提出了"安边"的四项策略：

一、收复河套，以之为屏障

尽管杨一清认为当前的形势要采取守势，但是一些必要的地区还是要争取的。杨一清陈述说，三边局势中的关键地点是河套平原，这里因为黄河走势的原因，形成"几"字形状，三边合围。如果能够将河套地区收入囊中，那么在抵御边患上会更得心应手。而且河套平原是不可多得的良好地形地势，无论是发展农业生产还是维系边疆与内陆的关系，都是非常重要的。

但是杨一清和他的同僚们显然忽视了一个重要的问题，那就是大明王朝的实际状况。明朝政府的国库里近年来多有亏空，但是进攻需要的却是大量的财力做支撑。将士们的马匹、粮草、将士的基本供给等，这些需要的都是银两。但是，明朝困窘的状况连单纯的防御都有些捉襟见肘，何况是要主动出击。杨一清不敢拿大明的安稳来进行冒险，任何一次进攻葬送的都不仅是士兵的性命，他需要考虑的是大明江山社稷的稳定。明成祖有着盖世的军事才华，五次出征都没能取得实质性进展。之后的土木堡兵败更是让杨一清懂得要谨慎行事。

最后，防御成为杨一清及众多官员采取的策略。

二、修筑边墙，加强边防

杨一清主张修筑的边墙，总共长 300 里，自延绥定边到宁夏的横城。因为这一段地形平缓，防守薄弱，一旦失守，犹如在蜿蜒绵长的边境线上划开了一条口子，进犯内陆就会轻而易举。蒙古军队进攻往往选择在这里，杨一清将这里看作"心腹之害"，修筑城墙是十分必要的。

当然，修筑边墙的花费自然不少，但是能够阻挡蒙古民族的进攻，对于捍卫边防的安定能起到作用，那么这种花费就是必要的。如果不修筑的话，可能会引发更大的战争，到时候的花费更是难以估算，两害相比必然要取其轻。

但是杨一清如此尽力，最终修筑成功的长度仅仅40余里。这是因为在修筑时，宦官刘瑾横加干涉，他要求杨一清减少筑边的花费。杨一清无奈，他明白接下来再也不可能像从前一样获取朝廷的支持。随后，朝廷又要求停止修建。就这样，杨一清修筑边墙的计划被扼杀，杨一清后来也因此被定罪。

三、精选士兵

因为当时军队的混乱状况，士兵的俸禄被上级的军官进行克扣，士兵们生活艰难，因此只能选择逃跑。并且，在当时的社会中，士兵们地位低下，甚至一些军官也劝士兵逃走，目的是为了侵占士兵的钱粮。士兵的数量不断减少，但是国家的军事开支却并没有减少，相反因为查处不严，很多地方的军费支出还连年上升。

为此杨一清主张在当地选择士兵，这是因为在当地招募士兵，士兵们能够及时到位，如果从全国各地招募，本身需要的时间较长。也是因为当地的很多人了解边境的状况，早就具备了抵御外来掠夺者的意识。还是因为，士兵们逃跑的状况也能得到最大程度的缓解。很快，一些士兵招募到位。

四、广收将才

杨一清延续了他一贯重视人才的方式方法，他认为想要提高军队的作战能力，必须要广收将才。"政之兴废，存乎其人，得人则兴，失人则废"。他重视选拔人才，但同时更善于进行人员的挑选和培养。他的用人标准是：知是非、通兵法、善节制、会兵器。为此，他选拔了一大批优秀的官员，前面提到的足智多谋的仇钺就是杨一清发现的。对于平庸的将领，杨一清及时地进行撤换。这当中杨一清全然没有考虑过个人的利害关系，而是完全以国家的社稷江山为重。杨一清还是十分爱惜人才的，他说对于人才不可以吹毛求疵，而是要善于发现人才的优势。

可以说杨一清在三边总制任上远没有之前在陕西治理马政和任职巡抚时一般出彩，这并不是说杨一清不适合做三边总制，根本的原因在于当时的杨一清尽管满腔热血，但是他再也没有了孝宗一般的支持。武宗压根儿不关心朝政，朝廷的大权为刘瑾一人独握，这样的局面下，他的规划很多时候刚刚实行，就被扼杀在摇篮之中。而这些，远不是杨一清就能改变的。很多时候，无奈的杨一清只能选择了妥协于现实因为他明白，他想要有所作为，只能够选择退让。

可以争取的太监

如果说如何评价太监张永，最合适的词汇莫过于亦正亦邪、亦忠亦奸。黑与白之间的距离有多少，没有人能够说得清楚，有时是不可两立，有时也能很好地融合于一个人身上。而张永，可能就是其中之一。

张永出生于成化元年，生活在军户人家。因为家境困难，张永在10岁时进宫成为奴才。进宫后，张永被安排在乾清宫伺候成化皇帝，因为比较机敏，后来获得赏识，便在20岁时被任命为内宫监监丞。

张永考虑事情周详，无论做什么都能够安排妥当。这样的张永被成化帝的宠臣梁芳赏识，但是不久，明孝宗朱祐樘即位，梁芳因为是先帝的宠臣受到了打击，张永也未能幸免，被派到了茂陵司香。但是张永似乎并不着急，他在茂陵司香安心练武。这让周围人不禁侧目，连前来审查的司礼监掌印太监萧敬也对这个年轻人很是看好，甚至赏识。之后，萧敬推荐张永去东宫侍奉太子朱厚照。

朱厚照即位后，贪玩成性，对此以刘瑾为首的"八虎"迎其所好，进献上珍奇的动物和游戏。八虎作为太监集团看似是一体的，实则内部利益并不均衡。皇帝对他们的态度也有很大的差别。刘瑾应该是太监集团中地位最高的一个，他善于逢迎，常常进献一些珍奇宝物，以此来笼络武宗朱厚照。张永擅长的却是骑射等武艺，他不仅擅长游猎，并且喜好兵事，这着实吸引了武宗。每当打猎时，张永表演的百步穿杨常常让武宗看得直了眼。

张永掌握着禁军大权，负责提督团营。任职期间，张永努力地改变军规，为提高士兵的作战能力，他将训练的内容与俸禄进行结合。一些平时不认真训练的士兵因此受到了惩罚，在激励考核制度之下，士兵们越发地努力训练。不仅如此，张永还努力学习兵书、兵法等，学到之后让他们讲给自己的下级士兵。他选拔的军官曾经在对蒙古的战斗中，大败蒙古军，立下赫赫战功。

刘瑾此人自私自利，即使是和张永等亲近，也会常进行打击。而这会让其他同党对他心生不满。引发刘瑾和张永矛盾激化的导火索是吴忠事件。宦官吴忠是太监李广的亲信,后来李广被抄没了家产。张永就上奏武宗要求将吴忠的田地赐予自己,皇帝也同意了。但是吴忠家人却请求刘瑾从中帮忙,刘瑾迅速要求张永返还,张永不同意,并且还命令手下的士兵殴打吴忠家属。刘瑾气愤张永竟然不听他的话,因此就上奏朝廷要求罢免张永。张永也非常生气,听说之后,就将这件事上奏给了武宗。

两个太监之间的矛盾激化了,武宗想到的办法是让其他人从中间进行斡旋,并且设宴款待刘瑾和张永。尽管当时两个人表面上握手言和,但是从此之后就心生嫌隙。曾经结成一个利益集团的两个人的关系也一落千丈,已经决裂。

在杨一清处理安化王朱寘鐇的叛乱时,和张永共事。初见杨一清,张永表示很是敬佩,当时就表示自己曾经多次仔细地阅读《关中安边疏》,对于杨一清的军事头脑和远见卓识,自己都非常佩服。一来二去,两人发现很能说到一起去。特别是对待太监刘瑾,两个人更是看法一致。杨一清因为不肯归附于刘瑾,不肯向刘瑾行贿,所以被刘瑾所不容。甚至刘瑾身边的谋士张彩要求将杨一清除掉。杨一清在得知这样的消息后,迅速和刘瑾说可以让张彩来接替自己的职务,这样一来,反而让刘瑾开始反思张彩只不过是借刀杀人。杨一清还获得了首辅李东阳的说情,最终杨一清能够被从轻发落。张永对于刘瑾为了维护自身利益都不给自己面子的问题很是气愤。

一段时间的了解之后,杨一请发现张永这个人身上固然有其奸邪的一面,但并不是全无优点,并且他不像刘瑾是从骨子里就散发出奸邪来，所以他觉得张永是个可以争取的太监。于是杨一清在一次和张永的谈话之后，他鼓励张永说，他同样也可以在武宗面前将安化王叛乱时发现的刘瑾犯罪的证据拿出来。张永起初还有些顾虑，但是他很快明白，自己和刘瑾之间从来就不是一根绳上的蚂蚱，而他只是刘瑾的一块登天石头，如果自己不能早动手，迟早会被刘瑾陷于不义。所以，在杨一清的鼓动下，最终张永决定揭发刘瑾。

决定之后，张永就动身了，启程返回北京。在到达北京之后，这着实吓坏了刘瑾。因为刘瑾早就觉得张永是自己的绊脚石，况且他这次又在平定安化王之中立下了功劳，如果这次不好好地处置张永，恐怕以后就很难有机会了。但是因为不久刘瑾的哥哥就去世了，无奈之下，刘瑾只好决定在丧事处理完毕之后再来杀张永。谁知张永却先他一步回到了京城。

对于张永的归来，武宗皇帝倒是满心欢喜，因为又有人可以陪他玩耍了。并且他将刘瑾和张永叫到一起，打算三人喝个痛快。可是这场宴席，却让刘瑾和张永是食不知味，刘瑾担心张永先他一步将事情的真相说出来。张永却是一直用不断地喝酒吃菜来制造自己无害的假象给刘瑾看，甚至佯装喝醉。最终，这还是骗过了刘瑾。刘瑾眼看今天张永是不可能说什么了，所以也就安心地回到王府。但是待刘瑾一走，张永立马没事儿人似的，将刘瑾的罪行汇报了个清清楚楚。朱厚照当时并没有在意，他喝得晕头转向，告诉张永如果刘瑾喜欢天下，可以随他拿去。接着张永赶忙问："那陛下您呢？"

只是这一句话就让武宗立马清醒了过来，并且下令，立马逮捕刘瑾。

在刘瑾被铲除之后，张永接管了他的职务，成了司礼监掌印太监。

从此之后，张永不仅是司礼监掌印太监，还担任御马监、团营等职务，权势颇高。同时对于查封刘瑾时的大量金银宝物，张永更是毫不手软，查封中间就进入了自己的腰包。

正德十四年，宁王朱宸濠谋反。张永得到武宗的命令，前往江西进行镇压。在张永和军队还未到江西，朱宸濠已经被当时的提督南赣汀漳军务的副都御使王守仁抓获，并且打算将朱送往京城。张永深知武宗想要自己逮捕朱宸濠，便让王守仁将朱宸濠放入鄱阳湖，等武宗前来捉拿。王守仁不同意，便和张永面谈。他告诉张永，江西社会混乱，百姓民不聊生，已经不能再折腾了。张永听从了他的意见，准备和王守仁带着朱宸濠回京。

这时候太监张忠携带着人马前来江西调查朱宸濠的谋反事件，他们作威作福，大肆地侵扰百姓。张永知道百姓已经不堪其扰，催促张忠一行和他们一起回京，这才使得江西没有雪上加霜。后来张忠又多次诬陷王守仁，幸亏张永的化解，王守仁才得以免遭陷害。

之后，太监江彬受到了宠信，作威作福。他将边关重兵掌控在自己手中，又假传圣旨，他自己成了提督团练，这时候朝中大臣们都担心江彬会谋反。为防止这种局面的发生，在正德十六年时，武宗驾崩，之后朝中因为新皇帝还没有到来，处于皇位真空期，以杨廷和为首的大臣们遵照武宗遗诏，解散了威武团练营。之后又借在坤宁宫安装兽吻的机会想要捉拿江彬。在祭祀的典礼结束之后，江彬匆匆要离开，这时候张永劝江彬留下吃饭。趁这机会，江彬被捉拿。

在世宗时，谷大用等人被确定为奸恶小人，张永也被牵涉其中。后来张永又被大臣萧淮上奏朝廷，认为他在处理宁王朱宸濠时有违法乱纪的行为，要求将张永发到孝陵司香——曾经他的命运发生转折的地方。杨一清在得知此事后，认为张永在处理江西事务时并没有明显的过错，加上在计除刘瑾、安定江西上表现不俗，因此要求将张永官复原职。

接着在嘉靖六年，张永得到世宗的召见，之后被起复为御用监印，之后提督神机营并十二团营兵马，直到次年死去。

张永的一生可以说是黑白交错的一生，他的身上既有着太监的贪婪、喜欢让皇帝开心，也有着大臣的操守，在计除刘瑾、安定江西、逮捕江彬时他又能放弃个人的利益，讲求信用，善于学习和创新。如果说评价张永，既不能说他是个忠臣，但也不能说他是奸臣，他身上糅合了忠奸、黑白，成就了一个让人爱也让人恨的典型。

刘瑾之死

刘瑾死了。

刘瑾，一个曾经在武宗时期作威作福、呼风唤雨的人物，一个曾经被称作"站皇帝"的人物，也是一个在经过了被剐了3357刀之后才最终告别这个世界的人。

正德五年八月二十五日，这一天和其他日子并没有什么不同，刘瑾的生命之路就此打住。

刘瑾，陕西兴平人。他本不姓刘，而姓谈，在他刚6岁那年，被朝廷里边的一个太监刘顺收养，之后还被净身进入宫中，成了太监，姓氏也改成了刘。

同所有刚进宫的太监一样，刘瑾对身边这座紫禁城充满了恐惧。高大的宫殿，身边对他呼来喝去的太监，时刻都在钩心斗角的后宫，这一切对于刘瑾来说，恐惧远大于新鲜。

当然带给他恐惧的远不止这些，毕竟环境是可以适应和改变的，更严重的恐惧来自于他现在已经变成了一个太监，无论是从身体还是从心理，他都已经不再是一个正常人，即使他也曾对于未来有过希望和寄托，但是所有的美好都抵不过他内心的恐惧和不安。

孝宗时期，刘瑾负责侍奉太子朱厚照。他深知这是个难得的机会，因为太子就是后来的皇子，所以他在太子身上十分用心。最特别的一点是，刘瑾非常善于逢迎，察言观色是他的本事。

武宗即位之后，对于刚刚 15 岁的太子，刘瑾采用各种方法来满足皇帝的好奇心和玩乐之心。他深知武宗荒淫，便进献美女给皇帝，引诱武宗沉溺于骄奢淫逸之中，他趁机乱政。但是武宗并不会察觉，对于刘瑾的讨好，他非常受用，不仅好好享用刘瑾进献的一切，并且还提拔刘瑾为掌司礼监。当时在朝廷上流传的说法就是，当朝有两个皇帝，一个是"坐"着的皇帝朱厚照，叫"坐皇帝"，一个是"站"着的皇帝刘瑾，叫"站皇帝"。

正德三年时，一些大臣对于武宗的不理朝政颇有微词，特别是对于刘瑾的擅权乱政，是大为不满，因此就将一封反映刘瑾等人不法罪行的匿名文书放在了御道上。当时武宗刚刚上完早朝，正准备退朝，发现了这封文书。御史就将这封文书呈报了皇帝来阅览。正德皇帝的反应却是没有说什么。一旁的刘瑾却早已经对于文武百官恨得牙痒痒了，他宣布文武百官不许退朝，要跪在奉天门前，刘瑾高高在上，指着跪着的各位官员破口大骂。

这一天，酷暑难耐，到了正午时分，日头高照，汗流浃背，口渴难耐，饥饿难当，一些年老的官员因为体力支撑不住而死亡。但是刘瑾并没有打算善罢甘休，他足足地让文武百官在金水桥的砖地上跪了一天。即使这样，还是没能将写这封匿名文书的官员捉拿，所以刘瑾第二天命令锦衣卫将昨天跪了一天的300多名官员全部投入监狱。这不仅在皇宫，甚至在整个北京城都引起了极大的震动。官员们愤怒不已。

这时候，正直的李东阳挺身而出。他直言进谏皇帝，他说："匿名文字，出于一人，各官朝拜，仓促而起，岂能知见？一人之外，都成罪人。他们戴枷，互相惊疑，而且天气炎热，狱气熏蒸，若再拘禁，数日之后，人将不自保矣！特望皇上降下纶音，先行释放，而后密访，查出匿名者，再置之典刑。"知道这件事的武宗下令将官员们释放，但是并没有处理刘瑾的擅权专政、打击报复。

早在正德元年，内阁首辅刘健、谢迁、李东阳等人上报朝廷，奏章里边陈述了以刘瑾为首的"八虎"危害。在三位内阁大臣的带领下，朝廷中的众多官员都对这次上书进行了附议，规模很大，正德皇帝感受到了来自群臣的压力，只好接受刘健等人的要求，同意将刘瑾等人处死。

当时刘瑾还不知道这件事，和刘瑾平时沆瀣一气的吏部尚书焦芳素将这件事密报给了刘瑾。但是他并没有慌，根据他多年侍奉正德皇帝的经验，这位皇帝想要处死自己，也不过是受了大臣们的压力和蛊惑，一旦自己也施加压力，事情就会向自己有利的方向发展。

他与"八虎"中的其他七人一起来到了大内，刚见到正德皇帝，就已经哭得泣不成声。这着实将正德皇帝惊了一跳，他看到刘瑾等人的悲伤样子，不禁动了恻隐之心，连忙好言相劝。这时候刘瑾更是得寸进尺，他明白现在正德皇帝已经发生了转向，如果只是和刘健等人打个平手，那么他哭的也就太不值了。他要的更多，他的目标不光是让正德皇帝不治自己的罪，他还想扳回一局。他赶紧对皇帝说："王岳大人一直对奴才们不满啊，他勾结朝廷大臣们，想限制皇上您外出。奴才们不同意，所以他就要除掉我们。皇上您喜欢鹰犬，奴才们也是想让您高兴，王大人就接受不了。他一个大臣，怎么能够这样来逼迫皇帝您呢？"

正德皇帝觉得刘瑾说的在理，再加上刘瑾的眼泪，更是觉得王岳胆子还真大，都敢限制皇帝的自由了。他立刻要求身边的奴才们宣布下去，逮捕王岳，并且发配到南京服役。随即他封刘瑾为司礼监掌印太监，马永成掌管东厂，谷大用掌管西厂。

一箭双雕是对刘瑾这次行动最好的评价。之所以能够这样，就在于武宗喜欢听信谗言、不辨是非。这次弹劾之后，刘瑾掌握了大权，对身边的重臣们处处排挤打压。

他先是以供应边境的借口将本应该给予大臣们的俸禄进行处罚，处罚的数量也从几百石到几千石不等。一些大臣竟然因为受惩罚忍饥挨饿。接着他对官员滥用私刑。原来朝廷对大臣们惩罚采用廷杖，多是穿着衣服进行，但是刘瑾却觉得这还不够，他要求接受廷杖的大臣必须脱衣受刑。内心狠毒的刘瑾更是私下授意执行廷杖的锦衣卫要加大力度，有些官员因为不能忍受，竟然被活活打死。刘瑾还另外发明了一种叫作大枷的刑具，要求受刑的大臣带上这种刑具，要知道这种刑具有 150 斤重，很多官员被活活地累死。

身体上的惩罚只是刘瑾众多打击报复方式中的一种，他明白在高度集权的明朝，皇帝之外他最忌惮的人就是言官。他就把矛头对准了言官，对于大多数的言官他采用从体力上来折磨对方。他规定言官们要每天工作 14 小时，很多言官在工作结束之后早已经累得昏天暗地，对于弹劾刘瑾及其同党的事情无力去做，这样一来，刘瑾的目的就达到了。

人的欲望是无穷的。刘瑾非常清楚皇帝，所以他每次都会在皇帝玩得正开心的时候向皇帝请示一些事情，玩得正上瘾的皇帝哪里有工夫关心这些，对刘瑾说："一边去一边去，我正玩得开心呢，不要打扰我，这些小事你们自己看着处理就好。"这正好就合了刘瑾的意，他高高兴兴地去"自己处理"了，这样就为刘瑾在政治上的为所欲为提供了机会。

刘瑾还不满足，又先后安插奸细进行严厉的打击报复，控制了内阁和六部等机构，只要朝廷的官员对自己有微词，就立马进行打击。

大臣要跪拜、批阅奏章——这些原本都属于皇帝的权力已经转嫁到了刘瑾身上，但是刘瑾似乎并不满足。对权力的渴望并不能减少他对金银财宝的贪婪，他对于朝廷要升职的官员进行大肆受贿，美其名曰"拜见礼"。这种拜见礼的价格可不便宜，动辄成千上万。

最后刘瑾也学着皇帝的样子私刻了印玺。刘瑾在给哥哥办葬礼时也听到了一些人说他是要借着给哥哥办葬礼的最后一天发动政变，篡位当皇帝。其实在刘瑾看来，他的确很渴望坐到最高的位置上面去，可是觉得现在还不是篡位的时机。但看到张永从边境回来时，他还是惊了一跳，莫不成张永这次是有备而来，是针对自己而来？

眼看明天就要给哥哥办葬礼了，但是他当天夜里却毫无睡意，他的确很想占得先机，先行向皇帝揭发张永。但是眼下必须得先办完葬礼再说。似乎他听到了一些脚步声，赶紧问："谁在外面？"只听到有人道："请接圣旨。"半夜里边有圣旨，多疑的刘瑾觉得有些反常，但是他依然记得自己从皇宫归来时，皇帝和张永都已经喝得烂醉如泥，还能有什么事呢？来不及多想，他还是穿好衣服出门来，还没等他反应过来，周围的太监们已经一拥而上，将他擒住。

第二天，正德皇帝下旨，要求将刘瑾降为奉御，并且被贬到凤阳。可以看出，这一时期正德皇帝并没有狠下心来惩治刘瑾。对于张永来说，如果这一次不能将刘瑾送去见阎王爷，那么下一个见阎王爷的就会是自己。

不久，张永又多次劝说正德皇帝前往刘瑾的府内去看看，正德皇帝同意了。当来到刘瑾的府上时，即使是贵为当朝的天子也震惊了，金银财宝不计其数，兵器四处都是，还发现了印玺一枚。这着实吓了武宗一跳，他不曾想到自己最信任、陪伴自己时间最长的太监竟然早就对自己的位置虎视眈眈了。连刘瑾平时手里边经常拿着的扇子都暗藏有刀具，现在想起来，武宗都觉得后背发凉。这一次他不能再容忍了，他下旨刘瑾犯谋逆之罪，被凌迟处死。

从刘瑾家中抄没的财产，包括"金二十四万锭又五万七千八百两，银五百万锭又一百五十八万三千六百两；宝石二斗，金甲二，金钩三千，玉带四千一百六十二束，狮銮带二束，金汤盒五百；御用物品和兵器甲仗无数，如蟒衣四百七十袭，牙牌两匮，穿宫牌五百，金牌三，衮袍八，爪金龙四，玉琴一，玉瑶印一，盔甲三千，冬月团扇，衣甲千余，弓弩五百"。

我们暂且不说刘瑾的物品，单单是黄金就有 1200 多万两，白银也有 2.5 亿之多，如果都折合成白银来说的话，也就是有 3.1 亿两白银。可是正德年间的朝廷收入刚刚达到 200 万两，刘瑾一个人的财富就相当于大明王朝 150 年的收入。

按照大明的律法，被凌迟者需要剐 3357 刀，千刀万剐的"剐"，每次剐下一片肉，但是每一刀都不能伤及要害，直到最后一刀才能毙命。刘瑾就被剐了三天，三天之后他已经见不成人样了，血肉模糊，恐怖至极，当第 3357 刀剐完的时候，刘瑾死了。

刘瑾死后，上至朝廷百官，下至民间百姓无不称赞叫好。他们自发地来到刑场，用备好的金银财宝来买刘瑾的肉。

就这样，这位在朝廷侍奉了 50 多年，在第一太监的位置上坐了 5 年的刘瑾离开了这个世界。他死了，但是一切都没有结束。

第三章
沉浮

　　沉浮是杨一清的仕途中十分具有代表性的一个关键词，他在50年的为官生涯中起落多次，沉浮不定。生活在一个并不平静的时代，沉浮是在所难免的，杨一清坚持的是能够做到：沉，而定，等待升起。浮，而平，耐心为官。这也是为什么他能够在四朝为官，并且最终活到了77岁寿辰的原因。人世的起落沉浮已经让杨一清对于悲欢离合看淡，所以他能淡然处之。

乾清宫事件

　　正德九年，乾清宫里边遭遇了一场大火。

　　每年正月里，乾清宫都会张挂上一些宫灯，当时的宁王朱宸濠趁着过年就特意做了一批新鲜巧妙、设计精巧的宫灯。并且他在宫中还命令人将宫灯悬挂起来，过年时装点气氛，设计精巧的宫灯都被悬挂在柱子上，这就为着火留下了隐患。当时因为在春节期间，皇宫里边都会储备下很多的火药以方便在庆祝春节放烟火时使用。

本来春节期间是个喜庆节日，结果却因为当时宫中也没有对火灾进行防范，恰巧也就引起了一场大火。武宗本来正在乾清宫里边，大火着起来时，赶紧逃往豹房。但是我们前面讲到过，武宗是个喜欢热闹的皇帝，他根本不会关心这场大火对皇宫究竟造成了什么危害，而是会像小孩子一样，觉得终于在皇宫中也见到一次大火了，心里还觉得很好玩。所以武宗一边狼狈地逃跑一边回头张望大火的火势，看到大火越着越猛烈，他甚至笑着对身边的人说："真是好大一棚火啊！"其昏庸与无知瞬间就显现出来，历史上关于这个皇帝的昏庸就又默默地加了一笔。

火灾发生之后，武宗皇帝下了一份罪己诏，其实就是反省自己的表现。暂且不说武宗的表现，我们单就这封罪己诏就可以看出：尽管武宗一心玩乐，无心处理朝政，但是同其他皇帝相比，武宗是能够听取大家的意见的，但是至于听了之后能不能做到就是两回事了。很多时候，他是在听取了大臣们的意见之后，继续我行我素。

以内阁首辅杨廷和为首的官员们通过乾清宫的这场火灾来劝谏皇帝要勤于政事。然而这样的劝谏并没有使昏庸的武宗幡然醒悟，皇帝还是那个皇帝，所有的一切都没有改变，尽管发生了这样一场火灾，尽管无论是皇帝还是大臣们都进行了反省，但是混乱的局面还是会一如既往地发展下去。

武宗在位 16 年的时间，历史上对此的评价无一例外地都认为这是一个混乱不堪的荒政时代。武宗的心中全部都是嬉戏玩乐，除此之外，他可能也关心过朝政，但是却远远地少于他对于玩乐的用心。宦官和奸佞小人从来没有像在武宗时代这样被重视被信任过，即使是朝中的重臣们，也远不能和宦官等人相提并论。

这样的时代，杨一清能够做什么呢？他只能是在自己可以控制的范围内进行小规模的调整，经过人世的浮沉之后，杨一清的性格更加地通透豁达，他将很多事情看开了，平时也喜欢和贤士大夫交往，吟诗作画。对于那些和他一样，曾经被刘瑾所构陷的官员，他都进行拜访，一时间他的门生遍布天下。

之后，农民起义风起云涌，河南、山东等地先后爆发了大规模的农民起义，很多官员处理不当，强硬的镇压并不能解决现有的局面。而且因为很多地方都爆发起义，军队往往全面兼顾不到。这时候杨一清就拿出了自己的策略，他认为可以将文官和武将相互配合，由文官担任大臣提督军务这样的角色，武将担任总兵，这样的策略使用之后，确实很有成效。

面对朝政中的混乱局面，杨一清深有感触，他知道想要提高效率，必须得裁撤冗余的官员，但是，武宗全部的心思都在玩乐上，对于朝廷重要事项完全无暇顾及。即使杨一清心急如焚，仍然是无能为力。他屡次上书皇帝，劝谏皇帝能够安心朝廷，保养龙体，但是皇帝根本视而不见、充耳不闻。遇到这样的皇帝，纵然杨一清有着再美好的构想，也只能是化为虚无。

既然皇帝并没有什么心思在朝政上，杨一清就想凭借自己的力量在朝廷中裁撤官员，然而最终削减的官员仅仅才5人，众多的官员并没有受到什么惩罚。这并不是杨一清的策略错误，而是因为杨一清明白，他裁撤官员，触及的利益就会更多，他没有勇气与朝廷的人员为敌，因为这会让他自己陷入万劫不复之中。他明白，自己还有很多抱负没有施展，他还不能完全地意气用事。

　　杨一清后来做到礼部尚书时，曾经任用过受皇帝宠信的奸佞小人。很多人认为杨一清没有原则，甚至在背后批评他，但是杨一清似乎并不为这样的批评所动。

　　正德十年，杨一清进入内阁，他的身份是吏部尚书兼武英殿大学士。这颇有些"鲤鱼跳龙门"的意思，因为要知道从地方官进入内阁是十分艰难的，也足以看出他前面任职的经历，杨一清是交出了一份完美答卷的。

　　进入内阁，看起来很美，但是实际上却是"前途未卜"。之所以这样说，是因为杨一清在内阁中并没有有力的支撑。当年和他一起除掉刘瑾的张永已经被罢免，接替张永的是钱宁。

　　钱宁在起初的时候和杨一清的关系还是蛮不错的，但是问题就在于钱宁和所有的宦官一样，内心极其狭隘。武宗一朝的宦官往往就是一个官员命运的风向标，宦官如果多进谗言，那么官员的仕途基本也就告终了。顿时朝廷中谣言四起，杨一清的前途变得扑朔迷离起来。

辞官

　　张永被罢免了官职，钱宁成了皇帝身边的第一红人。起初，钱宁与杨一清的关系很好，但是性格耿直的杨一清上书皇帝来讨论政事，但是钱宁却觉得这次的奏章中有影射他的词语，于是和杨一清交恶。杨一清本来在朝廷中就没什么可以依赖的人，钱宁的怨恨让杨一清更是没有了朝廷中的支撑，政治上处于被动的局面。

钱宁是个报复心极强的人，他之后唆使朝中大臣朱大周来弹劾杨一清，诬陷杨一清有贪污的罪行。这道弹劾杨一清的奏章很快就交由吏部处理，杨一清明白现在的大权被钱宁把持，武宗无心处理朝政，自己是根本就没有翻身的机会，与其如此，不如请求致仕回乡。就这样，杨一清回到了家乡。

但是，明朝的混乱局面并没有因杨一清的离开有一丝一毫的减弱，相反局面更加地惨淡。

历史上也从没有哪一朝像明朝这样，宦官专权的现象次第出现，而最重要的原因是当时的皇帝是武宗。武宗并不具有完全的辨别能力，他喜欢玩乐，亲近奸佞小人，所以即使刘瑾铲除之后，还会有不同的奸佞小人出现，这是和皇帝的性格有关的。很快进入武宗视野的就是武臣江彬。

江彬是宣府人，他出身于军将。早年来自于普通人家，进入皇宫之后，他从最低下的职务做起，凭借着蔚州卫指挥佥事这样的下级军事职务崭露头角。

正德六年时，正是各地的农民起义风起云涌之时，河北的刘六、刘七农民起义迅速地壮大起来，他们的势力很快发展起来。在同明朝政府军的交手过程中，农民起义军多次赢得胜利，而明朝统治阶级内部的军事力量却日渐废弛，兵力虚弱，连续的失败让武宗大为光火。在武宗看来，这是因为北京城内的军事力量比较弱小，而且因为连年的守卫都城，没有大的战争，所以军队的作战能力也下降了，为此他提出将边兵调入京城。

眼看当时的武宗最信任的人就是钱宁，江彬就开始有了要通过钱宁见武宗一面的想法。江彬先是用大笔的金银财宝贿赂钱宁，钱宁同意一定会给江彬机会在豹房见到当今的圣上，并且还能让江彬和武宗有近距离的接触。如果钱宁能知道有一天江彬将会取而代之，他肯定是死活都不会因为眼前的这一点点小财就同意的。

江彬从小就长得阳刚，身材较高，孔武有力。当年同农民起义军交战时，曾经身中三箭，其中一箭甚至穿入了他的面庞。江彬当时并没有慌张，而是很快冷静下来，将箭从脸上拔出，然后继续作战。尽管后来在脸上留了一道很明显的疤痕，但是他的勇猛果敢很快就在朝廷中传开。

当武宗在豹房里第一眼见到江彬时，立马就被江彬的勇猛吸引住了，听说这就是那个"拔镞"击敌的将士时，他更是心生赞赏，不由得赞叹道："真是勇猛之士。"当即武宗赏赐了江彬，并且告诉身旁的宦官，从此以后江彬就留在自己身边，不用再去边防随军作战了。

江彬这下心里非常高兴，他知道自己终有一天能够留到宫中，成为皇帝身边的人，但是这一切发展得远比他想象的要快很多。

之后，武宗对于江彬非常宠爱，这还源于江彬善于讲述战事。我们纵观武宗的一生，尽管这位皇帝不像他的祖宗洪武帝、成祖一样有机会在战争中磨炼自己，但是这并不妨碍他对于战争、骑射等事情的喜欢。从小武宗就非常喜欢去野外骑射，后来即位之后，他多次梦想着有一天能够像祖宗一样也能在战场上立下功勋。所以当蒙古军队进犯的时候，他将自己任命为"朱寿将军"，尽管在这之前，武宗连战场究竟什么样都没有亲身经历过。

江彬的到来，正好让武宗的好奇心愈发强烈起来，从战场上征战过的江彬总是有很多战场上的有趣的战事，这就更加吸引武宗的注意了。加上江彬不仅身手矫健，而且语言表达能力也非常了得，他总是能够将战场上的事情描述得栩栩如生，这给武宗带来了身临其境般的感受，所以武宗常常为之折服，对江彬的崇拜也更深一层，很快江彬就被擢升为"都指挥佥事"。

武宗的心性比较像小孩子，喜欢什么就会将什么留在身边，并且形影不离。对于江彬就是这样，江彬曾经一度和皇帝同住，只要有皇帝的地方就会有江彬在。

江彬的地位一度非常高，他在和武宗下棋的时候并不是像其他的大臣一样，对皇帝听之任之，而是经常和皇帝争棋，并且不允许皇帝在下棋的时候悔棋。这时候皇帝身边的一名侍卫就不能忍受了，就训斥了江彬几句。江彬非常地生气，之后他私下里诬陷了这名侍卫，并且最终投入监狱处死。此事之后，无论是文武百官还是皇帝身边的侍卫宦官再也不敢对江彬有什么的不敬语言。江彬也越发嚣张跋扈。

但是这时候有一个人非常地生气，这就是钱宁。在江彬刚一进宫时，对于钱宁是非常尊敬的，但是随着自己地位的提高，渐渐地也就不把钱宁放到眼里，开始嚣张跋扈起来。在钱宁看来，江彬还是通过自己的关系才能见到皇帝，进入皇宫的，现在却一步步地和自己平起平坐了。要知道钱宁可是皇帝身边最红的人，当时钱宁一度以皇帝的儿子自居，每次武宗宴饮，喝醉了之后就会枕在钱宁的肚子上大睡，大家都要看钱宁的脸色行事。

本来钱宁对于江彬也只是心里不满，二人之间也就是争宠罢了，不合也只是私下里，表面上还是可以的。真正激化二人之间矛盾的是当时的一次玩乐。

武宗平时喜欢和大型猛兽玩乐，特别是虎豹这种猛兽，当时朝中敢和武宗一起玩乐的人很少。那天武宗又在和一只健壮的老虎进行决斗，武宗并没有占到什么优势。这时候武宗开始有些急了，赶紧叫钱宁来制伏这只老虎。就在这一秒，老虎突然一跃而起，伸开爪子就向武宗扑来。武宗慌了神，眼看武宗将要被老虎扑倒，江彬飞快地跳起，将脚狠狠地踢到了老虎头上。武宗迅速地扑上去，用双手将老虎的喉咙卡住，这才制伏了猛兽。江彬睥睨着钱宁说道："我一个人就可以。"这时候，钱宁赶紧上前询问武宗怎么样，武宗却没有理他，而是和江彬有说有笑地离开了。只此一次，武宗就对钱宁心生不满，关键时刻懦弱自保，而江彬的勇敢、果断、忠诚，让武宗对他更加地依赖。

尽管成功获得了武宗的信赖，但是江彬知道，他还时刻处在钱宁的包围之中，北京范围都是钱宁的力量，他自己只是新人，没有什么力量，一旦钱宁对自己下手，自己断然是没有招架之力的。他想一定要将武宗带出钱宁的势力范围之外，不然尽管暂时武宗偏向自己，但是不久又会重回钱宁身边。江彬的想法是将皇帝带出京城，外出巡幸。

武宗本身就不是个能够安定下来的主儿，他的心永远都是飞向最有趣的地方。江彬趁机对武宗提及宣府，那里有技艺高超的乐工，能歌善舞的女子也特别多，并且那里远离京城，能够不受朝廷的繁文缛节的约束。武宗听后，心向往之。

很快，由江彬来筹划，江彬就带着武宗和一干人马出居庸关向宣府进发。但是就在进发的路上，想要出关时，遇上了巡官御史张钦。这位张钦是位非常耿直的官员，甚至有些执拗，当时无论江彬如何恐吓，他都是坚持不开门。最后无奈之下，江彬只好带着武宗一行人回宫。

江彬就给武宗出主意，想要出去就必须得换掉张钦，很快出关的巡官御史由太监谷大用代替，武宗一行人轻松到了宣府。到了宣府，武宗一下子就喜欢上了这个地方。在这里，他不用再见到大臣们每天向他禀报朝廷中的各项事宜，原来豹房的珍奇宝物和美丽女子也都被送到了这里。武宗本人还经常去周围的百姓家里任意地抓来女子宠幸，愈发地荒诞淫邪。武宗有些乐不思蜀了，因为他可以自由自在不受朝廷的约束。

武宗心里还是有一个将军梦的，他希望自己也能横刀立马斩杀边境蒙古骑兵。武宗想要亲自去战场拼杀，很快他就在边境上遭遇到了进攻的蒙古兵，武宗亲自上阵，当时周围的大臣和侍卫们看得心惊肉跳，但是武宗自己却觉得非常过瘾，当成功地斩杀了蒙古兵一名的时候，武宗心里的成就感更大了。他将自己称为"朱寿将军"。

武宗的全部心思都是在外面，早已经对京城没有任何的思念。如果不是朝廷中要进行祭祀，武宗是无论如何都不会回去的。当时武宗一年在北京的时间不会超过 1/4。举行完祭祀仪式之后，武宗的心又开始欢呼雀跃了，他早已经思念宣府的自由，还有那些可以随意掠夺的女子。

皇帝这一次要去的地方是榆林，在这里他征召了大批的美女来宠幸。武宗的一生究竟宠幸过多少女人没有人统计过，但是他无疑是大明历史上最荒淫无道的皇帝之一。

正德十四年，江彬随武宗从太原回到了宣府。之后武宗又开始谋划着南巡的事情，江西宁王朱宸濠的反叛让他有了更充分的"南巡"借口，尽管大臣们拼命地劝说，但还是没能阻挡住武宗的脚步。

这一年的九月，武宗率领着江彬、钱宁、张锐等人从北京出发，前往江西。在前往江西之前，江彬告发了钱宁，他说钱宁其实一直都与宁王暗中有所来往，并且两人的关系非常密切。听到这个消息，武宗当时惊呆了，他没有想到，他身边最亲近的人之一 ——钱宁，竟然和宁王朱宸濠勾结到一起，有反叛自己的心思，现在想想都不禁感觉到后怕。

当即，武宗命令逮捕钱宁，并且抄没家产，钱宁本人最终被凌迟处死。至此，江彬在朝廷中可以说是皇帝身边当仁不让的红人了，他多年苦心经营的皇帝宠爱局面终于形成。

深山古寺

归家之后的杨一清因为远离了朝廷、政治、宦官等事项，反而变得开始轻松起来。他知道自己已经不是当年那个年轻的杨一清了，索性一些事就顺其自然吧，这样一想，杨一清就如他的名字一样，豁然开朗了起来。

但是像杨一清这样的人是不可能真正地离开政治的，这和他自身的性格相关，并不是每个人都能将身外之事说放开就放开，特别是当他有很多的抱负要施展的时候，他谋求一个更好的局面，所以他选择了暂时避开，但这并不代表他会就此打住。正如当年的范仲淹在文章中说到的那样："居庙堂之高则忧其民，处江湖之远则忧其君。"无论是为官还是为民，有志者都会是心怀天下苍生的一个群体。

在家乡，杨一清更广泛地结交四方朋友。他们自由地谈论政事，甚至也会谋划朝中大事，即使已经致仕，也不能影响杨一清的心智。

正如同杨一清关心朝中大事一样，武宗皇帝也在不停地思念着杨一清。他非常尊敬杨一清，所以这次南巡，武宗也想见见他的这位老部下。南巡的路程中本来并没有前往杨一清府宅的计划，但是当时武宗执意要去看望杨一清，可见他和杨一清之间的君臣情深。

杨一清尽管内心里对于武宗不替自己辩驳颇有微词，但是对皇帝的到来他还是尽释前嫌地接待。君臣二人饮酒赋诗，非常地愉快。武宗感觉到久违的放松，说到兴起之处，就说自己想要进行南巡，游历江南。杨一清听后，真诚地规劝皇帝还是不要江南之行，对于皇帝来说，这可能只是一次游历，但是对于很多当地的百姓来说，无疑是一次沉重的负担。武宗思考了一下之后，同意了杨一清的说法。

杨一清自己不知道，在他之前有无数的大臣想说服皇帝取消南巡，但是皇帝一意孤行，执意前往。很多大臣无能为力的事情，杨一清的几句话就轻松化解，从中可以看出多个内容。杨一清依然心怀苍生，他在乎的是这个王朝的兴衰成败。同时，杨一清做事还是很有方法的，他采用曲线救国的方式，他很好地抓住了时机，从侧面来提出自己的想法，最终被皇帝所接受。当然，不可否认的是，毕竟今夕不同，他现在是致仕的官员，和皇帝之间的关系更为缓和，不用顾忌朝廷的约束，所以他说话更自由。他不需要从礼制从朝廷的政治背景去考虑，更加诚恳真挚，所以最终被武宗所接受。

杨一清和武宗都没有想到，这一次他们的见面是一次永别。回去之后，没过多久，武宗就去世了，这对君臣在杨一清府邸的那一晚愉快的畅聊成为他们最后的回忆。

杨一清在回乡之后，并没有完全地闲下来。除了结交一些当地的名士之外，他还积极地读书、欣赏大好河山。

杨一清非常喜欢宜兴洞天福地的风光，之前他只是觉得此处的风光非常地奇特，尽管心里非常地向往，但是他那么忙，哪有时间真正地前往游历呢？这次致仕归乡，对于杨一清也是一次休养的好机会，他能够有机会去欣赏自己向往的风景。直到嘉靖元年，杨一清才有机会游历这处美好风光。

当时杨一清的这次游历，有道士在身边作陪。他们先是乘坐小船到了画溪，之后又改成了乘坐竹舆前往张公洞。当看到眼前形状奇特的山洞时，已经 68 岁的杨一清竟然像一个少年一样开心，他甚至欢呼这山洞是天下的奇观。由此可见，杨一清这次的经历是非常愉悦的。尽管他在钱宁的排挤之下选择了致仕，但是之前在仕途中的不愉快早已经一扫而光，所以在游历时，杨一清完全投入其中，而像少年般兴奋。之后，杨一清又和友人在宜兴舒畅地赏月。月是不会说话的，但是它却能寄托人们内心的情感，不知道此时的杨一清又在想些什么，是"老骥伏枥，志在千里"的雄心壮志，还是愉快游历的回味，抑或是内心的愁思。但无论如何，杨一清此刻的内心并不平静。

玩得很尽兴的杨一清从早上出发一直玩到了傍晚，但是仍然有很多的不舍，为此他特意写了《游宜兴二洞记》的文章。杨一清还即兴创作了《游善卷洞》诗篇："余兴尚崔巍，盘旋去却回。停杯迟岫月，蹑屐破林苔。歌吹绿云上，茶烟引鹤采。奇观谁解赋，何逊故多才。"最后两句，可以看出杨一清此时内心的想法还是很多的，无论是对于过往的经历，还是对于未来的憧憬，尽管他已经将近 70 岁了，但是他仍然还有满腔的热情，无论是对于大明王朝，还是对于他自己的未来。

第四章
再度起复

如果说杨一清处理马政、任职陕西巡抚、任三边总制是一曲激昂的乐章，那么他后来进入内阁成为首辅就成了一段跌宕起伏的旋律。他曾经因为张璁、桂萼等人的举荐，从三边总制改任吏部尚书、武英殿大学士、华盖殿大学士，成为首辅，但是他又被张、桂二人倾轧去官，其中的曲折和愤懑只有杨一清一人能够说清楚。

惨遭陷害

武宗去世之后，世宗皇帝即位。杨廷和在世宗即位之前的改革改变了明朝中叶的社会局面，让很多人一度以为继任的皇帝会改变武宗一朝的混乱，重新振兴大明王朝。但是他们想错了，世宗皇帝并无意去振兴王朝，在父亲的名号问题上他和大臣们展开了一场旷日持久的斗争，这就是后来的"大礼仪"之争。当时朝廷中的局面是世宗自己以及几位官位较低的官员是一派，朝廷中以杨廷和为首的官员是一派。尽管势单力薄，但是世宗皇帝并不打算妥协，他有的是时间，他要慢慢地解决。这次长达将近 10 年的斗争，以世宗的胜利而告终。

在嘉靖皇帝胜出之后，对于曾经支持他的张璁、桂萼二人进行了大力的封赏。按照当时世宗的想法，是想直接将张、桂两个人提拔进内阁，但是因为两个人之前并没有什么经验，在朝廷中的声望也并不大，世宗担心一下子提拔起二人会引起朝廷中大臣们的反抗，所以并没有直接晋升二人。

在"大礼仪"事件中，杨廷和因为和世宗想法不一致，被世宗排斥。嘉靖三年二月，杨廷和致仕，之后费宏就从吏部尚书的位置上接替杨廷和成了首辅。之后，杨廷和的同阁臣蒋冕、毛纪也因为支持杨廷和，在"大礼仪"之后离职，就这样，费宏的位置便逐渐确定了下来。

费宏尽管在"大礼仪"中表现温和，并没有什么比较激烈的观点，但是他从内心里并不欣赏张璁、桂萼二人，甚至有些蔑视他们，对于张璁、桂萼二人的投机行为，他一直加以遏制，所以便经常和他们反着干。这让张璁、桂萼二人将费宏视作眼中钉、肉中刺，时刻想要替换掉他。

世宗皇帝对于费宏也不是十分地喜欢，尽管他站到自己的一方，很快，费宏就被官员弹劾说他的子孙在家乡收受贿赂，为非作歹。费宏明白他现在已经不被皇帝信任了，如果再执意下去，恐怕会受更大的伤害，于是提出致仕，皇帝也没有挽留。这样一来，张璁、桂萼二人就将朝廷中的异己铲除干净，接下来他们在物色一个新的人选，他们选中的就是杨一清。当时张、桂二人的初衷是想通过引荐杨一清，来让杨一清归附自己。尽管张、桂二人自己不能做首辅，但是安插一个听命于自己的人物，在朝中他们依然能够获得皇帝的宠信。

就在"大礼仪"之争最如火如荼展开的时候，杨一清也再次被起用。当时朝中有人不断地引荐他，陕西道御史黎贯上书朝廷，称赞杨一清曾经在治理边境的问题上立下了赫赫功勋，要求起用杨一清。而世宗皇帝尽管刚刚执掌政权不久，但是在他即位之前，朝廷中就流传着一个说法：楚地有三杰，李东阳、杨一清、刘大夏。皇帝欣赏，官员推荐，命运似乎又开始垂青于杨一清。

嘉靖三年，有兵来犯，他们出兵两万向南进发。一时间，朝廷上下震动不已，这时候谁前去任职让即位不久的嘉靖皇帝犯了愁。很快他想到了杨一清，在皇帝看来，杨一清在三边多年，有胆有识，无疑是最合适的人选。于是，杨一清就被任命为兵部尚书兼都察院左都御史、少傅兼太子太傅、提督陕西三边等处军务。前后三次任职三边，杨一清对于边防事务的情况早已经烂熟于心。

到任之后，他提出了很多非常有价值的建议，特别是在如何防守上面，他有自己独到的心得。

但是我们也应该明白，这时候的杨一清已经72岁了，疾病缠身，出来任职他就已经有了力不从心的感觉，可是朝廷需要，他只能是不辱使命。

杨一清继续采用前面的防御措施，很快被动局面发生了转变，他掌握了战场的主动权。嘉靖四年时，在杨一清的战术下，明朝军队在和蒙古骑兵的作战中取得胜利。关于接下来怎么防御，杨一清明白，单纯地依靠军事手段并不能完全消除现有的局面，军事手段只能是辅助，真正能够解决双方关系的是经济往来。杨一清将这些意见上疏给了嘉靖皇帝，皇帝看到之后同意杨一清的意见，很快朝廷派人前去和满速儿会谈，要求从此之后双方停止军事进攻，双方可以互通有无，进行经济上的往来。此后，这一地区逐渐稳定下来，双方再没有大的交战，经济贸易不断。

但是，现在的朝廷早已经不是当年的朝廷，他提出的很多举措本来是非常好的，最终却没能够实施下去。杨一清在西北任职8年，有着深远的影响。但是，社会的局势发展发生了很多变化，西北地区的情况也早已经不能同日而语，采取"守势"也是当时的形势下不得已而为之的办法。

嘉靖六年，世宗进杨一清为左柱国华盖殿大学士，并且任命杨一清接替费宏成为首辅。随后，张、桂二人也进入了内阁，其中张璁的职务是礼部尚书兼文渊阁大学士，桂萼的身份是吏部尚书兼武英殿大学士。

杨一清任职之后，按照他最初的想法是，现在局势已经确定下来，大家终于可以同心同德地辅佐皇帝。然而，大家的想法却不是这样，每个人内心里都有自己的小算盘。当时的朝廷中形成了两派，一方是嘉靖皇帝、张璁、桂萼，另一方是朝廷中的言官们。

双方互有成见，将对方视为眼中钉、肉中刺，恨不得一下子消灭对方，但是双方之间力量不分上下，所以只能是这样相持着。被夹在中间的杨一清是极其难受的，他既不能忤逆皇帝的意思，也不愿意和张璁、桂萼二人结盟，对抗言官和当时的社会舆论。从此，他成了中间派，不断地从中调和两方的关系，缓和双方的关系，妥协折中成为他唯一的策略。

不过中间人的角色显然并不是那么好做的，"中间人"之所以存在就是因为双方的力量势均力敌，不分上下，这时候任何一方都没有足够的能力去改变局势，维持均衡是有可能的。如同一个跷跷板，一旦一方的力量过大，那么稳定的局面就会消失，取而代之的是一方消灭另一方。

在杨一清主持朝政的初期，张璁、桂萼等人还没有进入内阁，朝廷保持了一段时间的稳定，杨一清也能从中进行调和，游刃有余。突出的事件就是李福达案。

李福达是陕西地区白莲教中的一员，他们曾经起事，但是后来被朝廷镇压。失败之后，李福达就将自己的名字改成了张寅。后来李福达开始和朝廷官员交好，包括当时的京师武定侯郭勋，后来有人将此事告发，朝廷也逮捕了李福达。郭勋因为和李福达交好，也被牵连。郭勋曾经在"大礼仪"中支持过张璁、桂萼，因此张、桂二人在知道郭勋被逮捕之后，寻求世宗的支持，将郭勋释放。不仅如此，之前弹劾郭勋的很多官员也因此被逮捕入狱。当时处理郭勋案的是马录，世宗在处理了弹劾郭勋的官员之后，将矛头对准了马录，要求将马录处死。杨一清听后却持反对意见，在他看来，马录在这件事情中并没有做错什么，所以就没有接受世宗的要求。

之后，世宗并没有善罢甘休，再次发文："言官以言为职，但须忠说公直。近来言事者沽名钓誉、毁正附邪、假公为私、雷同烦扰。朝廷不得不薄示惩戒，使人各改悟，以尽乃职。"这次发文的意思很明确：言官谈论朝廷政事是没有问题的，但是一定要忠诚正直，而不能沽名钓誉、假公济私。

李福达案并不复杂，但是无论是言官一派还是世宗、张璁，最后都已经将这件事扩大化。"大礼仪"事件看似已经过去了，但是因为双方之间的矛盾并没有消失，所以还在借机发泄对当初事件的不满。

这时候杨一清处于中间位置，他既不维护言官一方，也不偏袒世宗、张璁，成功地阻止了事件向更严重的方向发展。

但是随着张、桂二人进入内阁，他们的力量变强，想要争取更大的地位。这时候，杨一清的调和对他们而言就是抑制，他们绝对不会接受。

从当初的中下层官员，凭借"大礼仪"中的斗争来赢得皇帝的信任，张璁、桂萼等人坚信所有的权力和荣誉都是争取而来的。他们从来不会妥协。现在，他们无论从地位还是势力上都已经有了质的飞越，他们更是不会因此就停止。在他们心中，杨一清不过是当初他们争取权力的一个工具，现在他们的权力已经变大，不需要杨一清从中斡旋。他们在寻找机会除掉杨一清。

当时，锦衣卫聂能迁上书弹劾张璁。张璁知道之后想要处死聂能迁，但是杨一清坚持应该从轻发落，这引起了张璁的不满，从此之后的矛盾开始恶化。

其实，张璁和杨一清之间的矛盾分歧很多，他们分歧最为明显的就是当时对于翰林院问题的看法。

翰林院为朝廷培养了大批的官员，随着发展，翰林院的势力不断扩大，翰林出身成了很多官员进入仕途的法宝，对此，朝廷对翰林院制度进行改革。尽管杨一清一直充当"中间人"的角色，但是实际上，杨一清是有着维护旧官僚集团的倾向的，这势必和处于革新派利益的张璁之间有着冲突。

嘉靖七年，张璁上疏皇帝，抨击杨一清：占据内阁的位置，贪污受贿。这一次，世宗从中斡旋，并没有直接地批复要如何处理，而是要求内阁中的大臣们要"为上为德，为下为民，同寅协恭，以期和衷之治。毋得彼此相嫉，以负简托"。

杨一清已经不能忍耐了。他已经年岁大了，这几年来，朝廷中的相互倾轧已经让他感觉很是疲倦，而且张璁的得寸进尺让他反感，无奈之下，他向皇帝请求致仕，并且将事情发展的来龙去脉都向皇帝说清楚。皇帝看到杨一清的奏折之后，给杨一清的回复中却并没有对张璁的行为有任何的批评和指责，而是不断地强调张璁是"忠孝、仁义"，世宗对张璁的偏袒可见一斑。世宗皇帝最后没有同意杨一清的致仕，但是也并没有因此而处置张璁，这道奏折最终也只能不了了之。

嘉靖八年时，兵科给事中孙应奎上书弹劾张璁、桂萼，接着得到了礼科给事中王准、工科给事中陆粲的响应，他们指责张璁、桂萼擅自专权，作威作福，趁机打击异己。并且指出，张璁刚愎自用、执拗自私，桂萼这个人表面上看起来宽厚，实际上残忍狠毒，一旦有人侵犯他的利益就必死无疑。当时很多人认为这件事背后的主谋是杨一清。

张璁、桂萼等人随即向皇帝提出要求致仕，这时候杨一清不想结怨于二人，于是赶紧为张、桂二人开脱，并且和言官划清界限。

之后，世宗下令张璁、桂萼二人致仕。接着，他也批评言官们打击异己，辜负了朝廷的嘱托。这有点双方各打五十大板的意思。

到这里，事情还远没有结束。当时的詹事府詹事霍韬上书皇帝，攻击杨一清，"奸赃难以枚举，如纳张永、萧敬，如攻击璁萼"。杨一清再次上疏朝廷对皇帝对此事进行了辩解。接着，张璁、桂萼等人起复，霍韬眼看着皇帝还是支持张璁一方的，又上疏皇帝称法司往往都是秉承杨一清的意见，并且趁机诬陷桂萼。

这激怒了世宗，他立即要求将刑部尚书周伦调职。此后，张璁一方的火力越来越猛，称杨一清假意要求致仕，实质上以此来要挟世宗，并且请求世宗同意杨一清致仕。世宗同意了张璁的请求，很快就同意杨一清的致仕请求。杨一清被致仕，接着张璁继续上疏世宗，称杨一清接受张永弟弟的钱财，为张永撰写墓志铭，因此认为杨一清和张永是一起的，要求将杨一清连坐。

第二年，也就是嘉靖九年，77 岁的杨一清满怀愤懑离世。4 年之后，杨一清的官职被恢复，15 年之后，朝廷追赠杨一清"太保"，并且赐谥号"文襄"。

满腹才华的"失意者"

我们喜欢在一个人死后给他盖棺定论，那么如何评价杨一清呢？单纯说杨一清的军事才华和朝廷为官经历，并不能全面地评价杨一清。

云南状元袁嘉谷曾经评价杨一清："他不但武功卓越，论才学、论政绩都当数云南第一人，吾乡先贤何其伟也。"杨一清不仅在文学、诗歌、书法、收藏等方面都表现卓越，历史评价杨一清为"明诗中起衰复盛之巨手也"。

明初，朝廷最盛行的诗歌是以杨士奇、杨荣、杨溥"三杨"为代表的台阁体诗歌，文风富丽，以歌功颂德为主，但是内容上却矫揉造作，没有任何实质的内容。这种诗风曾经在此后的 100 多年的时间里盛行。后来，李东阳崛起，他推行"茶陵"，要求诗歌应该效仿唐朝，改变了"台阁体"把持文学的局面，开启了复古的内容。

杨一清倡导诗歌应该改变文风，内容多样化。他的诗歌中既有他自身的抱负，也有当时百姓生活的艰难，更有边塞的苍茫景色，他的诗歌表达的多是忧国忧民的感情。这种文风将当时的"台阁体"文风一扫而光，并且直接影响了明朝"前七子"的文风。大学者赵藩评价杨一清诗曰："诗笔雄浑逼浣花，并时低首有西涯。即抛勋业论风雅，旗鼓中原一大家。""诗歌卓有杜陵风"。

杨一清丰富的阅历让他的诗歌看起来更加地富有质感和生命力。他曾经三次任职三边总制，在边境的生活让他亲眼看见了百姓生活的艰难，反映到他的诗歌中是他的忧国忧民之思。"十日阴无一日晴，满门苔色断人行。潦伤空自伤禾稼，河挽应难洗甲兵。客枕怕移沾湿处，邻家惊听坏垣声。飞茅破屋知无数，不禁忧时种种情。"诗歌不仅是杨一清的文学才华的展示，更是他的心志的表达："志存国计宁辞谤，力纠官邪岂近名"、"旧日危言真为国，平生直道岂干名"。

不仅在诗歌上，杨一清的文章也是针砭时弊。杨一清的文学修养极深，而且思维敏捷，他写文章往往一气呵成。他在文章中，以独特的视角、真实的情感来写作，因此文章不仅有很多独到的见解，而且气魄雄浑。

长年的边境从政经历让杨一清对国计民生、边防问题、朝廷弊政有着更为真切的感受，文章也是写得令人称道。他语言锋利、音韵优美，不愧为一代文学大家。

不仅如此，杨一清的书法还令人称道，他以颜体为榜样，苍劲有力、沉稳雄健。我们常说，字如其人，一个人的书写很大程度上就是一个人性格、经历、心志的表达，之所以文字写得这般雄浑，我们感受到的是杨一清内心的激荡和波澜壮阔。这样的气质，自内而外地散发，让人看到一个不同于常人的杨一清。

杨一清还是一位围棋高手，他是当时"京师派"的领军人物，他对围棋非常有研究，开创了当时的两大流派：京师派和苏派。

杨一清才华满腹，除此之外，我们该如何评价这位曲折坎坷的人物呢？对杨一清的所有评价，都绕不开当时的时代。

在明代的后半程，朝廷的积弊很多，皇帝无心处理朝政，官员之间的相互倾轧，宦官趁机擅权，农民起义风起云涌。从前期到中期，这些问题都存在着，直到明朝的中后期开始集中爆发。

曾经是一介布衣的朱元璋通过起义夺取了元朝的政权，建立了大明王朝。为保卫政权的果实，从建立之初，朱元璋就采取了一系列措施防止政权被夺取。

他先是将皇权高度集中到皇帝一人手中，防止其他人染指政权。接着，为了防止前朝藩镇割据局面的发生，他采用文官来控制武将，使得武将的权力被限制。对于宦官专权，朱元璋的方式是限制宦官任职，不允许宦官读书认字，之后，他又制作了"内臣不得干预政事，预者斩"的铁牌，以此来警示宦官。

以往历朝历代大多出现过外戚专权的局面，对此他规定，外戚不得任职官员。为了给儿孙一个平稳的未来，他相继将为大明王朝建立做出贡献的一批官员杀害，以防止位高权重的官员把持政权。朱元璋觉得自己已经将前朝的问题都成功解决了，接下来可以保证他的儿孙高枕无忧地继承了，但是他没有想到，他的这些限制局面最后使他的儿孙们陷入"囚徒困境"。这样的背景下，任何人的个人命运都要受到制约。杨一清的困境可以说就是制度的困境。

对于杨一清众多的评价中，杨一清在西北任职时，一个突出的问题就是武将的职位太低，很多人并不乐意从事。这跟明朝的政治架构有着很深的关系。当时的文官把持着政权，武官被大大地制约，权力往往被文官限制，这样的确是可以维护国家的安定，但是对于战争频繁的大明来说，这就使得大明的军事极其被动。

武官地位低下，对于作战中粮草的调遣、人员的调整、战事的规划都不具有实际的决定权。每当战争胜利，文官们可以趁机将功绩斩获；一旦失利，也可以将败绩归结为武将的作战失利。这样一来，武将就很难有大的抱负和作为，甚至成为战争的牺牲品。这里我们可以看到杨一清被评为"出将入相，文德武功"的背后是经历了怎样的艰难。

作为武将的杨一清，他的成败就和当时的政局有了密切的关系。孝宗在位时，杨一清凭借着孝宗的支持，他能有所作为。但是后来孝宗去世，武宗即位，刘瑾掌权，杨一清这时候的满腔抱负难以施展。

在进入内阁之后，杨一清的权力更是被大大地制约。武宗去世之后，世宗即位，世宗尽管没有什么作为，但是他却是有名的"英察之主"，性格上接受不了大臣们的任何指责和建议。突出的表现在"大礼仪"之争中，"顺我者昌，逆我者亡"就是世宗最具代表性的做事风格，对于他是该继承孝宗之统还是继承兴献王之统的问题，世宗态度强硬。坚持认为应该维护宗法礼制的杨廷和被致仕，随后支持了世宗的张璁、桂萼等人登上舞台。世宗在后面的政治中对张璁、桂萼等人多有信任和支持。这时候朝廷中分成了两派，以世宗、张璁、桂萼为代表的一派，以言官为代表的一派，杨一清是中间派。他需要不断地从中调和两方的关系，来维护王朝的稳定。但是最终他的调和斡旋也没能让他长久地做中间派，很快张璁、桂萼等人进入内阁，随着权力的提高，杨一清的内阁职务就成了张、桂二人的拦路虎。因此，他们迫切地要求铲除杨一清，最终杨一清被致仕。

嘉靖九年（1530），杨一清离开了人世，他的去世不仅仅关乎他个人，更是积弊深重的大明王朝的悲剧。

第四篇

张居正——救时宰相

大明王朝 276 年的历史中，人才辈出。但如果要选出最杰出的那一个，恐怕大多数人都会选择张居正。

　　对于张居正，历史上的评价毁誉参半。梁启超曾经评价他道："明代有种种特点，政治家只有一张居正。"黄仁宇评价他道："世间已无张居正。"但是在《明神宗实录》中，对于他也曾有这样的评价："偏衷多忌，小器易盈，钳制言官，倚信佞幸。"足见，张居正为人的多面性。

　　在风雨飘摇的明朝末年，张居正是改革家，也是政客。他临危受命，凭着皇太后和皇帝的支持，大刀阔斧地进行改革，雷厉风行，是名副其实的"救时宰相"。但是同时，又因为太后的全权授权，他大权独揽，一人独大，引起了皇帝的不满。

　　所有这一切，都因为他是张居正。

第一章
风雨飘摇的帝国

　　明朝末年，内忧外患。统治阶级内部党争不断，攻击与反攻击都在不断地发酵，朝堂一片混乱。外有宦官专权、农民起义，风起云涌，大明王朝似乎已经走到了历史的终点。大厦将倾之际，自然是混乱纷呈。

　　风雨飘摇之际，大明王朝如一个行将就木的老者仍在垂死挣扎。王朝凭借自身固有的惯性，也能维持几年甚至几十年，但是，既然死期一定，那么一切也就只是时间问题。

　　明朝末年的这些问题和明朝的历史相辅相成。一方面，明朝的历史演进积累了大量的矛盾，无论是党争还是宦官专权都不是一日形成的，多是经过经年累月的发展之后爆发的。另一方面，明朝末年的问题又加速了明朝的消亡，临门一脚加速了封建历史的更替和演进。

此起彼伏的党争

党争是明末的一大政治特点。

党争，不同的党派之间，对于一件事情或者一种观点不断地争论，借此攫取权力，攻击对手，排除异己。明末党派之争，牵扯的人数多，范围广。因为党争，各种力量派别之间各自结盟，结交宦官，欺压百姓，党争在不断的发酵中引发了明朝中叶的宦官专权和农民起义。

明朝党争，主要是指明末的东林党与浙、齐、楚三党之间的纷争。

东林党的前身，原本是无锡的一所书院。东林书院的创办者是当地的一名学者——顾宪成。说起顾宪成，很多人可能不清楚，但他的楹联却闻名于世：风声、雨声、读书声，声声入耳；家事、国事、天下事，事事关心。

顾宪成的仕途是极其不顺利的。他原本是万历八年的进士，之后在京城做官。在一次上疏中，因为触怒了当权者，后被贬谪。之后，顾宪成再次崛起，终究是因为不被神宗所容，被罢官为民。

被削官为民的顾宪成无官可做后，他和弟弟顾允城等人来到了东林书院进行讲学。这时候的顾宪成，并没有放弃他的政治主张。他们先是发起了东林大会，接着他们谈论国事，讽议朝政，之后，不断地触及政治议题，东林书院的这些曾经的大儒们从最初的一个学术团体最终演变成了一个政治集团，这就是后来的东林党。

在顾宪成的带领下，东林书院先后吸引了江浙一带的众多贤人前来讲学，同时也聚合了一大批有识之士。在这里，他们品评朝政，议论国事，思想和言论的自由让书院焕发了从未有过的生机和活力。

之后，有很多人倡议要重新修缮东林书院。因为东林书院在当地有着较大的影响力，因此在开始修缮之初，就得到了广泛的支持，其中不乏一些士人和乡绅。

万历三十二年，修缮一新的东林书院重新开始对外活动，这时候的东林书院继续由顾宪成主持。东林书院的影响力不断增强，一批有学识、有见识的学者和官员们纷至沓来，如赵南星、邹元标等，一时间，东林书院成了江浙地区有名的名士聚集地。

此时正值明朝末年社会矛盾尖锐之时，书院内的自由氛围使得人们可以畅所欲言，无论是已经荒废不堪的朝政还是无所作为的官吏，东林党人们都能自由地抒发。随着东林党人的壮大，时局的进一步混乱，他们针砭时弊，要求官员廉洁奉公，朝廷开放言路，改变积弊。这些主张在当时是颇有影响力的，也吸引了大批的同道中人的响应和支持，他们在社会中的地位提高，影响力扩大。但同时，也招致了当时的宦官集团和他们的党羽的反对，双方之间引发了激烈的争吵。

东林党人前后跨越了万历、天启、崇祯三朝，政治活动前后长达半个世纪。尽管他们没有严密的组织性，但是他们的主张非常明确，他们要求改变当时的时局，政治上提出要让政事归于六部，改变宦官专权的积弊，发展工商业，在人才选拔时要平等，注重人才的个人能力而不是等级的高低贵贱。

就在东林党发展的同一时期，在当时的其他地方，也有政党在不断形成，他们分别是山东的齐党、湖北的楚党、安徽宣城的宣党、江苏的昆党以及浙江的浙党。其中声势最为浩大的是浙江的浙党。

尽管后来浙党、齐党、楚党等都先后确立，但是他们是不能与东林党的筹建相提并论的，这是因为东林党的成熟程度要远远高于前面提到的党派。东林党已经不仅仅是一个小圈子，随着发展，东林党俨然已经成为早期的政党，无论是从群体的人员组成上，还是人员的意识上，都更加完善。这个群体中的人群在思想上较为活跃，组成上也多是学者、贤人或者官员等有知识、有见解的人们，他们对于国家和社会的发展上有着基本一致的理念，他们的组成也多是出于思想的交流，而不是政治利益等功利性的目的。因此，他们能够保持一个较为良性的发展。

党派的壮大，争斗也就开始了，明枪暗箭纷至沓来。浙、齐、楚等党派为了保持自身的地位，对于不断壮大的东林党进行攻击，想要以此来遏制东林党的发展。东林党也没有坐以待毙，他们也利用对方攻击中的漏洞进行反击，明末历史上有名的党争就开始了。

明末的党争从万历二十二年的考核官吏开始，一直持续到弘光元年，争论的范围最初是政治理念，后来范围不断扩展到方方面面，最终被扩大化。

先后经历了三个阶段：先是从万历中期一直到天启的初年，这时候的党派之争集中在东林党和浙、齐、楚等几党之间。接着是在天启的中后期，主角是东林党和阉党之间。最后是党争的尾声阶段，东林党和阉党之间还在不断地争论。

争论的双方也从东林党和浙、齐、楚三党之间的争论，最终发展成为东林党和阉党之间的争论。争论的问题最后集中到立太子的问题上，这场争论前后持续了 20 多年的时间，最终以神宗立常洛为太子收场。

随着东林党人支持的太子朱常洛被立为太子，东林党人的地位大大提高，他们成为主流派，东林党人也逐渐在政治中博得一席之地，如朱常洛的顾命大臣中就有很多东林党人。

但是时间不长，朱常洛病殒，长子朱由校成为最高权力的掌握者。他凭借着东林党人的支持，顺利地实现权力的过渡。起初，朱由校和东林党人之间关系很好，东林党中的很多名士也先后被提拔。东林党中的元老级人物地如邹元标、赵南星等人被重用，朝廷之中的其他机构也活跃着诸多的东林党人。

但是东林党人和朱由校之间注定是不能长久的，因为东林党人不甘于只是成为支持者，在朱由校成为最高权力的掌握者之后，他们必然要求朱由校实现他们的政治主张和诉求。当明朝高度集权的现状和皇帝的个人作为之间发生抵触的时候，矛盾也就开始显现。

更为严重的是由党争引发了发生在明朝末期的三案。这三案分别是梃击案、红丸案和移宫案。它们的发生一定程度上加快了明朝末期斗争和衰亡的步伐。

梃击案争论的焦点是太子的存立问题。当时，皇长子朱常洛已经长大，因为朱常洛是万历皇帝与太后宫女王氏所生，一直得不到万历皇帝的喜欢。皇帝真正宠爱的是他和郑贵妃所生的皇子朱常洵。万历皇帝和郑贵妃就想册立朱常洵为太子，遭到了东林党的坚决反对，声势很大。最后，神宗不得已立朱常洛为太子。

万历四十三年发生了一件奇怪的事情，当时一个宫外的男子手持大棒从东华门进入，一路打倒了身旁的侍卫之后，直接进入了太子居住的慈庆宫。之后，这个男子被太监们抓获。尽管太子并没有受到伤害，但是关于这个男子是谁，为什么要攻击太子的宫殿的争论就此开始。

当时的意见主要分为两种，一种认为这个男子是个疯子，只是因为疯癫所以才会梃击太子宫殿。但是另一种却认为这是一场有预谋的针对太子的攻击行为。因为如果只是疯癫，不可能具有如此强大的能力，可以一路打倒侍卫进入慈庆宫。

后来，经过调查发现，这个男子果然不是常人，是有预谋而来。他叫张差，是白莲教一个分支中的成员，而这个分支的首领又和郑贵妃宫中的太监庞保、刘成之间有着密切联系。后来该男子交代，他是受了庞保、刘成的指使，才有了这次的梃击事件。

查清楚之后，很多人认为是郑贵妃想要谋害朱常洛，郑贵妃则是终日向皇帝哭诉。万历皇帝不想将事情闹大，积极地在中间斡旋，一方面大力斥责郑贵妃，另外一方面也想让太子改变严惩郑贵妃的想法，最终张差、庞保、刘成被处死。

接下来又发生了红丸案。红丸案的发生也透着蹊跷。在登基时，泰昌帝朱常洛身体康健。在登基十天之后一病不起，四天之后，病情加重，在服用了内官开的药之后发生了上吐下泻的情况。这时候首辅方从哲自称有仙丹妙药，只是此药并非御医进呈上来的，病急乱投医的情况下，泰昌帝服用了此药。吃的第一天泰昌帝的确病情大为好转，但是在第二天又吃了一粒之后却一命呜呼了，这时候距离泰昌帝即位刚刚一个月。

红丸案发生之后，党派之间争论激烈。关于泰昌帝的死因，东林党认为是因为服用红色药丸而死，并且认为是郑贵妃有意为之。朝廷随即开始调查真凶，这个案子的争吵长达8年，但是一直也没有争吵出什么结果来。

发生的第三个案子是移宫案。在朱常洛死后，他的儿子天启皇帝朱由校登基。当时泰昌帝的妃子李选侍企图控制朝政，要当皇太后，最后在失败之后，朱由校晋封李选侍为康妃，对其加以安置。

熹宗皇帝朱由校即位之后，对于在"移宫案"中对自己有过帮助的东林党人进行了奖赏。东林党人在宫中的地位上升，随后他们对于非东林党人进行大肆的迫害，这使得非东林党人开始投靠到宦官魏忠贤的门下，以此来对抗东林党。这时候的党派斗争愈发地激烈起来。东林党人向皇帝上奏，弹劾魏忠贤。

但是这次弹劾却没有成功，相反招致了魏忠贤的憎恨，并且也导致了皇帝的不信任。接着，第二年，魏忠贤开始了反攻。他对东林党人残忍屠杀，之后的几年时间里，先后被杀害的东林党人有数十人，被逮捕的有数百人之多，被牵连的也有数千人，从此之后，东林党人几乎全军覆没。至"移宫"风波之后，三大案才宣告完结。

在经过了多年的演绎之后，党争已经形成了官场的一种风气。争论并没有明确的焦点，很多时候只是不同派别之间因为利益的不一致性所导致的口舌之争。他们的争论并不是就事论事，也不是因为国家的要务进行争论，而是"为了争论而争论"。只要对利益有好处的，党派之间就会进行争论，以此来打击对手，有时甚至进行随意的歪曲。

这种无谓的内耗，造成的影响却极其深远。

各党派之间的相互攻击，直接削弱了政府的统治能力。党派之间利用法律来打击反对派，并且日益地合法化，法律也就成了斗争的工具，没有公正性可言，正常的司法审判不能正常进行。

明末三案使得官员们将全部的神经集中到斗争上，降低了朝廷对于边疆的控制。尽管当时边防危机严重，但是相互争论的党派却无心朝政，任由局势愈演愈烈。

党争还造成了结党营私、拉帮结派。他们采取各种各样的方式聚敛财富，最终导致国家财富的流失，国库空缺，百姓的生活也日渐贫穷，封建官僚与农民之间的矛盾日益尖锐，最终导致的结果就是后期农民起义的爆发。在风起云涌的起义大潮中，党派争论仍然没有结束，但是对于农民起义却束手无策。最终，派系的斗争将朝廷中的力量都裹挟进去，大明王朝的国力也在这样的内斗中消耗殆尽。

不甘寂寞的宦官

明朝末期的一大问题是宦官专权。而宦官与东林党人之间的斗争在明末宦官专权的背景下表现得极为激烈。

党派之争中东林党人势力不断扩大，朝廷中的另一派官员则依附宦官与东林党对立，后来宦官牢牢把持着明朝的朝政，直到明朝灭亡。

公元 1621 年，明朝的第十五位皇帝即位，他就是明光宗朱常洛的长子，明熹宗朱由校。天启皇帝即位之后，东林党人的势力很大，他们开始掌握内阁、都察院、六部等主要机构。东林党人叶向高成了内阁首辅，孙慎行成为礼部尚书，邹元标任都御史。天启二年，赵南星担任都御史。之后东林党还有多人进入朝廷，担任言官。

魏忠贤是明朝末期的著名宦官，他本来叫李进忠，出身于贫寒之家，喜欢赌博，失败之后就用女儿作为赌债。因为被魏朝认作"干儿子"，因此改了姓氏。一次赌博之后，魏忠贤再次赌得身无分文，在自阉入宫之后做了太监。魏忠贤在朝中的职位变化很快，这得益于他非常地善于逢迎皇帝。

开始魏忠贤和东林党人的关系还是可以的，特别是对于赵南星，魏忠贤从欣赏到敬重。他经常在熹宗面前称赞赵南星，双方的友好关系一度达到顶峰。

然而从本质上讲，言官和宦官具有不可调和的矛盾，尽管暂时关系缓和，但是也难以长久维持。双方缓和的关系仅仅维持了两年，从魏忠贤接管东厂开始，双方的矛盾就开始了。当时顾秉谦、魏广微等进入内阁，但是他们不断受到言官们的攻击，对言官们非常痛恨。而魏忠贤也在急切地寻找外朝官僚的配合。渐渐地，被言官们攻击的官僚和宦官之间就结成了一派。

在天启四年，言官杨涟弹劾魏忠贤，其中包括魏忠贤曾经迫害朝廷大臣、妃嫔、太监等多人，并且还私自蓄养内兵等。接着，杨涟的弹劾受到了朝廷中多人的呼应，很快，宦官和东林党之间的斗争开始从私底下转入公开，矛盾公开化。

当时魏忠贤将目标瞄准了皇帝，他急切地需要皇帝的支持。熹宗即位之后，封他的乳母客氏为奉圣夫人，且极为尊敬。当时的东林党人对于客氏却没有什么好印象，他们认为客氏会干政，所以建议将客氏赶出宫。这时候客氏和魏忠贤就自动自发地结为对食，以此来反抗东林党人。

当时熹宗尚且年少，喜欢玩各种游戏，魏忠贤使用了他最擅长的技能，那就是逢迎皇帝。他知道皇帝喜欢玩乐，那就用新奇的玩意儿来吸引皇帝。当时的熹宗还非常喜欢做木工，魏忠贤就挑选皇帝在做木工活时上奏要事，不知道这是不是效仿了当年的刘瑾。这时候熹宗也会如武宗一般，挥挥手，对魏忠贤说道："这种事情你们自己决定就好了，不要来烦我。"不得不说，每个不作为的皇帝背后都有个喜欢擅权专政的大臣，逐渐地大臣就开始掌握权力。

魏忠贤权力扩大之后，反对派们就开始衰落了。先是在这年的七月，当时任首辅的叶向高被去职，之后当时的中官们开始进入叶向高的府邸搜人，他们在叶府内肆意地谩骂，大有一人得道，鸡犬升天的傲慢感。很快，赵南星、杨涟等人先后被削官。

这当中也涌现出了很多的可歌可泣的英勇之士。其中就包括东林党人汪文言。当时汪文言和赵南星、杨涟都有着很深的交情。魏忠贤想要将东林党人置之于死地，于是就先将目标选定了当时的汪文言。魏忠贤先是将汪文言投入了监狱，之后进行了各种威逼利诱，但是依然没有动摇汪文言的信念。汪文言很有骨气，说："以此蔑清廉之士，有死不承。"最后，汪文言在受刑时死亡。但是他的死亡并没有让这场打击结束，接着，杨涟也下狱。

之后，东林党人中的袁可立对魏忠贤进行了还击，甚至袁可立被推举为南京户部的尚书，不久，又任职兵部尚书参赞机务。魏忠贤被排挤出朝中，但是魏忠贤并没有停止活动，他命令心腹掌握兵权，一时间魏忠贤再次成为实际权力的掌握者。

天启六年时，东林党人中的周宗建等人又被杀害，连一度辉煌的东林书院也被拆毁。至此，东林党人被宦官完全消灭。

从东林党人和宦官之间的这场斗争我们可以看出：同其他的时期相比，明末的宦官专权有过之而无不及。具体分析以来，明末的宦官专权具有以下几个特点：

一、宦官们的权势比以往任何朝代都更甚

宦官由来已久，但是明末的宦官专权却比之前的任何一个朝代都更甚。如当时的宦官魏忠贤，天下人就没有人敢直呼他的姓名，宦官的权势甚至可以和皇帝相比拼，比如在当时很多人将熹宗皇帝和魏忠贤并称，称之为"朕与厂臣"。这在之前未曾有过，是令人不敢想象的。在人们心中，太监是卑贱的，连官员们都瞧不起，况且是尊贵的天子。但是，当时的环境下，人们称皇帝为万岁，称魏忠贤就为"九千岁"、"九千九百岁"，可以看出当时魏忠贤的权力很大，气焰也是极其嚣张。

此外，宦官还具有兵权。如武宗时，刘瑾就具有统兵大权，熹宗时的魏忠贤也具有这样的权力。军权向来是一个国家中最重要的权力之一，一旦使用不慎，就有政权颠覆的危险，但是统治者们不理朝政，随意放权，却全然不把这些放在眼里，也可以看到当时宦官多么受到皇帝的宠信，宦官专权的局面有多么严重。

二、宦官的机构权力也扩大

宦官的权力已经从原来的侦查逐渐扩张，扩大到朝廷中的事情，甚至包括司法内容等。如在处理朝政事务时，宦官们可以有批朱之权、传旨之权。宦官们的批朱权力原来是集体掌握，但是随着宦官职权的扩大，每个宦官都具有这样的权力，这就为之后的宦官假传圣旨埋下了伏笔。

明代设立的特务机构如东厂、西厂、内行厂等都由宦官进行控制和管理，他们具有一定的司法大权，如审问囚犯、处置罪犯、处置犯法宦官等权力。

但是明代的宦官权力虽然较之之前，有了扩大，但是皇帝对于宦官的控制也比之前更为有效。固然宦官有权力和地位，但是他们的权力和地位是建立在皇帝权力的基础上的。无论是增加还是裁撤，宦官权力都要由皇帝决定，即使是如刘瑾一般气焰强大，但是在他们最嚣张的时候，皇帝仍然能够将他们拿下，而不会有任何风险。

如明末的宦官魏忠贤曾经勾结熹宗的乳母，在朝廷中结党营私，铲除异己，并且强调特务统治，残害忠良，搜刮民脂民膏，但是即使这样势力庞大，在熹宗死后，思宗朱由检即位后，魏忠贤最终只能自杀。

那么，明末宦官专权的原因是什么呢？

明代中后期的皇帝们，无心朝政，这就给宦官主权创造了基础。从武宗开始，皇帝们要么骄奢淫逸，要么能力缺乏，常年不上朝的局面比比皆是，这就为一些有野心的宦官所利用。如武宗时的刘瑾，他深知武宗无心朝政，因此不断地将一些新鲜奇特的东西引进宫中来吸引武宗，让本来贪玩成性的武宗更加地无心朝政。每次当武宗玩的兴致正高时，刘瑾就会将一些事务禀报给武宗，武宗会说："不要问我，我要知道还要你们干什么?"这句话对于刘瑾的吸引力非常大，这就意味着他可以为所欲为，所以趁机窃取国家权力等。

明朝中叶的国力已经大不如从前，但是骄奢淫逸的皇帝们却并不以为意，而是命令朝臣们大肆进行搜刮，这就给宦官们为自己谋取财富准备了条件。当时宦官们将重点放到了利润最为丰厚的矿藏、赋税、盐业等方面，宦官的搜刮使得正常的发展难以为继，很多行业都无力支撑，最后只能停产倒闭。

其次，宦官机构的齐备也是一大原因。如果说皇帝不理朝政只是给封建的政权旁落于宦官提供了可能，那么宦官机构的齐备就将这种可能变成了现实。宦官的人数逐年在增加，宦官的机构也更加完善，如先后建立了内府供用库、御酒房、御茶房、御药房、司钥库等，这些机构事无巨细地将皇帝生活的方方面面都已经准备好，他们逐渐掌握起整个皇宫从衣食起居到国家大事的各个内容。因为所有的奏章和旨意都要依赖司礼监进行传达，这就给宦官们准备了机会，司礼监的权力甚至会在首辅之上。这也是司礼监为什么能够权倾朝野作威作福的原因。

宦官专权影响极大，涉及国家的各个方面。

首先，在政治上，宦官结党营私，形成有针对性的宦官集团，他们把持朝政，败坏朝纲，使得忠诚正直的人士受到大肆的打压。宦官专权之后，朝廷大臣们的行为也多受到宦官的制约，忠诚正直的官员不能被录用，一些结党营私的小人却快速地升迁。朝臣们的整体素质都有赖于宦官们的选拔，最终的结果就是官员的整体素质一步步下降。宦官们大多没有道德廉耻，所以他们在贪赃枉法时比一般人贪婪之心更甚。他们掌握着东厂等权力，凭借审录的机会大肆地贪污受贿，积累财富。

根据记载，王振被抄家时，得到的财物包括"金银六十余库，玉盘百，珊瑚高六七尺者二十余株"，其他珍玩不算。除此之外，宦官们因为身体残疾的原因，心狠手辣，报复心强，一旦专权便会将个人手中的权力沦为报复百姓和官员的大棒，欺压百姓。在宦官最厉害的地区，反抗也是最激烈的。

根据记载，云南的税监杨荣曾经杖毙过很多人，后来一些士兵们忍无可忍，纷起反抗。士兵们反抗之后，一呼百应，一些百姓也加入其中。他们不仅将杨荣的府邸烧毁，抓获杨荣之后将其杀死，然后投入火中，前后共有200多名宦官被杀死。宦官掌握军权之后，先是侵吞军粮，之后还将魔爪伸向边境地区的百姓们。他们不懂军事，作战不得章法，贻误战机，造成军事作战的失败。宦官们在拥有权力之后，开始了侵占民田的步伐，土地兼并的现象加剧，国家的赋税收入减少，国库连年减少。

宦官们的权力来自于他们所依赖的皇帝，而皇帝之所以给予宦官权力来自于高度集中的皇权。皇权集中之后，皇帝的事务过多，处理不及或者懒于处理使得宦官们有了专权的可能，所以宦官专权的根本原因还是来自于封建制度本身。

明朝的统治者们并没有从宦官专权的现象中接受教训，而是更加地依赖宦官，使得宦官专权的局面得不到有效的控制。

熹宗时的魏忠贤更是有过之而无不及。熹宗死后，思宗即位，魏忠贤被思宗扳倒，但是继任的皇帝思宗却更加地刚愎自用，杀死了袁崇焕，再次放权给宦官。

政治的腐败，经济的落后，人们生活的艰难，使得一些百姓转而走上了农民起义军的道路。特别是李自成领导的起义军在各地一呼百应，他们在攻下北京之后，将宦官们杀害，来表达对宦官的不满。

直到清朝时，统治者们废除了宦官的机构二十四衙门，宦官的权力最终控制在供御膳、执洒扫的范围，宦官专权的局面才结束。

揭竿而起的农民

明朝末年，还有一个矛盾一直在不断地演化着，这就是农民与地主阶级之间的矛盾，并最终演变成了明朝末年的农民起义。

自明朝后期开始，政治愈加地黑暗。明朝地主阶级兼并土地的局面也愈演愈烈，特别是地主阶级，他们疯狂地掠夺土地。万历年间时，当时的田地主要由三种人占据着，其中神宗自己的皇庄的土地有 214 万亩，除此之外，占地较多的就是宗藩和外戚。他们大量地占据土地，农民的土地变少甚至没有，无奈之下，一些百姓只能成为佃户和奴仆。当时的湖北钟祥一地，佃户的数量非常多，有的地主将大量土地或霸占或兼并收归自己名下，然后出让给佃户来耕种。

佃户没有土地，他们有的是生产的工具，然后将粮食的一半以上交给地主。此外，地主还以各种缘由来剥削农民，本来就生活艰难的百姓经过地主的剥削之后，往往所剩无几。辛劳一年的收成最终成了地主家的，贫病饥饿仍然成为很多农民的固有问题。

尽管佃户已经如此地艰难，地主却仍然不会善罢甘休，地主残忍杀害佃户的事情仍然接连不断地发生。

早在嘉靖年间，农民起义就已经发生，但是还只是限于比较零散的。到嘉靖中期之后，农民起义就已经发生了很大的变化，农民起义的范围比较广，不仅规模多达数万甚至数十万，并且起义的人员中不再仅限于农民，还包括盐徒、矿工等。

农民起义以前所未有的趋势往前发展着。在嘉靖年间，发生过三次比较大的农民起义。先是嘉靖元年的山东矿工王堂的青州颜神镇起义，之后，范围向周围的省份扩展，包括扩大到河南和直隶地区。最终这场起义被镇压。

嘉靖七年，农民起义在山西地区发展起来，起先农民军还是非常神勇的，他们勇敢地打败了明军，并且将成功的纪录不断刷新。尽管明朝军队的作战实力已经同明初有了明显的下降，但是对于散兵游勇的农民军来说，实力还是非常强大的。明军作战还有一个优势，就是可以将周围省份的兵力进行集中地调遣和部署，这次朝廷就将周围的山东、河南、直隶的部队进行了调集，形成合力的朝廷军队，最终战胜了寡不敌众的农民军，农民军的起义失败。

又隔了 5 年之后，也就是在嘉靖十二年，这一次农民军从一开始声势就很浩大。在七月时，农民军在河南反抗，起初的农民军数量就达到了数千人。之后他们一路斩杀，从河南的商丘向南进发，先后攻下了安徽的宿州和凤阳。尽管农民起义最终依然没有逃脱被镇压的命运，但是他们前后发展的时间达到了 40 多天，期间斩杀的明朝军队人数达到了 10 多万。农民起义曾经引起了朝廷的高度重视，令朝野上下极为震动，附近山东、山西、直隶地区的百姓也是为大为震动。

这些农民起义在起初往往作战实力很强，能够给大明朝廷以措手不及，但是他们最终因为缺少一定的作战能力，并且在组织等发展上也处于薄弱的局面，因此最终还是以失败告终。

万历年间，当时明朝政府开始发兵辽东，因为战争增加的国库压力转嫁到了农民的身上。其中从万历四十六年到万历四十八年短短两年间，每亩增加的赋税达到了九厘。一年的赋税收入就增加了 520 万两。但是在之后的 6 年间，又不断地增加赋税。很多农民实在交不起赋税之后，只能是将自己的房子、土地开始变卖，很多地主阶级趁机将土地纳入自己名下。百姓生活艰难，甚至有一些人，无奈时，将儿女变卖。压榨和剥削对于封建农民是最为严厉的惩罚，很多农民因为穷困举家搬走，转为流民。从万历朝到崇祯一朝，全国范围内开始遭受严重的灾害，很多百姓因为饥饿开始以树皮为生。

农民起义很快席卷了很多地区，并且揭开了明末农民起义的序幕。先是在陕西地区出现，当时陕西地区生产落后，土地贫瘠，徭役和赋税严重，连年发生的自然灾害让这里更是雪上加霜，阶级矛盾尖锐。

天启七年时，陕西的一位农民王二聚集了多位农民去官府声讨，但是这并没有引起地方官吏的重视，聚集起来的农民激愤不已，情绪一触即发。这时候王二问大家："你们谁敢杀死知县？"大家的情绪彻底被调动了起来，大家争相回答："我敢！"王二一看大家如此激动，此时不爆发更待何时？王二带领大家冲进县城，杀死了县令。之后，王二带领的队伍受到各地农民的响应，人数越来越多，力量越来越大。

尽管在众多的农民起义队伍中，王二的队伍并不是最大的，最终也并没有发展到一定规模，但是他们却点燃了其他的农民起义的战火，并最终形成了燎原之势。这之后还爆发了导致明朝灭亡的农民大起义。

第二章
传奇人物张居正

  大明王朝历史上神童很多，我们前面讲到的方孝孺和杨廷和都榜上有名。但是在众多的神童中，如果非要说评选最出众的，那么就非张居正莫属。

  在大明王朝中，张居正和唐伯虎、徐文长是当时公认的"大明三大神童"。我们可以这样说，在神童中，张居正是后来发展最好的一个，在首辅中，张居正是最早显露天赋的一个。

  然而，天才的智商是优势，有时候也会成为拦路虎，关键就看能不能很好地运用。如果过早地展现天赋，而不懂得克制，就会在以后的路上挫折不断，坎坷相伴。如果在早年就明白，天才一样需要磨砺，就会走得更加稳妥和长久。

  张居正足够幸运，他不仅有过人的天赋，还遇上了能够给予他指引和帮助的伯乐，所以，他成功了，名垂千古。而这一切，都要从他充满传奇色彩的童年说起。

真正的神童

嘉靖四年的五月，张居正出生在湖北。张居正的本名并不叫张居正，而是叫作张白圭。张白圭有什么寓意？为什么后来又要改名字？这所有的谜底都要从张居正的传奇经历说起。

张居正的祖籍是在安徽的定远，祖先张关保因为立有军功，所以被授命归州世袭千户。根据宗法制的世袭传统，到了第四代，也就是张居正的曾祖父张诚这一代，因为不是长子，所以并没有世袭的权力，张诚只好选择自谋生路，他选择了从归州迁居，迁到了当时的江陵。这也就是为什么张居正祖籍是安徽却出生在湖北的原因。

到了张诚这一代，生活就已经远没有祖先时候的荣耀，一切都要白手起家，自我创造，艰难自不必说，生活也只能说是勉强过得去。但是或许是因为张诚从大户人家出来的原因，他的性格豪爽洒脱。张诚有三个儿子，其中二儿子张镇就是张居正的祖父。

后来随着祖辈的日益开拓，张家的生活有了改善，安稳富足了起来。到了张居正时，生活已经有了很大的改观。张居正的父亲叫张文明，是个一直都醉心于功名的文人，他也参加过乡试，然而却屡次不中。张文明并没有因此而放弃，而是选了屡战屡败、屡败屡战。

大凡具有传奇色彩的人物出生之前，大多会有很多不一样的预兆，张居正出生之前他的家人就做过一些奇特的梦。

张居正的曾祖父张诚在张居正出生前的晚上做了一个奇特的梦，梦境中他在自家院子里看到了一只白色的乌龟。通常来说，乌龟都是绿色的，白色的乌龟很少见，这对于已经年纪很大的张诚来说，也一样地惊奇。醒来之后，张诚还在一直琢磨着梦中的情景，乌龟在中国的传统文化中一直是长寿和吉祥的象征，自己梦到了乌龟，张诚就想是不是意味着张家也会有吉祥如意降临呢？就在第二天，张居正出生了。张诚联想到梦境，不禁觉得这个孩子（张居正）或许就是上天带给张家的福气，所以，他给这个新诞生的婴儿取名张白圭。

　　其实不光是曾祖父张诚，张居正的爷爷张镇也在张居正出生前做了一个梦。

　　张镇的梦是这样的：就在张镇夏天的晚上要去院子里乘凉时，不知不觉间自己的脚下就已经大水蔓延，不知道从哪出来的水就这样越积越多。张镇忙叫来下人，追问这水是从哪儿来的。下人说是从一个叫张少保的家来的。可是张镇之前都没听说附近有叫张少保的，那么这个张少保是谁呢？

　　少保在古代是一个官名。少保是一品官职，和少傅、少师一样，他们都是作为皇帝身边宰辅级别的内阁成员，功高权重。那么这里是不是就暗示着张家即将要出一位少保呢？

　　无论这些梦境是真实存在的，还是后来人为了显示张居正的伟大特意编造的，也无论是白色的乌龟，还是少保家的水，这样吉祥的预兆都似乎在告诉张家的人们，张家即将有一位新的成员，并且这位成员还将给张家带来无上的荣耀，而这就是后来官至宰辅的张居正。

根据《明史》上面的记载，张居正幼年时"少颖敏绝伦"，也就是张居正在幼年时就显示出了他不凡的气质和天赋。

我们可以通过这样一个事例看出在幼年的张居正身上的确显示出了天才的部分。一年春天的上午，在张家的院子里，奶妈带着刚刚一岁半的小居正在院子里边玩。他看到在不远处的竹林里的堂叔正坐在石凳上读书，就也凑过去看个热闹。三叔看到奶妈抱着小侄子过来，便拿着手边的《孟子》打开，然后指着上边的两个字说："这两个字'王曰'，他们都说你是天才，但你看你也不知道，哪里算得了什么天才。"小居正只是认真看着三叔的动作，接着看了看书上的汉字，也不知道他吱吱啊啊地说了一些什么。

第二天，奶妈又带着小居正到院子里来玩，恰巧三叔又在。这时候小居正离开奶妈的怀抱，自己走到了三叔面前。三叔看他来了，刚想跟他说话，只见小居正居然自己指着《孟子》上边的两个字说道："王曰。"这次惊讶的是三叔了，他不知道一岁半的孩子竟然认字，并且是他昨天无心教过的两个字。三叔惊呆地坐在石凳上，看着眼前这个还在吃奶的小侄子，从内心里接受了大家的判断——张居正是个神童。

在一岁半能够认字之后，张居正在 5 岁的时候就能够写诗了，7 岁能够写文章，到了 10 岁时能够明白六经的大义。这不仅在当时张家，甚至在荆州都在流传，张家出了一个小天才。小小年纪的张居正就已经远远地超过同龄人，他聪明机灵、才华出众，当时江陵的百姓都管他叫"神童"。

当然，这对于张家更是家门荣耀的事情，从曾祖父开始，张家就不曾有过秀才了，曾经的荣耀和地位激励着他们，他们一定要努力出人头地，光耀祖先。张居正的父亲曾经七次参加科举考试，即使不中也坚持，就能看出张家对于考取官位是多么地在乎。为此看到张居正能够在如此幼小的年纪就显露才华，他在高兴之余也在想办法尽可能地辅导张居正。

在嘉靖十五年的时候，刚刚 12 岁的张居正去荆州参加院试，主考官是李世翱。考试之前，李世翱就听说过张居正是个神童，久闻大名，这次见到本人了，他就想亲自考考张居正，看看他的实力怎么样。他指着考点的书院里的两棵枝繁叶茂的大树，然后微笑着说出了上联"大文庙，两棵树，顶天立地"。张居正听完，不急不躁地说道："小学生，一支笔，治国安邦。"无论从格式还是内容上都对得格外地工整有序，当即李世翱就竖起大拇指，连连称赞。

考试结束之后，李世翱开始了阅卷工作。考生的水平令他并不满意，都是些陈词滥调，没有丝毫的新意。就在这时，一篇文章令他眼前一亮，他阅读完之后非常地赞赏考生的学识和见地。当知道这位考生就是张居正时，他更为高兴，当即大笔一挥，就将这篇文章评为了第一名。

放榜当天，李世翱急切地寻找着他期望的那个少年的身影，当他叫道"第一名上前"时，只见这个少年不疾不徐、器宇轩昂地朝他走来，淡定从容，一副胸有成竹的样子。当张居正走到李世翱面前时，李世翱也不由自主地站了起来。他细细地打量着眼前的少年，那一刻他甚至开始展望少年未来的大好前途。接着李世翱问张居正："请告诉我你的名字。""张白圭。"张居正回答道。"张白圭的名字可能在之后你的发展中不适合你，你看我给你改个名字怎么样？""好啊。"
如果能够让主考官给改名字，这该是怎样的荣幸啊，张居正欣然同意
了。"那就叫张居正吧，正气凛然。"从此，张居正的名字就流传了下
来。李世翱不知道，他眼前的少年不仅是做大事的人，还是那个在明
朝历史上掀起过浪潮改变明朝进程的人。

　　张居正还未到家，但他被主考官器重而改名字的事情当地的百姓
们已经流传开了，大家津津乐道地谈论着张居正的那些奇闻逸事。张
家更是炸开锅了，对于已经连续几代人都没有中榜的家庭来说，考了
第一名的张居正无疑是家门的荣耀。

　　张居正回到家之后，开始准备第二年即将到来的乡试。他清楚之
前的院试只算自己在考试的路上的摸底，一切才刚刚开始，他还没有
资格沾沾自喜。

　　很快，这一年就结束了，三年一度的乡试考试即将开始了。乡试
的地位和分量张居正很明白，来参加考试的都是精英，这次的比拼
不仅是才华，更是心理素质的竞技，只有走到最后一步才能算是真
正的赢家。但是，毕竟张居正才 13 岁，他年少有为，初露锋芒，他
在期待着在更大的舞台上展示自己。

失意与得意

　　带着家人的鼓励和嘱托，张居正踏上了赶考的路，心中满是对于未来的希望和梦想。他以及家人，都认为这次考试张居正是势在必得的。

　　考场上张居正奋笔疾书，游刃有余，很多的内容他早已经烂熟于心。考完的时候张居正很是轻松，甚至都有些期待放榜的时刻了。

　　到了放榜这一天，张居正很是平静，在榜单上查找着自己的名字，然而他上看下看，左看右看，都没有看到自己的名字。当时他的确震惊了，他不相信会是这个结果，他清楚地记得考试当天的情景。他很了解自己对于知识的掌握程度，他从考试的开始就已经知道自己会不会榜上有名。但是最终的结果却超出了自己的意料，很快张居正接受了自己落榜的结果，他平静地离开了。尽管张居正在努力地克制，但是他当时沮丧的心情是可以想见的。

　　一直走在前进道路上的张居正人生中第一次遇到了障碍，失落和沮丧已经慢慢地侵蚀了他的心，但是张居正一贯的稳重的性格告诉他要学会接受，这次是对自己之前的扬扬自得的教训。

　　当然张居正心中也曾有过怀疑，但是在古代，没有查卷这样的程序，考生即使对成绩有异议也不可能查卷。张居正只能默默地接受，等待下一次的机会。

　　难道张居正真的是成绩不好所以落榜？这恐怕并不足以服众，毕竟这位少年在上一年时刚刚取得了第一的名次，而且他的才华也不是浮夸，当地的人们都是有目共睹的。况且张居正在这一年用心读书，勤奋努力，考试失利完全是不正常的。当然张居正不知道，他的这次名落孙山是人为制造的。难道是想要排挤张居正，所以故意将这个天才的成绩改掉？真相却远不是这般灰暗，相反是充满了对张居正的爱和善意的磨砺。

　　我们常说"父母其爱子，则为之计长远"，其实不仅是父母，师长也是如此。如果真心想要学生走得长远，特别是一位天才能够不辜负天赋和才华，最好的方式是对他进行磨砺，让他走得更稳健也更宽广。背后这位制造了张居正考试失利局面的长者就是这场考试的主考官顾璘。

　　顾璘是明代一位非常著名的文学家，从小就才华横溢，在弘治年间考中进士，以诗歌著称于世，他和当时的陈沂、王韦一起并称为"金陵三俊"。在当时顾璘不仅是这场考试的主考官，也是湖广巡抚。

　　在这场考试之前，顾璘就听闻过张居正的名字。他对于这位少年非常好奇，所以在考试之前就特意命人将张居正带到了自己面前。当时张居正听说顾璘要召见自己，自然是非常高兴。当顾璘见到张居正时，顿时就被眼前的这位少年的风度和谈吐举止吸引住了。尽管当时张居正只有13岁，但是长得却风度翩翩，谈吐高雅，气质不俗，很有气度。而且学识渊博，头脑聪明敏捷，顾璘瞬间对于张居正欣赏备至，连连感慨"后生可畏"。

　　但是至于张居正真正有没有知识，顾璘想要真正地测试一下。他对张居正说："我现在出题目，你来作诗怎么样？"张居正不假思索地欣然答应。顾璘望着窗外的竹子说道："就以竹子为题来做一首吧。"说完他微微笑了，他在等着这个少年的诗作。

作诗对于张居正来说太简单了，他欣然应允了，稍加思索后，慢慢地说道："绿遍潇湘外，疏林玉露寒。凤毛从劲节，直上尽头竿。"顾璘听完的那一刻，脸上笑容显现，称赞道："好诗，好诗，国士也。"我们常说诗歌是诗人抒发心智的方式，那么从张居正做出的这首诗我们也可以看出其当时的所思所想，他当时恰同学少年，对未来充满豪情，一句"凤毛从劲节，直上尽头竿"就看出了张居正平静的外表下滂湃激荡的内心。

那么顾璘当时为什么还要对张居正进行限制呢？在顾璘看到张居正的第一眼，他就明白眼前的这个少年将来一定是不平凡的人，甚至可能会成为"国士"，顾璘对张居正更是难掩喜爱和欣赏。当乡试考试结束之后，作为主考官之一的顾璘在看到张居正试卷时第一感觉是非常高兴，因为张居正考了第一名。但是随后他开始了沉思。

顾璘是爱才之人，他很明白张居正就是他想要的那种人才，甚至张居正的前途是不可限量的。但是因为张居正有天赋在，从成长以来又一直走得顺风顺水，所以他更明白，像张居正这样的天才少年想要能够不负智商，需要的是不断地磨炼。如果现在没有这样的磨炼，那么最终会跌大跟头，而且到时候的后果可能是无法想象的。那么最好的方式就是能够让神童明白路要稳妥地走才能走得长远。想到这里，顾璘的内心中其实已经有了最终的答案，没错，他要让张居正这次跌一个"跟头"——乡试未中。

打定主意之后，顾璘就将这场考试的其他官员聚集到了一起。当时的其他官员都在静等着顾璘宣布谁是第一名，只见顾璘的脸色严肃，顿了一顿，然后告诉大家："这场考试的结果出来了，第一名就是江陵府的张居正。"大家听后称赞道："实至名归啊！"就在大家等着顾璘宣布其他人的名次时，只见顾璘脸上的表情又凝重了几分，接着说道："可是我并不打算将第一的名次给张居正。"众人惊愕不已，忙问为什么，甚至有官员问顾璘："难道大人您觉得他不适合做第一名吗？"顾璘慢慢地说道："恰好相反，我很欣赏张居正，并且我觉得他在学识上完全有资格得第一名。""既然如此，那您为什么还要犹豫呢？"众人忙问。"正是因为他刚刚13岁，在小小年纪就得到了第一，接下来他很难把握住自己的方向，甚至最大的可能是他会骄傲自大，从此他会扬扬自得，将荣誉看得太重会阻挡他前进的道路。那么接下来的路他也可能会走不长远。"顾璘将自己的想法完全说了出来。这时候有官员说道："难道我们就应该将第一名这样转手给他人吗？为什么要通过这样惨痛的方式来防止张居正骄傲自大呢？"顾璘接着说道："我想各位都听说过《伤仲永》的故事。方仲永也是天才，也是神童，因为没有经历过挫折，神童面临的最大的问题就是将自己的位置摆得太高。摆得越高，摔得就越惨。我非常不希望张居正像方仲永一样，最终满腹的才华都只能沦为他人江郎才尽的笑柄。"听完顾璘的一番话，各位官员都不说话了，开始思考起来，这时候，有官员说道："顾大人的考虑确实很有道理，我们应该尽可能地让一个天才、一个神童走得更长远。"

　　就这样，张居正就从名列前茅成了榜上无名。我们现在很难说顾璘这样做是不是就一定是必须的或者必要的，我们也没办法去证明顾璘的方式为张居正规避了一些风险。但是从比较来看，我们应该不得不承认张居正是众多神童中发展得最好的一个，而这当中，不可否认的是这次"落榜"起到了一定的作用。

其实从古至今，神童很多，但是并不是每一个神童在长大之后继续保持着神童本色，很大程度上取决于能不能有一个很好的引导和成长。年纪很小时就已经负有盛名，其实未必全然是一件好事。小小年纪显露天赋并好好加以利用，可能会在之后有着大的功绩。但是如果像方仲永一般，只能是将天赋当作炫耀的资本，最终的结果也只能是神童走下神坛，成为连常人都不及的人。

后来张居正对自己的儿子讲述了得知自己失利时的心情，他说道："昔童稚登科，冒窃盛名，妄谓屈宋班马，了不异人，区区一第，唾手可得。"可见当时张居正的确是有骄傲自满的心理的。

顾璘的这次操控，改变的不仅是张居正一个人的命运，改变的可能还有大明王朝的命运。后来的万历年间的改革，大明王朝即使风雨飘摇，也能一定程度上起死回生，继续发展几十年，这当中离不开张居正。

其实顾璘的这次操控，也是一次"赌博"——他赌的是张居正能不能够在挫折中奋起，但是张居正在经历了挫折之后，并没有沉沦，而是选择了再战，从中可以看出张居正的确具有超越同龄人的强大的心理素质和冷静从容的头脑。

仅仅13岁，张居正在人生的第一场"心智"考试中交出了令人满意的答卷，令人佩服。

3年之后，第二次的乡试中，张居正这一次更加地从容淡定，用一份完美的成绩来夺取桂冠。在这场考试结束之后，顾璘主动将张居正请到家中，设家宴来款待张居正。席间，他面带愧色地对张居正说："其实，你3年前就能够考中，但是当时因为我的私人心意所以没有让你成功。"张居正听到之后却并不十分惊奇，而是笑着说："其实我很早之前就知道了。"顾璘听到后很吃惊，说："你知道？你知道什么？"张居正平静地说道："大人您的心意我之前就知道了，还要谢谢您的良苦用心。"顾璘说："我曾经耽误了你3年，但在我心中，你是大材，所以我希望你能够大器晚成。我希望你能够以伊尹、颜回作为自己的榜样，不要辜负自己少年时的才华。"并且还将自己带着的犀带赠送给了张居正。

张居正一直都对顾璘心怀感恩，感谢他对自己的器重和鼓励，正因为有了他的鼓励，张居正之后的路走得特别稳妥。

嘉靖二十三年，张居正参加了会试的考试，可惜未能考中。神童对自己有时候难免会期望过高，但是因为有了之前顾璘的鼓励，张居正在这次失败之后保持了昂扬的斗志。在3年之后，再次考试，这一次他顺利通过。之后，张居正又参加了殿试，中了二甲进士，选庶吉士。

这一年，张居正刚刚23岁，从此之后，张居正踏上了他的仕途之路。

官场上的新人

　　庶吉士是明朝翰林院里边的一个短期职位。之所以说是短期职位，是因为这个职位只是对于人员新的岗位配置的一个过渡，一般会选择进士人员中比较有潜质的人员担任，他们具有很好的文章、书法。庶吉士还被认为是储备人才的地方，庶吉士在翰林院中进行为期三年的学习，在学习期满之后进行考试任用，比较优秀的人员担任编修、检讨等职务。在明朝的历史上，很多官员都是从翰林院开始，最终担任了非常重要的职务。

　　张居正在翰林院学习期间，他的文章诗词被很多资历较深的大家所欣赏。但是张居正真正感兴趣的并不是诗词，他并不想做一名文学家，他想谋求更大的局面。吕坤在《书太岳先生文集后》中曾经写道，"张居正不刻意为文，而庄雅冲夷，直醇正大，无奇谲之态，无藻绩之色，无柔曼之容，无豪宕之气，读其文而得其所以为文，见宏邃之养焉，见精明之识焉，见专割之才焉，见笃实之学焉"。意思是说张居正的文章多是自然流露，雅致大气，有然正大之气，没有华丽的辞藻、奇谲的姿态、柔媚的气质，但是从文中我们可以感受到张居正的心胸、气魄、学识和厚积薄发的底蕴。张居正的文章不要求有多么华丽的文采，更注重文章能够有经邦济世的才学。

张居正在王朝发展的历史中看到了国家发展的危机，历史的兴衰交替让他感觉到自己肩上的责任很重，他不断地回想起顾璘曾经跟他说过的，期望他能以伊尹、颜回为榜样。明代中后期社会的局面已经混乱不堪，张居正在内心深处渴望凭借自己的努力改变艰难的局面，开创新的局面。当然在这一刻张居正意识到时机还不对，他的理想不允许自己只是做一个空谈家，他要做的是将理想实现，但是自己的学识、资历还不能让他有所作为，那么他要不断地去积累，潜心学习，争取有一天能够厚积薄发。

当时的社会危机严重，宗室的嚣张跋扈，官吏的消极倦怠、因循守旧，边境的废弛，国库的开支空缺，张居正深深地意识到这些问题的严重性。在嘉靖二十八年时，张居正就提出了要抑制宗藩的问题。

宗藩问题的提出就源于张居正对当时的朝政问题的思索。我们前面讲到过明朝的宗藩问题，武宗时期的宗藩造反的余温还并没有完全消散，到了嘉靖年间更加地严重。子子孙孙无穷尽对于大明王朝的国库着实是一种考验。我们以河南为例，在嘉靖初年，该地的郡王共有39人，将军有500多人。然而在40年后，皇帝的朝廷却远不是这般了，负担已经足够严重，严重到入不敷出的地步，在当时河南交完赋税之后的留存米是有84万石，但是需要供给河南王府的禄米的支出有192万石，也就是说亏空多达108万石。宗室的俸禄已经将当时政府压得喘不过气来，这样的情形之下只能无限期地拖欠。但是皇亲国戚向来生活奢华腐化，他们多半没有官职，不能凭借自己的能力去自力更生，导致的结果是两种，要么是故意寻衅滋事，成为社会不安定的一部分；要么是利用特权，勾结地方官吏，侵占百姓的土地。造成的结果就是农民阶级和统治阶级的矛盾逐渐严重。

严嵩父子的权倾朝野、狼狈为奸，也让朝廷乌烟瘴气，一团混乱。夏言、曾铣、杨继盛等一批文官武将，或因为和严嵩政见不合，或因为弹劾严嵩，先后被严嵩借机处死。张居正将这些都看在眼里，但是奈何他只是一个没有什么实权的小官，他有着经国济世的谋略，也有着舍身为国的精神，还有着满身的才干，他并不想成为忠臣名士，他想能够将自己的一腔抱负和满身才干施展，所以他不想做任何无谓的行动，更不想做没有结果的牺牲。他严格约束自己的行动，也隐藏自己的真实情感，从一介布衣走到如今的官位，他已经付出了太多的努力，已经太不容易，所以他不想还未成功便已成仁。

小不忍则乱大谋，此刻，隐忍是他最好的利器。他只是照常地在自己的岗位上做着一些无足轻重的常规工作，然后静待时机。

但是到了嘉靖三十三年时，张居正感觉到现在时局实在险恶，不仅不能有所作为，并且连保全自己都成了奢侈的事情。"荣进之路，险于榛棘，恶直丑正，实繁有徒"，内心疲惫的张居正选择了请假回乡。

在湖北江陵，张居正过起了闲云野鹤、与世无争的生活。但是，很快张居正发现，他似乎生来就不是一个能够安静下来的人，他那颗悸动的心时刻都在思念着外面的世界。

第三章
一人之下，万人之上

经过多年的努力，张居正终于做到了一人之下，万人之上的位置，开启了他的内阁首辅生涯。

在明朝的众多首辅中，张居正应该是最为有名的一个。他巩固权力，结交宦官，获得后宫的支持，最终开始了他长达数十年的万历改革。

徐阶的教诲

嘉靖二十七年时，已经做了一年翰林院编修的张居正升任右春坊右中允，正六品官职，负责记注和撰文的事宜。从张居正一进京时，徐阶就十分欣赏他。张居正不仅一表人才，风度翩翩，而且还性格果敢，沉稳有城府，这得到了徐阶的器重，并且将张居正视为志同道合的好友。

嘉靖十八年时，立太子的事宜提上日程，在世的三位皇子载壑、载垕、载圳，根据先后顺序，世宗立载壑为太子，并且将载垕、载圳封为裕王、景王。但是在 10 年后，载壑去世了，这时候根据宗法应该是裕王载垕成为太子。但是因为世宗听信了一些道士的说法，认为立裕王不吉利，便将立太子的事情搁置了下来。徐阶多次在和世宗的谈话中维护裕王，并且还特意安排了张居正做裕王的讲官，从中能够看出徐阶的用心良苦。因为在将来世宗百年之后，根据宗法制度，裕王就会是皇位的继承人，而张居正就可以因为讲官的身份进阶为大学士。

张居正不仅受惠于徐阶的器重和提携，还有徐阶政治斗争上的方法。徐阶扳倒严嵩可以说是官场斗争中教科书式的学习样本。

当严嵩排挤夏言时，徐阶当时选择的是谨言慎行。这曾经让张居正感觉到不解甚至是愤怒，他写信给徐阶说："相公内抱不群，外欲浑迹，将以俟时，不亦难乎？"又劝徐阶"盍若披腹心，见情素，伸独断之明计，捐流俗之顾虑，慨然一决其平生"。年少的张居正对于徐阶的谨慎行事表示不解，期望着徐阶和严嵩父子能够正面地决战。徐阶看到这封信时并没有多说什么。难道是徐阶害怕严嵩吗？不是，而是因为在严嵩气焰日盛时，世宗相信严嵩父子，任何人的进谏、弹劾不仅不能将严嵩父子扳倒，更可能的是置自己于不幸的境地。

在邹应龙弹劾严嵩的奏章已经呈报皇帝之后，徐阶还是和严嵩表面交好，他主动到严嵩的府第前去拜访，并且安慰严嵩。对于当时已经像热锅上的蚂蚁一般的严嵩，这种安抚来得很是及时，让他非常感动，在说到后面时，严嵩甚至还一度将妻儿老小托付给徐阶。在严嵩被剥夺了相位之后，徐阶仍然和严嵩保持了书信往来，当然也没有忘记私下将严嵩的党羽一网打尽。徐阶用行动说明了什么是政治家。

在嘉靖三十七年，曾经有徐阶的同乡吴时来、门生董传策、张种三人弹劾严嵩父子，很明显这是徐阶安排的。不承想，当时正值世宗宠信严嵩期间，世宗在收到三人弹劾严嵩父子的奏疏时不但没有去调查，反而非常愤怒，将三人严厉惩处，将三人进行了廷杖之后投入监狱。

后来，在严嵩被惩处之后，曾经有山西巡抚张槚上疏皇帝，要求赦免曾经弹劾过严嵩父子的吴时来、董传策、张种等人的罪行，但是世宗不仅没有赦免，还将张槚进行了严厉的惩处。

从这当中可以看出世宗的性格，他不允许别人对他的行为进行点评，特别是旧事重提，因为这会有损他天子的圣明。徐阶非常明白世宗的性格，所以他选择了不提旧事，他比任何人都明白现在时机还没到，他的内心比任何人都着急，他一直没有忘记三个人，但是他现在只能选择隐忍。"留着青山在，不怕没柴烧"，徐阶已经成功地将严嵩父子赶下台，待他站稳脚跟、时机成熟时再去将三人解救出来。如果现在贸然地去请求皇帝给三人复位，接下来不仅没办法将三人成功地解救出来，怕是他首辅的职位也只能是竹篮打水一场空。后来到了穆宗时期，徐阶成功地将吴时来、董传策、张种三人官复原职。

徐阶的隐忍和全局战略给张居正的印象深刻，后来张居正面临着与徐阶同样的情况，张居正正是凭借着和徐阶学到的人生智慧能够在人生的境遇中能屈能伸，失意时保持昂扬斗志，遇到险阻时不慌张、不退缩。

在嘉靖三十三年，朝廷被严嵩父子控制着，即使有着满腔抱负想要施展的张居正仍然是无能为力，内心的苦闷和压抑可想而知，张居正选择了回乡休养。

对于像张居正这样的有大格局的人是不可能完全不关心时局的，相反因为回到家乡，他会对外面的时局、政治更加地关心。做一个像伊尹一样的大政治家，是张居正一直以来的追求，暂时的苦闷并不能让他将自己的理想放下，相反，因为已经有了几年的官场生活经历，这让张居正在看到家乡的百姓们生活艰难时，他有针对性地思考普天之下的百姓的生计问题。最后他明白百姓想要生活富足安定，需要解决田地分配不均等、贫苦百姓生活艰难、土地兼并等问题。乡间的生活，让张居正更加深切地感受到农村生活的艰难，国家已经有很深的弊病，这些弊病如果不能解决，最终将会腐蚀大明王朝这个帝国的躯体。

到嘉靖三十六年时，已经沉寂了三年的张居正要重新上路了。这三年里他思考自己的发展，同时也思考这个国家的时局，他明白他注定是无法只能保持远观的状态，他迫不及待地想要有一方舞台供自己去施展。

蓝道行的"预言"、邹应龙的弹劾、徐阶的致命一击，使得严嵩终于在把持朝政20多年之后，离开了首辅的位置，被削职为民。徐阶成为大明王朝上一人之下，万人之上的人物。徐阶在政治上取得的胜利，对于张居正来说，也是值得高兴的事。因为徐阶很欣赏他，因为他渴望有更多施展抱负的机会。徐阶成为首辅之后，下令重新修著《承天大志》，其中徐阶将张居正定为了这场修订的核心人物，是除了徐阶自己之外权力最大的人物。到嘉靖四十三年，《承天大志》修著完成时，荣耀也随之而来，张居正被升任为右春坊右谕德。

在嘉靖四十五年时，当时的户部主事海瑞冒死进谏，上奏的内容中言辞激烈，毫不避讳地直接攻击世宗，指出世宗不仅不理朝政、醉心道教，而且还不辨忠良。依照世宗的性格，海瑞这样指斥自己的行为，太过犯上，有损皇帝的尊严，这样的行为是无论如何不能容忍的。他将海瑞投入监狱，为了防止天下人说自己心胸狭窄，没有将海瑞处死，但是如果不是世宗后来驾崩，海瑞恐怕这辈子都得在大狱中度过。张居正体会着政治的实际性和名誉之间的关系，他明白，如果想要走得更远，他不仅要学会处理各种纷繁复杂的关系，同时更要提高每一次行动的准确性。海瑞值得尊敬，但是不值得效仿。他要做的是政治的强人，而非义士。

大明王朝复杂的政治背景给了张居正绝佳的学习机会，他亲眼看着这个王朝的兴衰，也在谋划着自己未来的格局，他一步步走在前进的路上。

这一年，大明王朝还发生了另外一件大事，那就是在位 45 年的世宗皇帝去世了，这也就意味着王朝将面临一次重新洗牌。

这一次，因为首辅大臣徐阶的关系，张居正也在逐渐走到权力的核心。突出的表现就是在世宗去世之后，张居正协助徐阶草拟遗诏的内容，而且张居正是唯一的一位。遗诏是很有讲究的，里边不仅要将新皇帝即位之事写入其中，更重要的是大臣们可以凭借这一机会来改革王朝的弊政。当年的杨廷和就是凭借着武宗去世、世宗即位的 37 天真空期，成功地尽心改革，为王朝提供了济世良方。这一次徐阶同样也这样做了，他所采取的措施是将世宗一朝发生的"大礼"案和"大狱"案被株连陷害的官员全部起复。

公元 1567 年，隆庆皇帝朱载垕即位，是为穆宗。穆宗是世宗和杜康妃的儿子，16 岁时朱载垕就藩裕王。之后裕王开始了独立的生活，母亲杜康妃并不受世宗的宠爱，裕王常年见不到自己的母亲。父亲世宗呢？因为当时道士们告诉世宗，裕王和世宗是两条龙，所以根据"二龙不相见"的说法，10 多年的时间世宗都没有看望过裕王朱载垕。

本来朱载垕并没有即位的可能，母亲不受宠，自己不是长子，自己又和皇帝相冲，这么多的因素交织到一起，他这辈子似乎都没有翻身的可能。但是奈何他的两位兄弟都早早地去世了，在 29 岁时，朱载垕即位。朱载垕对于道士祸乱朝政的行为早就极其反感，加上前面说到的"二龙不相见"，即位之后的第一件事就是将世宗一朝的道士王今等都进行了逮捕，并且下令处死。他对在世宗一朝因为直言进谏而获罪的海瑞非常地赞许，非但没有追究海瑞对于世宗的出言不敬之罪，并且还无罪释放了他，最终海瑞官复原职。

随着穆宗的即位，张居正也因为在裕王府的侍读经历升任礼部右侍郎，之后又升任吏部左侍郎，并且兼内阁大学士。张居正进入内阁。这当中一定离不开徐阶的强烈引荐。迈入了内阁就等同于张居正的政治生涯迈出了关键的一步，他能够更好地施展自己的抱负。在内阁的六位成员中，张居正无论从年龄上还是经历上都远远地排在其他人后面。首先徐阶、陈以勤郭朴、高拱都比张居正要大，只有李春芳和张居正同年，但是李春芳两年前就已经进入了内阁，张居正只能屈居最后。

张居正同他的老师徐阶一样，知道能屈能伸才是大丈夫的做事风格。张居正知道现在正是他学习的好时机，所以他不仅用心地学习朝廷的方方面面，还非常恭敬地对待内阁的其他成员，很快就获得了其他成员的好感，而这就为接下来张居正成为"一人之下，万人之上"的首辅打好了基础。

高拱的离去

隆庆二年时，44 岁的张居正加少保兼太子太保，递上了他的《陈六事疏》，这道奏疏中指出了当今帝国的三大危机：吏治不振、财政匮乏、边患严峻。这是张居正经过了深入的思考之后，对当时的时弊提出的矫正之良方，而这距离他上一次奏疏已经过了 19 年之久。

嘉靖二十八年时，当时刚刚 25 岁的张居正写了一封《陈六事疏》，这是张居正在嘉靖年间写就的第一道也是最后一道奏疏。当时的张居正还只是翰林院的庶吉士，尽管奏疏中陈述了当时朝廷存在的严嵩专权、边患危机等六大问题，但是当时严嵩父子牢牢地把持着朝政，而高拱还没有掌握权力，徐阶谨慎隐忍，尽管这道奏疏发现了朝政的问题，但是因为人微言轻，张居正并没有在奏疏中将当时朝政的问题指向严嵩，更没有深入地剖析，所以奏疏最终的结果是世宗不管不问，不了了之。

19 年中，张居正细心观察，耐心磨炼，终于他等到了这样的时机。

19 年中他也曾经觉得无能为力，他经历了严嵩专政，心有余力不足，只能任由朝政被其把持，作威作福。他也看到了像杨继盛等一批官员相继被罢黜、被流放，但是仍然无能为力。他曾经急切地想要有报国的机会，但经过磨炼之后的张居正知道时机是会垂青自己的，只不过时间久了一些。

现在的张居正 44 岁了，他的心智成熟了很多，政治经验也很丰富，所以他对于大明王朝的社会看得更透彻，眼前的这些实际问题让他去寻找解决的良方。

《陈六事疏》中张居正主要分析了以下几个问题：

一、省议论

这一条将张居正务实的风格展现得淋漓尽致。在他看来，朝廷中的言论过多，具体体现在两个方面：朝廷间的争论太多、官员的辞藻华丽。总结起来就是官员流于夸夸其谈的过多，而实际做事情的很少。很多官员对于朝政中的事情往往争论不休，往往还自相矛盾，争论过多导致的结果就是大家往往在表面上做文章，流于形式。一些官员表面上清正廉洁，实际上贪欲旺盛。而有的官员刚刚上任还未对一个地方完全了解，就大谈特谈，一些百姓认为对方谈论得很好，最后官员就只用心说，却完全忘了他说的是什么。因此张居正强调"扫无用之虚词，求躬行之实效"，要求各衙门不要夸夸其谈，尽量明白晓畅地陈述事情的弊病，并且切实执行，不得推诿。

身处仕途之中，张居正太懂得官员的浮躁心理，他明白想要朝廷焕发生机，首先要改变官员作祟的虚荣心。张居正自己是务实的风格，他格外强调政策要一步步地执行，这也使得之后的万历新政在他的坚持下执行下去。

二、振纲纪

"法所当加，虽贵近不宥；事有所枉，虽疏贱必申"。世宗在位时，醉心方术，无心处理朝政，当时的首辅严嵩把持朝政之下谋取私利，奸佞小人趁机溜须拍马，朝廷上乌烟瘴气，政治秩序已经被破坏殆尽，这时候张居正提出要重振纲纪，是必须的并且是必要的。

三、重诏令

官员们往往在表面上做文章，并不在意诏令的执行情况。关于不执行的原因多种多样，有的官员桌上的文书都已经堆积如山却并不处理，有的官员则是一味地推诿，最终耽搁拖延太久。张居正明白大明王朝的所有事情归结起来都是"人"的事，所以他认为想要将朝廷的弊病一个个革除，需要的是官员们的配合，为此他提出对于处理诏令的时间进行限制，规定期限内不能完成的官员，作为官员的政绩进行考核。

四、核名实

官员的选拔、任用、考核本应该是严格按照朝廷的制度来的，但是因为奸佞小人把持朝政，所以善于逢迎的官员机会就格外地多。他们对于上级官吏极尽逢迎之能事，凭借不正当的途径获取权力，甚至他们可能连基本的任职资格都不具有。买官卖官的现象更是屡禁不绝，有的财政官员竟然都不知道出纳数字。张居正建议，官员的考核和任用一律要经过严格的审核，尽量做到"在其位，谋其政"，赏罚都能严格地按照制度来行事，地位和权力的授予要以功业为标准。

五、固邦本

固邦，也就是兴国，想要重新振兴大明王朝，这就要让官员们都能勤政爱民，使耕者有其田，百姓能够安心农事生产，减轻徭役负担。对于鱼肉百姓的豪强地主，张居正建议要进行严格的控制，否则豪强兼并霸占了农民的土地，地方官府还不断地加重农民的负担，造成的结果是百姓生活更加地艰难。

六、饬装备

连年严峻的边患问题深深地困扰着大明王朝，装备的废弛、士兵作战能力的下降，边防之事成了当务之急。隆庆元年的秋天，蒙古俺答汗率领 6 万骑兵侵犯边境，进入了大同等地；这时候另一部分人马力量更加强大，进犯蓟镇，北京再次处于边防的危机之中。一些官吏和士兵因为作战能力下降，还未跟俺答汗交手就已经吓得逃之夭夭。到了十月份，才将蒙古军打退。作战能力的下降使得大明王朝和外族交手一次就如同得了一场重病，痼疾一身的大明早已禁不起这样的折腾。

这一次的奏疏呈递上去之后，穆宗对此的批阅是："览卿奏，皆深切时务，具见谋国忠悃，所思详议以闻。"尽管这一次的奏疏是张居正极尽心思的观察和思考，奏疏更是将明朝的弊病阐述得清楚明白，但是仍然难逃石沉大海的命运。皇帝将奏疏交给了大臣们，可没有皇帝的旨意，大臣们也只是将奏疏议论一通，然后做着原来的事，所以并无益于政事的真正解决，朝政的风气并没有什么实质的改变。

穆宗皇帝完全没有振兴王朝的想法，所以他还是照常不误地在朝廷中不分昼夜地玩乐，先是从国库中拿出 6 万两白银换取黄金，之后又拿出 30 万两白银购买珠宝，即使当时大臣们纷纷劝谏皇帝还是要慎重行事，穆宗仍然坚持要 10 万两。冒死劝谏皇帝安心朝政的吏部给事中石星也被廷杖。而这些都不是张居正能够左右的，即使他有着满腔的经邦济世之才，如果没有一定的权力做支撑，那么他所有的才华也只能随水东流去。

张居正需要更好的时机，从少保到少傅，又从少傅到少师，从隆庆元年到隆庆六年，他的地位也在慢慢地上升。

在隆庆六年的一天，穆宗身体突然中风了，之后他尽力坚持，但是仍然没有抵挡住命运，年仅 36 岁的穆宗去世了。

穆宗去世之后，朝廷中的势力分为两股，一股是秉笔太监冯保，另一股是首辅高拱。

明代的票拟多是由秉笔太监进行批阅，冯保一直担任秉笔太监，但是在他之外还有掌印太监负责皇帝印玺的使用，冯保想要升任掌印太监。但是当时握有权力的高拱却极力推荐他人，这让冯保心生怨恨。

高拱是个非常有能力的人，即使在首辅人才济济的明朝，高拱也是非常优秀的一个。他和张居正曾经在裕王府中一起共事，政治上也是志同道合。隆庆三年时，高拱任职吏部尚书，掌握着官吏的选拔和任免，他非常注重办事效率，手中很少有积压的工作。并且高拱还针对明朝边患危机严峻的问题，培养了一批军事才华过硬的军事将领。

但是高拱有一个致命的缺点：他的性格率直倨傲，锋芒毕露，这往往引起他人的不满。当徐阶死后，他的三个儿子都被高拱给处理了，并且徐家的土地也被充公。之后高拱又和大学士赵贞吉之间有了矛盾，无奈之下，赵贞吉选择了致仕。之后陈以勤、李春芳等几位内阁官员都被高拱或排挤或陷害，最终留在内阁的只剩张居正一个人。

但是张居正明白，他并不是高枕无忧的，相反他还身处困顿之中。按照高拱前面处理其他官员的方法，他很快也会被排挤出去。可是一旦出去，变数太多，能不能被重新起用就不好说了，所以他选择低调坚守，既然不能和高拱正面对抗，那就继续忍耐。

可是高拱并不会如此轻易地放过张居正，他将张居正视为接下来要铲除的目标，他先是说徐阶的儿子曾经侵占土地，张居正因为和徐阶的关系密切就为之说了几句话，这时候高拱就四处散播张居正被徐阶儿子收买的消息，并且还当面来嘲讽张居正。张居正无奈，只好说明没有收受贿赂的事实。高拱看张居正还算忠厚老实这才罢休，但是从此之后他和张居正之间的关系就变得很微妙，走动变少，嫌隙更加。

穆宗去世之后，神宗朱翊钧即位。当时神宗刚刚 10 岁，冯保积极地奔走于后宫，他要取得皇后和神宗生母李贵妃的支持，很快冯保就将穆宗遗诏的拟就权力掌握在手中。他先是将自己提为司礼掌印太监，接着又结交东厂。

这时候高拱也没有闲着，他先是提出要将司礼掌理奏章的权力收归内阁，并且拉拢张居正一起以收归票拟的权力将冯保驱逐出去，张居正佯装同意。张居正表面上和冯保、高拱二人都保持着关系，并没有过分地亲近哪一方，但是在内心里他很清楚这是一次极佳的机会。如果利用这样的机会将高拱驱逐出去，那么张居正可以水到渠成地升任内阁首辅。但是如果驱逐了冯保，即使张居正暂时安稳，但是依照高拱的性格，他也难逃被驱逐的命运。张居正这时候心里已经有答案了。

高拱相信张居正肯定会站到自己一方，凭借的就是他和张居正作为文人曾经接受的教育，结交宦官是令人不齿的。所以高拱也轻松下来，就等下一步将冯保驱逐。

只有冯保此时还在奔走，他在李贵妃面前狠狠地奏了高拱一章，说高拱擅权，并且蔑视幼君。对于后宫的李贵妃来说，最忌讳的就是有人想要趁神宗年幼之机掌握大权，冯保的话让她横下心来同意驱逐高拱。

隆庆六年的一天，高拱像往常一样入朝拜见皇帝。他今天心情不错，他已经将驱逐冯保的方法想了很多遍，基本是十拿九稳的事情，就差和皇帝来禀报了。待他走进会极门，就听冯保说有谕旨要宣读，只听"大学士拱揽权擅权，夺威福自专，通不许皇帝主管，我母子日夕惊惧"，并且命令高拱要立即回乡，不许停留。

这着实给高拱打了个措手不及，他一时惊愕不已，竟然倒在地上。直到有兵役来拉他，他才回过神来，但是他已经没有了选择的余地。

高拱去职了，当年的六月高仪也因为身体原因病故，张居正不仅成了内阁首辅，还成了唯一的顾命大臣。

张居正终于等到了这一天，他成了一人之下，万人之上的人物。隆庆六年的六月，48 岁的张居正终于等来了他的时代。

权力的顶峰

张居正坐上了内阁首辅的位置。张居正的时代到来了，但是还有众多的矛盾存在着，张居正开始了他的巩固权力的斗争。

穆宗去世后，神宗即位，神宗生母李太后非常担心"主少国疑"，神宗皇帝当时才刚刚 10 岁，年幼的皇帝如何能够号令当时的大臣们呢？这时候，高拱的那句"10 岁的孩子怎么能做天子呢？"更是让李太后担心不已，所以她毫不犹豫地驱逐了高拱。

但是这只是第一步，她明白，想要让大明王朝这艘大船继续航行，就要让一个人来辅佐年幼的万历皇帝。尽管在驱逐高拱时，李太后表现得坚定并强势，但是从自身的性格来说，她又不是能够牢牢地掌握权力的人，她在寻找这个合适的人选。最终她将这个人定为了张居正。

当时张居正接替了高拱成为内阁首辅，他明白大明王朝面临着诸多的麻烦，但是众多需要处理的问题中第一位的是对万历皇帝母子的安抚。张居正知道这样的关系不仅能够获取最高权力的支持，还将保持朝政的稳定。

当时张居正就提出给李太后也加封尊号。尊号在古代社会是封建礼法的一部分，根据制度，皇后可以被加封皇太后，而其他人没有这个资格，即使是皇帝的生母也不能。但是当时张居正为了结交李太后，在给当时的皇太后加封尊号为仁圣皇太后时，也给李太后加封慈圣皇太后。这在当时的朝廷中引起了不小的轰动，很多大臣纷纷表示反对，礼部大臣们更是不能接受，这明显不合礼法规矩。这时候张居正就找到礼部尚书潘晟，说服潘晟也给李太后加封号，从此之后两宫就没有区别。张居正这样周全的做法赢得了李太后的赞赏，不得不说张居正是深谙太后的心理的。

李太后还醉心于佛教，并且在佛教上花费了大量的金银。张居正知道他如果能够让李太后保持这样的爱好，那么就不愁李太后不支持自己。

但是醉心于佛教是一笔不小的开支，那么这笔开支来自哪里呢？当时国家的烂摊子摆到了他的面前，国库开支也是面临着诸多的难题，这时候该怎么办呢？张居正需要一个两全其美的办法，一方面既能满足李太后的兴趣爱好，另外一方面又能保持国库的开支不受影响。张居正想到的办法就是将当时的宝和店划归到李太后的名下。本来宝和店是属于内廷所有，平时皇宫当中大小物品都要在这里采购。划归到李太后的名下之后，李太后就可以拿宝和店赚到的钱去自由地支配，不受皇室的制约，同时当太后手头不太宽裕的时候又会自觉自发地去通过宝和店来赚钱。这样一个两方都能满意的方案就解决了问题。

不仅如此，张居正还经常写一些碑文来赞颂李太后。万历八年到九年期间，李太后在五台山曾经建立一座寺庙——宝塔寺。建成之后，为了对李太后的善举进行赞扬，张居正就写了碑文一篇来赞颂太后。

正是通过这些点点滴滴的周全安排之后，张居正获得了李太后的信任。隆庆六年时，李贵妃被加封尊号后不久，就将辅佐皇帝的权力都交到了张居正的手中。之后，从万历初年到万历十年，张居正任首辅的 10 年间，都深得李太后的眷顾，并且一直都以家人之礼来对待。正是李太后的信任和支持，让张居正的政治地位能够保持稳定。

为了巩固自己的力量，张居正还进行了以下的行动。

万历四年的正月，神宗皇帝收到了一道奏章，这道奏章的内容是弹劾当朝的内阁首辅张居正。呈上这封奏章的不是别人，正是张居正的学生刘台。

在隆庆六年，张居正当上内阁首辅之后，招了一批人才，其中就包括刘台。他的职位也从刑部主事升任为了监察御史巡按辽东。当时刘台非常地感激张居正的赏识，因为这对于他来说，是一次极其难得的机会，晋升的速度之快也超出了他的想象。从此之后，刘台就成了张居正的学生，两人的关系甚笃。但是好好的师徒怎么会发展到弹劾与被弹劾的地步呢？

在万历三年的时候，明王朝的辽东对蒙古进行一次卓有成效的作战，最终取得了这场战争的胜利。按照规矩，应该是由辽东的巡按刘台和辽东的总兵李成梁一起上疏朝廷，汇报战况。两人中的任何一人都没有将大捷上奏朝廷的权力，但是当时刘台因为一心想着建功立业，就单独将捷报上奏了朝廷。当这道战争胜利的奏章从辽东来到京城，到了张居正手里时，他却一点都高兴不起来，这是因为在老师张居正看来，刘台的这种行为有邀功的嫌疑。这是张居正难以接受的，除此之外，他现在身居要职，一旦纵容刘台的行为，他在朝廷中的权威就会大大下降。接着张居正就给刘台写了一封信，信中将刘台严厉地训斥了一顿："事小不合，诘责随下。"张居正一方面认为刘台的这种行为有违制度，同时也将这件事作为典型，以此来整顿朝廷中的吏治。

几天之后，刘台收到了老师的来信。看完信后，年轻气盛的刘台非常气愤，他认为老师在小题大做，并且怨恨老师的不讲情面。

很快，刘台就将一道弹劾张居正的奏章呈给神宗皇帝，奏章中这样写道："高皇帝鉴前代之失，不设丞相，事归部、院，势不相摄，而职亦称。文皇帝始置内阁，参预机务，其时官阶未峻，无专肆之萌。二百年来，即有擅作威福者，尚惴惴然避宰相之名而不敢居，以祖宗之法在也。乃大学士张居正偃然以相自处，高拱被逐，擅威福者三四年矣……"意思是说张居正把持着内阁首辅之位，作威作福，驱逐高拱，擅权威福。

接着刘台又将张居正的具体罪状进行了列举，包括：违背祖制，私自任用张翰、张四维等人，接受朝廷官员的贿赂，打击异己力量等。

张居正在听说了刘台弹劾自己之后，非常生气，刘台对自己的弹劾应该是大明王朝历史上唯一的一次门生弹劾老师的事件，并且弹劾的罪状置自己于死地。

张居正尽管十分地气愤，但是他知道自己不能表现出来，甚至不能反驳，所以他选择了以退为进。张居正先是将这件事情的原委讲给神宗和李太后，并且指出之所以刘台弹劾自己是因为自己在辽东大捷中批评了他。但是这件事本来是公事，却最终将私愤发泄到自己的身上。并且张居正还说，本朝历史上从来没有发生过学生弹劾老师的事情，这一次发生这样的事情让他感觉非常的羞耻，唯有去职才能表明自己的心志。

张居正也知道，神宗和太后并不会真的处置自己，但是刘台他是断然不会放过的。听完张居正的陈述之后，神宗命令锦衣卫将刘台押解进京，对刘台进行廷杖，然后削职为民。之后张居正又私下命令官员揭发刘台的贪污受贿，最终将刘台发配到贵州充军。历史的巧合往往令人回味不已，当张居正在首辅的位置上死去的时候，刘台也在贵州病死，这对师徒最终在同一天死亡，他们的仇恨应该也一笔勾销了。

张居正不担心别的，他最担心的是神宗皇帝是不是对自己产生怀疑。他害怕当这些议论充斥在神宗耳边时，神宗皇帝能不能抵抗得住这些流言蜚语，保持对自己的信任，还好，一切都平安度过。

凭借着神宗和后宫李太后的倾力支持，又一步步肃清了朝廷中的不安分因素，张居正在首辅的位置上坐得更加稳固。有了这样稳固的保证，接下来的这场改革势必会进行得更加顺利。

张居正即位之后，对于一些关键岗位的确安插了自己的人马。比如吏部尚书，吏部因为主要负责官员的选拔，所以张居正一直很看重吏部官员的任用。之前的吏部尚书是杨博，在杨博死后，进行了吏部尚书的选拔。当时的候选人有三个，第一个是左都御史葛守礼，第二个是工部侍郎朱衡，第三个是南京工部尚书张瀚。本来吏部尚书的位置就是第一、第二候选人的争夺，第三名是不可能有机会的。最后结果却非常出人意料，竟在这场争夺中胜出。可以想见当时的张瀚在知道这个消息之后的激动心情，他从来没有想过自己会成为吏部尚书，所以自然对张居正感激不已，之后他就听命于张居正。不仅吏部，张居正之后在各个部门都进行了一定的调动和变更。很快朝廷中的要职都是张居正的人在担任，而那些曾经反对过自己的人，最后都没有机会在朝廷中谋个一官半职。

万历五年时，张居正的父亲张文明去世了。根据礼制，张居正要辞职回家丁忧，并且回乡守丧三年，守丧完毕之后再回朝任职。这是一般的惯例，但是对于皇帝特别器重的官员，三年的时间太长了，皇帝没有时间等那么久，这就会出现夺情的情况。所谓的夺情，也就是由皇帝下令，官员不允许辞职。但是从英宗开始，倡导孝道，已经不允许夺情。

当时的张居正其实是很难进行抉择的，一方面父亲去世，张居正十分伤心。另一方面，张居正现在终于坐到了首辅的位置，而且他现在正在进行一场改革，他去职三天可能一切就会变化，况且是三年。他还有没有机会再次进入内阁也是未知数，所以他的内心十分不安。在这场夺情风波中，神宗也是对张居正很是不舍，老师在他都可以放心，一旦老师不在，谁能够像老师这样身负天下之重呢？

在夺情风波中，发生了很多事情。正是趁着这样的机会，张居正进行了一次朝廷人员的大换血。

曾经被张居正提拔的张瀚这时候却和张居正唱起了反调，当然说张瀚是有意为之倒是也谈不上，这是作为文人的张瀚曾经接受的教育所致。当时神宗下手谕到吏部，张瀚视而不见。张居正就劝人对张瀚进行劝说，张瀚依然不为所动。

张居正怒了，他想不通张瀚为什么要这样地顽固不化，完全不对时局进行考量。既然如此，就算将来张居正将他培养出来，恐怕也并不能够有所发展，所以张居正很快联合当时的给事中弹劾张瀚，弹劾的罪名就是张瀚对于神宗的圣旨并不奉诏书执行。

当时坚持进谏的另外三个人是吴中行、赵用贤和艾慕，其中吴中行和赵用贤是张居正的门生，艾慕是张居正的同乡。吴、赵二人进谏的内容十分严厉，他们认为张居正是"贪位忘亲"。这样的罪名着实是非常严重的，他们甚至说道："位极人臣，反不修匹夫常节，何以对天下后世？"当时吴、赵二人认为张居正应该回家为父亲办丧事，待丧事完毕之后再回朝。而艾慕则是认为张居正应该进行长达三年的守制。

对于吴、赵、艾三人的言辞，张居正很是反感。在他看来，这些他的门生、同乡，为了进谏而进谏，全然不顾情谊，既然如此，他也就不必给三人留什么情面。当年的十月，吴、赵、艾三人被廷杖，这背后的主谋就是张居正。最终，吴、赵二人被打得已经不像样子。但是就算这样，张居正还是不打算放过他们，很快吴、赵二人被逐出国门。另外一个艾慕则是被充军。当时的邹元标在知晓了这件事情之后，对于张居正的打击报复行为非常地愤慨。他上书朝廷，但是不幸这封奏疏还是到了张居正的手里。所以张居正对邹元标也没有放过，邹元标很快就遭受了廷杖的惩罚，廷杖的严重使得邹元标落下了终身的残疾。

之后，张居正回乡葬父，不仅神宗皇帝特许，坐轿，场面十分宏大，并且沿途路上百官们也是争相款待张居正。不得不说当时张居正的位置和权力已经很大。

当张居正归葬时，当时官员王用汲提出夺情风波中的吴中行等人之所以受到廷杖，是因为他们并没有归附张居正，邹元标因为直言进谏，就受到了张居正的惩罚，从中可见张居正的作威作福，大权独揽。当这封奏疏到达京城时，张居正还在家守丧，所以当时这件事的处理者就是张四维。王用汲最终被削职为民。

张居正回到京城听说了这件事之后，他非常生气，向神宗皇帝进谏，认为王用汲等人不过是因为不愿意改变做事的原则，自己这样用心却还要遭受王用汲的攻击，实在是委屈。通过这样的方式，神宗皇帝很快责令惩处王用汲。如此一来，朝廷中的关键部门、关键岗位，全部都是张居正的人马。他们再也不敢和张居正相抗衡，他们全部成为张居正命令的执行者。

　　通过以上的方式，张居正的确是将朝廷中的权力进行了很好的控制，朝廷越来越体现他的意志。

　　但是，随着神宗皇帝的长大，曾经那个单纯的少年已经一步步成熟，他也在仔细地观察着朝廷中的大事小情。渐渐地，他已经开始对身边的这位老师产生了怀疑。怀疑的种子一旦种下，很快就会开花结果。在张居正死后被神宗清算，不能不说是神宗对张居正态度发展到极端的必然结果。

第四章
恶毒的报复

呼风唤雨的张居正去世了。

从 23 岁就进入官场到死去，他练达果敢，对于官场上的任何风吹草动都能够第一时间有所反应。并且随着阅历的增加，他已经对官场之事经驾轻就熟，但是这一切都没有阻挡他最终被报复、被清算的命运。

多年独自掌握大权的经历，让张居正已经愈发地有些偏执，让他毫无疑问地认为自己是最能驾驭大明王朝这驾马车的人。但是张居正不知道，他的专横跋扈和身边人的贪腐已经让很多人将他视之为"眼中钉、肉中刺"。

在张居正死后，无论是万历皇帝还是那些曾经和他共事过的官员都感觉到时机到了。张居正死了，很多人却并不会因此就放过他，他们开始了一轮又一轮的报复行动。

万历新政

如果说"神童"的称号让张居正人生的前半程名扬当世，那么人生最后10年的这场改革则让张居正彪炳史册。当人们评价这场发生在明朝后期万历元年到十年的这场改革时，总是喜欢用一句话来评价张居正，那就是"世间再无张居正"，这是非常高的评价。张居正的赫赫功绩更是让他成为封建王朝历史上著名的改革家之一，其余的两个人分别是协助秦王完成统一霸业的商鞅和宋朝历史上伟大的改革家王安石。

张居正有一个称号叫"救时宰相"。很多历史学家在谈到明朝后期时，会讲到如果不是张居正的这场改革，可能明朝早已经灭亡。那么，当时的社会状况究竟是什么样子，张居正又是怎样进行改革的呢？具体还要从明朝后期的社会状况说起。

封建制度在经历了最初的确立、发展、趋于完善，到了明朝，无论从政治制度还是经济发展，都已然发展到了最高峰并逐渐开始衰落下来。

开始走向衰落的大明王朝，封建制度自身无法克服的矛盾已经开始逐渐显现，农民起义的数量比之前更多、规模更大，这样的衰败场景都发生在大明王朝，而在之前这样的场景不曾出现过。

隆庆皇帝在位的时间很短，仅仅6年，但是在位的6年时间里，这位皇帝最大的特点是放权、好色。他对于朝政并不关心，安心将权力交到群臣的手中，然后尽情地玩乐。张居正在《陈六事疏》中提到，要"省议论"，就是对当时朝廷生态的最形象描述，每当有大事发生的时候，隆庆皇帝尽管坐在最高权力的位置上，但是更多的时候他像一尊雕像一般一言不发，而是听任重臣争来争去，有的大臣竟然认为当朝的皇帝是哑巴，这是多么荒唐，又多么令人匪夷所思的事情。这和他的父亲世宗形成了鲜明的对比，父子俩相同之处是都无心朝政，但是世宗要远远地比穆宗更有策略，也更懂得帝王之术。世宗时朝廷上的规矩非常多，尽管他一心沉浸在方术中，但是大臣们都谨言慎行，因为一旦有失礼的地方，招致的可能就是灭顶之灾。皇帝不在朝廷之上，但是却非常深刻地震慑着每一位大臣，大臣们处理政事认真严谨，不敢懈怠。但是穆宗却俨然另一番光景，只见早朝时大臣们议论纷纷，皇道尊严荡然无存。

尽管穆宗毫无作为，但是因为他勇敢地放权，幸运的是在隆庆年间出现了很多非常有能力有作为的大臣，如徐阶、高拱、张居正等，他们用自己的才华和谋略延续着王朝的生命。但是不幸的是因为有能力的内阁大臣较多，所以内阁之间的矛盾异常尖锐，首辅位置的斗争接连不断，在首辅这把交椅上很少有官员能够坐得长久，先是徐阶代替了严嵩，接着高拱又赶走了徐阶和李春芳，直到张居正代替了高拱成了内阁辅臣，首辅的位置才由张居正坐了10年。

这时候的明王朝已经积聚了太多的弊病，问题盘根错节，各种矛盾交织，大有愈演愈烈之势，其中包括以下几个方面：

一、政治上，吏治腐败

我们前面讲到了首辅走马观花式的上任、去职，相互之间的倾轧和斗争非常激烈，因为世宗、穆宗时皇帝的不作为，内阁首辅是朝廷中最重要的人物之一，他们之间的相互斗争通常导致的是整个朝廷的震颤。朝廷中的其他大臣们往往依附于权力更大的首辅，而首辅之间斗争通常就形成了不同的利益派别之间的斗争。官场上贿赂成风，卖官鬻爵，地方官员想要获得晋升，都需要准备好金银财宝或者丝帛等前来拜见，"关系"成了官场上的通行证，而原来的制度基本成了"摆设"，并不能起到应有的作用。锦衣卫等监察制度的确立，使得上至文武百官，下至黎民百姓，无不人心惶惶，明朝的官僚体系已经腐败不堪。

官僚体系的破坏，朝廷的乌烟瘴气造成的结果就是吏治的腐败。不仅统治阶级之间斗争激烈，统治阶级和农民阶级的矛盾同样尖锐，因为所有的统治阶级的矛盾最终都会演化成社会的矛盾，激化之后造成的是百姓的被压榨、被攫取，只能是更严峻的社会矛盾。

二、经济上，国库空虚

当时的地主阶级大肆地兼并土地，农民阶级的土地被霸占，但是徭役负担却没有丝毫的减轻，甚至还有增加的趋势。造成的结果就是失地的农民生活更加地艰难，缴纳赋税变得更加地艰难，国库的收入连年减少。据统计，在嘉靖时，很多人家只有一丁，但是需要缴纳的赋役却有一百七八十人之多。农民生活贫困，没有粮食缴纳赋税，国库的税源便成了很大的负担，但是皇宫中因为人口的连年增加，财政上出现了亏空。这让统治阶层大为担心。隆庆元年，当时的尚书报告皇帝，根据朝中计算得出的银两数，如果照今年的支出情况，也就只能支撑国家三个月的时间。三个月，很快就会过去，但是朝廷面临的问题却不能解决，这不得不让统治阶层心急如焚。

三、军事上，抵抗不力

明朝政府面临的问题非常多，既有来自农民起义，也有来自蒙古边境的侵扰。战斗中，明朝的士兵们作战能力明显不如农民起义军和蒙古军，很多士兵甚至在听说要作战之后都会害怕，他们早已经丧失了起码的战斗力。另外一方面，张居正在《陈六事疏》也提到过，明朝的军备废弛，很多作战武器非常落后。

但是这一时期的农民起义对于封建王朝的打击都不是最致命的。因为尽管农民起义的数量不少，但是远不及明武宗时期，甚至低于明朝初年，并且在隆庆年间的农民起义没有形成统一的力量，他们多是分散的力量。

之前我们说到过，张居正为了稳定局势不仅搞好和李太后的关系，意在谋求获取后宫和最高权力的支持，同时他还将朝廷之中的反对力量进行了一定程度的消除。这样一来，张居正改革的阻力就小了很多。其实为了改革的成功，张居正还不断地加强和太监冯保的关系。

张居正的聪明之处不仅在于他头脑灵活，还在于他能够吸取前人的经验教训。张居正之前就吸取了王安石改革中受宦官掣肘的教训，为了保证改革的顺利，他同太监冯保之间密切联系。

宦官在明代的宫中扮演着重要的角色，他们和皇帝的关系最为亲近，因此对皇帝的所思所想最了解的人未必是妃子，更多时候是太监。徐阶和高拱在前面提供的教训就是要和宦官搞好关系，而且张居正一贯在乎的是实际的效果。宦官专权的情况已经延续了很多年，他自己改变不了，所以只要冯保不干涉他的改革大业，那就可以了。

当时冯保任命锦衣卫中的徐爵入宫，代阅奏章，张居正派了自己的仆人前去和徐爵结为兄弟，来拉拢和冯保之间的关系。不仅如此，当他知道冯保想要在神州建坊时，张居正派人前去帮忙。这样的帮扶让冯保大为感激。

张居正非常明白，必要的退步是为了更大的进步，所以他在平时会给冯保好处。这是因为张居正谋求的是一个更大的局，他要保证冯保一定程度地放权。在当时这样的情况下，张居正的改革的确是因为冯保的支持，无论是对于后面的稳定地位还是控制局面进行改革都有一定的帮助。

在将各种关系疏通之后，张居正进行了一场改革，这场改革可以说是在明王朝面临着危机时的一场自救，于千钧一发之际，力挽狂澜。

在长达 10 年的改革中，张居正进行了以下几个方面卓有成效的改革：

一、经济上，实行"一条鞭法"，改革赋役制度，商农共同发展

明朝之前的赋税制度是向土地的所有者来征收田税，同时按照人头来征收徭役。这样做从理论上和法制上是公平的，人人公平。但是问题是到了明朝时候，封建地主阶层，包括皇族、勋臣、大官僚他们依靠特权，不断地侵占农民的土地，并且他们还买通官府，谎报田数，大量的国家土地被地主阶层占有，但是财政的收入却出现亏空。特别是到了嘉靖年间，土地数量更是已经到了明初的一半，人口却大为增加，大量的土地流入了大官僚手中，却还能逃过缴纳赋税。从万历五年开始，在全国范围内进行了一次丈量土地的清查，其中查到漏税土地竟然达到了 80 余万顷。

面对这样的局面，张居正进行了三个方面的改革：

首先将原来的征收实物改为一律征收银两。当时征收的实物包括粮食、丝绢，分为夏、秋两季征收。征收实物面临的问题就是当地的官员可以趁机作弊，而这是无法规避的。并且大量的实物在运输上也是一个大麻烦，通常在运输途中损坏的和本身的运输费用需要花去一部分，使原有的征收赋税就大为减少。

除此之外，当时的农民们还要服役，包括各种徭役。"一条鞭法"的内容就是："总括一县之赋役，量地计丁，一概征银，官为分解，雇役应付。"所有的税赋都改为征收银两，这样不仅使得官员难以作弊从中渔利，而且解决了失地农民的负担，提高了他们的劳动积极性。

同时，不再按人头征税，而是改为按实际的土地数目征税，这就很好地解决了一些大地主阶层大量侵占土地的问题，还提高了农民的积极性。很多农民不用再束缚在土地上，而是可以寻求多种方式进行获利，这也就为手工业的发展提供了劳动力，扩大了货币的流通，促进了工商业的发展。

"一条鞭法"的推行大大地增加了明朝政府的收入。根据统计，当时国库的粮食储备达到了 1300 多万石，这可以供给大明王朝 5 年的食用。

不仅如此，张居正还疏通河道，将原来的荒地转变为耕地。当时黄河每到夏季就会形成洪涝，为此，张居正任用潘季驯治理黄河，治理之后的黄河南流方便，很多之前的荒地转变为可以耕种的土地，保障了农业的发展。

二、整顿吏治，实行考成法

张居正的这次改革可以说是一场地主阶级的自我解救运动，将陷入了危机之中的大明王朝解救出来，实现富国强兵。富国的基础是发展经济，强兵的基础仍然是发展经济，以此来充实边疆的作战实力。但是国家当时面临着巨大的经济危机，由此导致的是社会的危机局面。但是经济的缓解有赖于国家的有效运转，而最最关键的还是官员的问题。一些官员以攫取私利作为自己的任务，因此相互之间争权夺利。所以其实核心的问题还是国家机器的问题，想要发挥国家机器的职能，就不得不改变吏治。当时张居正给出的解决方案是实行考成法。

所谓"考成法"，具体的规定是这样的，在各个衙门中都分别做三本文簿，然后在其中一本中记录下所有需要做的事项和完成期限，以这一本为底本，随时记录，到了月末的时候进行注销。去除掉底本之中不需要进行考察的事项，然后再在另外两本中将事项同样记录下，其中一本送到六科去，六科会根据完成的情况进行相应的注销，对于在规定的期限内没有完成的，进行上报，再由衙门对于记录的情况进行问询，责令对状。另一本就送到内阁，作为一个记录，内阁进行月度考察和年度的考察。除此之外，还设置了监督的内容，命令抚按官对于上述的事项进行监督，如果有故意延迟完成的情况，进行举报。

这样一层层地设定期限，层层地考核、监督，凡是在规定期限内没有完成的，都进行一定的惩罚，这项规定在今天就是企业中的绩效考核。张居正的远见可以说是超越时代的。

在表面上看，考成法在整顿吏治的内容上就仅仅是增加了三本文簿，并没有什么其他举动。但是这正是张居正的高明之处，他认为朝廷的废弛并不是机构的设置上出现了问题，政治上之所以废弛在于对于官员缺乏相应的考核和监督。那么考成法，要求凡是有政务都要进行落实，不能只求虚浮的数字，而要注重实效。官员如果只做表面文章，只注重说一些敷衍的话断然是不行的。官员的政绩就是他们升降的依据，原来的官僚主义的作风得到了克制。

同时考成法还将权力大大地集中到内阁的手中。明朝后期的社会局面混乱，权力分散，但是考成法就将内阁放到了六科之上的权力层面。他们根据手中的文簿可以大大地监督六科，这也就使得权力独揽，之后的改革能够更加顺利地进行。

三、军事上起用戚继光等军事人才，展开互市贸易

张居正在改革之初，就起用了一批英勇善战的武将，并且还对他们非常地信赖和爱护，将这些武将们视为自己的兄弟，大加赞赏。

这中间就包括名将戚继光，因为善于用兵，多次打败倭寇，他的"戚家军"名声非常地高。在戚继光到任之后，他视察了边疆的情况，他明白积弊的问题已经太多了，他将面临的问题一个个进行了记录，然后上奏朝廷，寻求解决的方案。

戚继光刚刚到达北边时，北方的军队非常地松弛。看了这种训练情况，戚继光认为第一步就是要严肃军纪，整饬军队的风气。朝廷中有一些官员提出，戚继光之前都是训练南方的军队，他并不熟悉北方的实际情况，所以他的训练方法并不一定适用于北方。但是张居正却力排众议，一定要任用戚继光。

戚继光到任之后，他先是调用了浙兵 3000 多人来充实队伍。浙兵历来训练有素，军纪严明，很多北方兵不以为然。直到有一天大雨倾

盆，3000 名浙兵在雨中训练，从早上就开始，直到这天的下午，这让很多北方兵汗颜，从此之后明白军纪为何物，并且开始服从军令。

戚继光在边疆地区，还有很多的创建。他根据地形来决定作战方案，平原地区他选择用车战，在山谷地带又采用步战，近边地区采用了马战，这样的作战方式既有针对性，同时又可以紧密结合，作战时，几十辆车衔接到一起，形成圆形或者方形进行防御。进攻时又先以骑兵冲在前面，用来阻挡敌人的进攻；当将敌军吸引来之后，又配合以火攻；敌人进入了射程之内时，战车上的火器就开始作战了。当敌人疲于应对火攻时，掩藏在战车后面的士兵们冲出，进行攻击；敌人的队伍混乱之后，骑兵重新杀出阵营，将敌人进行整体合围歼灭，这一整套的作战战术不能不说是戚继光的创造。

此外，张居正还采取了边境互市的交易，这是他从当时的军事状况出发给出的解决方案。在当时，无论是明朝政府还是俺答汗双方都没有获胜的十足把握，这时候如果能够通过互市的方法，双方展开贸易，那么就不失为安定边疆的有效方法。

改革的成与败

对于张居正的这场改革，成效可以说是明显的。万历初年的国家粮仓粮食不足一年的储备，国库空虚，财政的亏空超过了 1/3，这样惨淡的局面下的改革，张居正却很好地进行了挽救。根据记载，改革之后的国库储备粮食可以支撑国家 10 年的消耗，国库也大为充盈，积累的白银达到了 400 万两。这样的成果不仅在当时的时代，即使是整个封建历史上都是值得被称赞的。

张居正的这场改革是时代的产物。当时的朝廷中内阁的地位较之之前有了明显的上升，有利于内阁首辅推行政治改革。并且有一个更为有利的时机是当时即位的神宗皇帝刚刚 10 岁，年龄很小，所以需要一位能力很强的内阁首辅来主持朝政。

当时的朝廷中可以和张居正在权力上相互有所依赖的就是太监冯保。冯保手中有着"票拟"的权力，但是冯保没有经邦济世之才，更不能担当起重振一个国家的任务。张居正本身能力出众，在朝廷中已经蛰伏了 20 多年的时间，对于朝廷的弊病有着透彻的认识。这时候张居正和冯保之间进行了一个很好的合作，当然这有赖于张居正的积极结交，才获取了太监冯保的支持，这让张居正的改革有了保证，使得司礼监、使得冯保成为这场改革中的积极力量。

张居正还搞好和李贵妃的关系。李贵妃是一位非常强势的女人，但是她并不想像武则天那样掌握权力，她需要的是能够辅佐神宗的人物。这时候张居正的出现，让她和张居正一拍即合，成为改革的支持力量。

这些改革的背景使得张居正的这场改革具有了可能性，但是让改革真的实现还离不开张居正自身的努力。

首先张居正的务实性。张居正明白，朝廷的各项制度都已经相当的完备，机构也已经设置完善，这时候他没有像以往的政治家，如杨廷和一样进行机构的改革，而是将改革的核心力量放到了让这些机构充分发挥力量上。他说："盖天下之事，不难于立法，而难于法之必行；不难于听言，而难于言之必效。"明知不可为而为之，勇于仁，明之义；知可为而不为，荒于忧，失于时；知可为而为之，谋必定，成在动。他创立了考成法，通过对官员的实际完成情况进行记录、监督和赏罚，这让官员真的将重心放到了执行上，而不是原来的注重夸夸其谈和繁文缛节上，充分发挥了人的作用，提高了机构的效率。

其次，张居正还能够知人善任。军事上，张居正起用了很多非常有谋略和才华的将领，现在看来这些都是非常简单的，但是在当时的大背景下，每一个人事安排都要经过重重的阻隔，能够真的实现是非常不容易的。就起用戚继光来说，尽管当时戚继光威名在外，但是很多北方的将领并不认可他，认为戚继光是已经习惯了南方的军队，所以他并不擅长率领北方军队作战，当戚继光整肃了军纪并且最终战胜了俺答汗的力量时，朝廷上的反对之声才真的减少下来。

张居正还是非常有远见的改革家。之所以这样说，是因为在当时的背景下，尽管资本主义的萌芽已经在东南部沿海城市出现，但是很多人，特别是朝廷中的大臣并没有全然地重视这样的情况，张居正却能很好地适应。他在经济上实行"一条鞭法"，一方面使得白银逐渐成为市场上唯一流通的交换物，另一方面又解放了劳动力，这都有利于手工业、资本主义工商业的发展。

但是张居正的这场改革还是失败了，之所以说是失败是因为以下几方面的原因：

首先，张居正的改革的根本目的是为了维护明朝的统治，挽救病入膏肓的明帝国，为了维护明朝官僚阶层的长远和根本利益，但是在具体的改革中，张居正不可避免地触犯了一些地主官僚的利益，使他们进行了顽强的抵抗。明朝的统治已经进入到了后期，这时候的大明王朝就像一台老旧的机车，浑身上下都是毛病，一个王朝比一个机车更为难以对付的是人们思想观念的僵化，能够改革的部分已经非常狭小。人们已经乐于去因循守旧，并不会考虑长远的利益，现实的、直接的利益更易为他们接受。

积重难返的局面需要的是重拳出击，但是反对派并不会因此消失，相反会进行更加顽强的抵抗。当万历五年改革推行得如火如荼时，张居正的父亲张文明去世了。按照礼制的规定，父母去世，官员要回家守孝三年，但是在这样的情况下，张居正明白，一旦他回家三年，改革的图景将会被消灭殆尽，所以他并没有回家，而是选择了留任，可以看出当时改革的阻力是多么地大，而张居正只能一往无前。这件事却远不像想象的这样容易，当时朝廷上形成了非常分明的两派，一派是支持改革的官员，他们认为在新政刚刚有了一定的成果的时候，如果张居正离任，形势很可能会被逆转。但是当时的反对官员却不这么认为，他们攻击张居正这是要"忘亲贪位"，将张居正比作"禽彘"。张居正并不会将反对派的声音作为改革的阻碍，他坦然面对，并且进行了有力的打击。

尽管当时张居正被农民阶级等称赞，但是在统治阶级内部却全不是这样，一些之前侵占了大批土地的封建官僚对于这场改革十分愤恨。

其次，张居正的"考成法"让皇帝也大为反对。这是因为在改革中，六部听命于内阁，与皇权之间也形成了一定的矛盾。当时的小皇帝尽管有所不满，但是奈何自身力量薄弱，李太后支持张居正使得小皇帝没有同张居正对抗的能力。但是之后，当皇帝开始执掌权力之后，他要开始反攻了，即使张居正是他的老师，也曾经带领整个王朝走在了前进的道路上，但是这些都不能成为万历皇帝的阻碍。

最后，张居正改革也与他本身有一定的关系。张居正也存在很多的问题，分为两个方面，一方面是张居正自身，刚刚任首辅的前几年，张居正的确是谨慎行事，但是到了后期，随着他权力的增大，他已经非常自大，在"夺情"风波中有一些官员并不是因为改革的原因反对他，而是因为已经实行了几十年的礼制让他们选择了站在封建礼制一边，但是张居正却一股脑地将所有在"夺情"中反对自己的人认为是改革的阻力，进行打击。如在"夺情"风波中遭受廷杖的邹元标，在张居正死后积极地为张居正的平反奔走呼号。

另外一方面就来自于张居正的家庭。刘台在弹劾张居正时，曾经提到了张居正的受贿之事。就本人而言，张居正并不会因贪污受贿败坏自己名声，张居正心中在乎的是他的权力和功业，这些蝇营狗苟全然进入不了他的眼睛。他可以很好地约束自身，但是他却并不能管住他的家人，特别是他的父亲张文明。在荆州老家，很多人为了结交张家，经常会进行贿赂，而张文明对此是来者不拒。张家的仆人们见他没有拒绝，他们也凭借着自己权力地位结交地方官吏，横行乡里。

不仅如此，张居正非常注重对于儿子的教育，所以他曾经利用手中的权力为自己的儿子们谋取了很多的机会。

一场进行了 10 年的改革就这样落下了帷幕，无论改革最终的结果，张居正留给历史的都是难以磨灭的丰碑。

世间再无张居正

万历十年，正当张居正为大明王朝的兴盛而努力时，却得了重病。这一年的六月，张居正病逝。他死后，神宗为他赠上柱国，谥号"文忠"。一位曾经在大明王朝上呼风唤雨的"救时宰相"就这样离开了世界，但是他不会想到，他曾经一心进行改革的功业被反对派进行了顽强的抵抗，他的家人也没能幸免，即使是他自己，也遭受了"鞭尸"。

万历十一年三月的时候，神宗进行了一连串的动作。他先是将张居正的上柱国、太师爵衔剥夺，接着很快就将张居正的谥号削去，将张居正的儿子张简修（当时在任锦衣卫指挥官职）也削职为民。

万历十二年四月，神宗又命令当时的司礼监太监张诚与侍郎丘橓等前往江陵籍没张居正家产，张居正长子、礼部主事张敬修，不胜酷刑拷打，被迫自缢而死。经首辅申时行、刑部尚书潘季驯等大臣极力劝请，神宗方才略发慈悲，令留空宅一所，田 10 顷，用以赡养张居正年逾八旬的老母。八月，神宗再次下诏尽削张居正官阶，追夺以前所赐玺书及四代诰命，并且将张居正"罪状"颁示天下。而张居正的弟弟都指挥张居易、儿子编修张嗣修都被发戍乌烟瘴气之地。张居正当权时颁布的一些改革法令也被中止施行。

众人对张居正死后的报复行动，不能忽略的就是万历皇帝的清算。那么我们不禁要问，为什么神宗皇帝要对张居正这位曾经细心教育他读书，并且辅佐他处理朝政的老臣下此狠手呢？

神宗即位时还很小，当时他没有其他可以信赖的人，唯一信赖的生母将他托付给了张居正，他只能对于张居正言听计从。起初还好，但是随着张居正权力扩大，他的大权独握的心理越来越强，最终皇帝就成了他把持朝政的一个摆设。每当神宗皇帝和张居正不能达成共识时，神宗无数次想要废除张居正，奈何他一直没有形成自己的权力，直到张居正死后。

张居正死了，明朝的历史还在继续，只是，世间已经再无张居正。

图书在版编目(CIP)数据

帝国的智囊团. 大明名相 / 志超著. —北京：
中国华侨出版社,2015.1 （2021.2重印）

ISBN 978-7-5113-5181-4

Ⅰ.①帝… Ⅱ.①志… Ⅲ.①宰相–列传–中国–明代
Ⅳ.①K827=2

中国版本图书馆 CIP 数据核字(2015)第028678 号

帝国的智囊团. 大明名相

著　　者 / 志　超

责任编辑 / 棠　静

责任校对 / 王京燕

经　　销 / 新华书店

开　　本 / 670 毫米×960 毫米　1/16　印张/19　字数/331 千字

印　　刷 / 三河市嵩川印刷有限公司

版　　次 / 2016年2月第1版　2021年2月第2次印刷

书　　号 / ISBN 978-7-5113-5181-4

定　　价 / 48.00 元

中国华侨出版社　北京市朝阳区静安里 26 号通成达大厦 3 层　邮编：100028

法律顾问:陈鹰律师事务所

编辑部：(010)64443056　　64443979

发行部：(010)64443051　　传真：(010)64439708

网址:www.oveaschin.com

E-mail:oveaschin@sina.com